# "一带一路"倡议与
# 提升中国文化软实力研究

YIDAIYILU CHANGYI YU
TISHENG ZHONGGUO WENHUA RUANSHILI YANJIU

胡 键 ◎ 著

人民出版社

# 目　　录

# 导　　论

"一带一路"倡议提出后在实践上取得了巨大的成就,但我们不能单纯从经济项目的角度来看待"一带一路"倡议,而要深刻认识它所包含的文化内涵。"五通"的基础就是民心相通,而民心相通的重要手段和路径就是跨文化交流。"一带一路"合作是跨文化交流的重要平台,"一带一路"的跨文化交流有利于提升中国文化软实力;反过来,中国文化软实力的提升,也意味着中国文化、中国价值、中国倡议、中国议程,以及中国在国际公共产品供给上的贡献等,得到了沿线国家的普遍认同,这种情况将大大助推"一带一路"倡议的具体实践,更有利于"一带一路"实践的高质量发展。

## 一、作为文化软实力资源的文化及其内涵

文化软实力来源于文化,那么,文化的内涵究竟是什么?狭义的文化是指精神生产能力和精神产品,包括一切社会意识形态:自然科学、技术科学、社会意识;有时又专指教育、科学、文学、艺术、卫生、体育等方面的知识与设施。有学者认为精神文化的要素构成包括神话(或艺术)、自然

精神、宗教精神、科学精神、人文关怀精神、伦理精神、政治精神、哲学精神。① 但是,广义的文化包括人类在社会实践过程中所获得的物质、精神的生产能力和创造的物质、精神财富的总和。人类的制度实践产品即制度也包含在文化之中,属于制度文化。

因此,广义的文化应该包括物质文化、精神文化、制度文化。② 有形的物质要素一般都归为硬实力要素,但发达的物质要素是可以对外产生吸引力的。约瑟夫·奈曾说:"硬力量能够创造出不可战胜和注定论的神话来吸引他人。"③一个国家经济发展水平高、现代化程度高,就一定会吸引更多人来到这个国家定居。同样,自古以来文化要素的流动有一个非常突出的现象:一个国家越发达,文化要素流入的现象大大超过文化要素流出的现象。例如,汉朝是当时世界上经济发达的帝国,张骞出使西域"凿空"以后,大汉帝国的文化要素不是流出的,而是外来文化流入的,例如,西域的音乐、南亚的佛教,以及后来少数民族汉化,并促进了后来的民族融合,大量的异域文化流入大汉帝国。唐朝也是一样,随着统一的政权稳固下来以后,一方面中土的人主动"西向取经",然后翻译大量佛教经典进入中土大唐。这对大唐的影响非常大,以至于在唐代,中国一年中共有53个节庆假日,包括皇帝的寿辰3天和老子诞辰1天,而释迦牟尼的寿辰也是当时中国的国定假日。④ 文化要素的流入意味着物质的发达对外部产生了巨大的吸引力。在当今也是如此,一个国家的经济发展水平和经济发展潜力越大,那么它对入境的旅游者、来工作者、来定居者等

① 唐代兴:《文化软实力战略研究》,人民出版社2008年版,第41页。
② 胡键:《中国文化软实力评估及增进方略研究》,天津人民出版社2020年版,第51页。
③ [美]约瑟夫·奈:《软力量:世界政治成功之道》,吴晓辉、钱程译,东方出版社2005年版,第24页。
④ [美]杨联陞:《中国制度史研究》,彭刚、程刚译,江苏人民出版社2007年版,第18页。

就更容易产生吸引力。例如,中国在改革开放之前,几乎没有境外人员来旅游、从业和定居,但改革开放之后,中国经济迅速发展,而且中国经济的发展潜力也一直被看好,所以来自世界各国的人员都愿意到中国来旅游、工作和定居。这都意味着中国的某些硬实力要素对外界产生了重要的吸引力即软实力。

精神文化是文化软实力的直接来源。精神文化实际上就是狭义上的文化,属于精神、思想、观念等方面的内容,"代表一定民族的特点反映其理论思维水平的思维方式、价值取向、伦理观念、心理状态、理想人格、审美情趣等精神成果的总和"①。不过,由于中国的历史悠久,在历史的长河中,中国文化既有本土文化的传承,也有外来文化的冲击,因此中国的精神文化要素既有长期沉淀的要素,也有被不断吸纳的新要素。春秋战国时期,诸子百家争鸣,秦统一大国以后,先是以法家为主,一直到汉武帝时期,董仲舒罢黜百家而独尊儒术,尽管这种"儒"并非孔子的儒家思想,而是董仲舒所阐释并增加了包括道家某些思想在内的"儒术",但儒家思想开始成为正统,并且在此基础上构塑了一套文化体系和价值体系。儒家与皇权的结合使得儒生绝大多数成为皇权的拥护者,而完全丧失了西周时期儒生对皇权的批判性。因此,儒家思想逐渐陷入僵化。② 东汉末年,佛教传来,并与中国本土的道家学说产生了相互兼容性,于是"这两个出世的思想与儒家入世的思想,构成了一个辩证关系,彼此兼容,它们也在中国人人生的不同阶段彼此代替"③。换言之,中国人的文化价值具有很大的可塑性和可变性。魏晋时期,"人们开始淡化对知识的分类的具体把握而代之以对哲理的简约的玄虚理解,那种博学的风气被玄思的

---

① 胡键:《中国文化软实力评估及增进方略研究》,天津人民出版社 2020 年版,第56—57 页。

② 胡键:《"天下"秩序,一种文化意象》,《学海》2017 年第 4 期。

③ 许倬云:《中西文明的对照》,浙江人民出版社 2013 年版,第 64 页。

风气所代替,人们开始习惯甚至热衷于讨论以一些与经验、知识无关的话题"①,因此玄学渐渐进入中国的上层知识界与思想界之中。隋唐时期,佛教在中国进入鼎盛时期,但中唐的安史之乱成为大唐权力合法性危机的一种隐喻。为了拯救这种危机,韩愈、裴度、李德裕等知识人士,主张通过重塑思想秩序来重塑国家政权,尤其是韩愈通过梳理儒家学说的历史谱系,来确立儒家思想正统的合理性。而与韩愈一样倡导古文运动的柳宗元,虽然对韩愈排佛、排道不满,但也主张确立权威,因而对古代的封建提出批评,而主张追求中央集权的郡县制,以重塑国家的秩序。唐宋时期,中国思想发生重要转型,这不仅表现为从血缘性的"士"转化为一般的"文人"②,而且思想本身也转为"内在"③。至于宋、明理学和心学,"既是对传统儒家思想的发展,又是儒家思想的转型与重构"④。正是由于中国传统文化的张力太大,无法把握中国传统文化的内在本质,以至于其蕴含的内在价值难以获得认可。明清时期,西方学说开始进入中国,中国传统思想、传统价值都受到强烈的冲击,部分西方思想受到中国传统思想的强烈抵制,而另外一些思想却被中国知识分子主动吸收。但是,西学东渐是在传统的"先进—落后"的认知框架下而产生的东西方对视,中国文化被西方先入为主地认为是"落后"的文化,从而消弭了中国传统文化曾经的优势。更为严重的是,这种西方中心主义的认知迄今也没有根本性改变。因此,在精神文化层面,尽管中国是一个文化资源大国,但中国却是一个文化软实力小国。不过,当今中国向世界所提供的全新的价值和理念,如"共商共建共享""人类命运共同体",以及互利共赢的"义利观"

---

① 葛兆光:《中国思想史》第一卷,复旦大学出版社 2019 年版,第 306 页。
② [美]包弼德:《斯文:唐宋思想的转型》,刘宁译,江苏人民出版社 2017 年版,第 46 页。
③ [美]刘子健:《中国转向内在》,赵冬梅译,江苏人民出版社 2012 年版,第 8 页。
④ 刘梦溪:《中国文化的张力》,中信出版社 2019 年版,第 13 页。

等,已经获得世界各国的普遍认可,从而转化为当今中国的文化软实力。

制度文化也是文化软实力的重要来源。制度既包括内部制度也包括国际制度,内部制度产生的软实力表现在制度在资源分配上的公平、公正性,以及制度的绩效上。若能做到这一点,则表明制度获得了国民的支持和接纳,也就意味着制度文化产生了软实力。中国内部的制度从历史发轫来看,已较早地就进入了成熟期,秦汉时期的大一统郡县制,就是非常成熟的制度,这个制度一直延续了两千多年,且维持了华夏帝国长期的稳定。有学者将这种大一统的制度视为中国超稳定结构的根本性原因,当然中国也为此付出了沉重的代价。① 不过,从人类历史发展来看,这种成熟的制度的确对世界产生了影响,尤其是隋唐推行的科举考试制度,对世界的影响就更大了。从这些情况来看,中国古代制度对外也产生了重要的影响力即软实力。当今中国的制度软实力则表现在,一是社会主义制度的优越性上,即通过经济绩效、社会绩效彰显出社会主义制度相较于资本主义制度的优越性。二是国家治理现代化上,国家治理现代化包括国家治理体系现代化和国家治理能力现代化。国家治理体系现代化包括制度体系的科学性、制度环境的适应性、体制运行的顺畅性等;国家治理能力现代化则是指在贯彻执政党宗旨的前提下确保治理体系的有效性等。② 一个国家在国际制度上的软实力表现为对国际制度的创设能力,也就是为国际社会提供国际公共产品的能力。改革开放之后,中国逐渐融入国际体系,但也主要是国际公共产品的"消费者"。随着中国实力的不断增强,中国国际影响力也开始不断提升,中国的国际角色也开始发生转变,从参与者逐渐转变为建设者、创新者,尤其是在创新国际公共产品上有卓越的成就。例如,上海合作组织、亚洲基础设施投资银行,甚至包

---

① 金观涛、刘青峰:《兴盛与危机——论中国社会超稳定结构》,法律出版社 2011 年版,第 23 页。

② 胡键:《治理体系、治理能力与国家治理能力现代化》,《云梦学刊》2020 年第 5 期。

括在世界银行、国际货币基金组织中投票权的增加,也意味着中国对这些国际组织的议程设置有重要影响。"一带一路"倡议也因为经过数年的实践,不仅推进了相关各国的经济发展,而且已经在"五通"基础上打造成为一个国际合作的重要平台,已经成为一种重要的国际公共产品。特别是在世界经济发展处于低迷的状态下,"一带一路"的合作机制为世界经济的发展注入了强劲的动力。因此,中国在国际制度上的软实力也得到了大大提升。

除物质文化、精神文化、制度文化能够产生文化软实力外,行为文化也能够产生文化软实力。当然,一般来说,一个民族、一个国家并没有一种整体性的行为方式,只有作为个体的个人才会有一种比较固定的行为方式,这种行为方式往往成为他人对该具体的个人作出某种判断和认知的依据。正面的判断和认知就使得该个人因行为方式而获得软实力。然而,"一带一路"实践中,大量的中国企业和个人从事对外投资、国际贸易以及旅游等,他们在境外的行为方式会成为所在国民众建构中国形象的重要因素。因此,本研究把这种情形概括为中国的对外行为文化,对外良好的行为文化也能够产生文化软实力。

基于上述情况,本书在使用"文化"一词时是指广义上的文化,包括狭义的文化即精神文化——这也是文化软实力最核心的内容,也包括物质性的文化或者说是有形文化资源,以及制度文化和特殊意义上的行为文化。尤其是在分析"一带一路"倡议的时候,世界各国关注乃至愿意跟中国进行合作,并非只是狭义文化的吸引,而是从全方位的角度来看待中国这一倡议的,包括中国经济上所取得的重大成就、中国传统文化的巨大魅力、中国制度在中国现代化成就上所发挥的重要作用、中国对国际制度等国际公共产品的重要创新,以及中国对外投资等行为所彰显的中国国际责任,等等。

## 二、软实力与文化软实力的内在关系<sup>①</sup>

"软实力"(soft power)这个概念最初是约瑟夫·奈(Joseph Nye)提出来的。中国历史上虽然没有使用"软实力"这个概念,但中国先贤很早就非常重视软实力。《孙子兵法》中就强调"不战而屈人之兵""攻心为上,攻城为下"等;《道德经》中也指出,"天下之至柔,驰骋于天下之至坚。无有入无间","天下莫柔弱于水,而攻坚强者莫之能胜,以其无以易之。弱之胜强,柔之胜刚,天下莫不知,莫能行。"而奈尽管提出了这个概念但在使用上却相对滞后,奈基于阿尔温·托夫勒(Alvin Toffler)的"权力结构变化"的判断来分析美国所面临的挑战,并认为"美国的问题与其说是另一个大国日益增长的挑战,还不如说是权力的普遍扩散"<sup>②</sup>。尤其是在保罗·肯尼迪(Paul Kennedy)1987年在《大国的兴衰》一书中关于"美国衰落论"的辩论的背景之下,当时,"美国衰落论"成为国际学术界所接受的主流观点,奈却认为美国的力量并没有衰落,而是权力的本质和构成发生了变化。<sup>③</sup> 因此,奈的这个观点和概念就有了重要的前瞻性意义。冷战结束后,权力日益依赖于教育、技术和经济发展等因素,而人口、领土、自然资源、经济规模、军事力量等在国际政治中的地位下降。当今世界是一个相互依赖的世界,所以国家安全的目标已经不能完全通过军事力量来实现,如今经济发展和生态问题对一个国家的安全具有越来越重要的意义。大国传统权力手段已经不能奏效,国际社会相互依赖的加深、跨国集

---

① 胡键:《软实力研究在中国:一个概念演进史的考察》,《国际观察》2018年第6期。内容略有改动。

② [美]约瑟夫·奈:《硬权力与软权力》,门洪华译,北京大学出版社2005年版,第99页。

③ Joseph S.Nye Jr.,"The Changing Nature of World Power",*Political Science Quarterly*,Vol.105,No.2,1990,pp.177–192.

团的增加、弱国民族主义的上升、工艺的扩展和政治问题的转变,都使权力发生变化。鉴于此,国际政治性质的变化常常使无形的权力变得更加重要。国家凝聚力、文化、国际制度正在被赋予新的意义。权力正在从“拥有雄厚的资本”转向“拥有丰富的信息”①。这就是奈所说的软实力。

奈提出软实力的重要背景是中国学术界并不主张按照奈的原意来理解和研究软实力,而仅仅是接受了“软实力”这个外壳而已。至于其内涵则完全是“中国化”了的东西。② 那么,究竟如何“中国化”了呢?

首先,概念的演变。正如前文所述,奈的“软实力”概念在中国不仅在理解上是在演变的,而且在概念的使用上也是在变化的。尤其是近些年来,由于党和国家的文件中都使用“软实力”这个概念,因此,尽管在学者发表的成果中仍然有“软力量”这个概念,但“软实力”的概念显然在国内的接受程度更高、更广泛。不仅如此,由于奈的软实力首要的内容是来自文化,特别是那些“在能对他国产生吸引力的地方起作用”③,所以国内学术界特别强调文化在软实力中的重要地位。为此,国内一些学者将奈的“软实力”概念阐发出“文化软权力”或“文化软实力”的概念。与前面关于“软权力”和“软实力”的讨论一样,最初国内学术界也是使用“文化软权力”这个概念。从“中国知网”的主题词搜索,最早公开使用“文化软权力”这个概念是在2006年年初,文章认为,奈虽然提出了文化是软权力的主要来源,但他并没有研究文化在哪些条件下可以成为软权力。作者指出,文化的软权力化需要三个条件:文化的传播能同化他人的观念和思维方式;他人观念的同化有助于本国战略目标的实现;在通过文化同化实

---

① ［美］约瑟夫·奈:《硬权力与软权力》,门洪华译,北京大学出版社2005年版,第105页。

② 郑永年、张弛:《国际政治中的软力量及其对中国软力量的观察》,《世界经济与政治》2007年第7期;胡键:《文化软实力研究:中国的视角》,《社会科学》2011年第5期。

③ ［美］约瑟夫·奈:《软力量:世界政治成功之道》,吴晓辉、钱程译,东方出版社2005年版,第11页。

现本国目标的过程中,国家的控制力得以增强。奈所引为例证的美国流行文化的某些内容确实可以"软权力化",但其他种类的文化大多不符合这些条件。因此,在研究对外文化交流的过程中,要去"泛权力主义"的色彩。① 不过,这种观点从一开始就引发了争论,有学者指出,文化必须"软权力化",当然文化的"软权力化"也是有条件的,即文化的先进性、国内有效运用的资本,以及强大的传播和辐射能力,特别是要借助大众媒介传播到国际社会中,只有这样,一国的文化才有可能提升为国际社会普遍认同的世界文化(或国际文化)。② 然而,"文化软权力"概念的使用在国内学术界受到冷遇,每年用这一主题发表的论文都是个位数。而用"文化软力量"的概念发表的论文就更少了,所以在这里就不需要讨论了。相反,以"文化软实力"概念为主题发表论文的数量却呈直线上升趋势,有些年份竟然达 1000 多篇。从检索来看,2004 年《文汇报》和《解放日报》率先使用了"文化软实力"的概念,当年只有两篇文章,第二年就上升到 20 多篇,用得最多的是主流报纸,但也有一些学术期刊开始使用这个概念,不过主流的学术期刊尚未使用。到 2007 年,主流学术期刊和主流报纸上的文章都大规模使用"文化软实力"这个概念。这一年召开的党的十七大在报告中第一次使用了"文化软实力"的概念,报告指出:"要坚持社会主义先进文化前进方向,兴起社会主义文化建设新高潮,激发全民族文化创造活力,提高国家文化软实力,使人民基本文化权益得到更好保障,使社会文化生活更加丰富多彩,使人民精神风貌更加昂扬向上。"自此以后,国内学术界普遍接受了这个概念,不仅相关的研究不断深入,而

---

① 陈玉聃:《论文化软权力的边界》,《现代国际关系》2006 年第 1 期。
② 郭洁敏:《论软权力的基础、条件及其运用准则——兼与陈玉聃先生商榷》,《现代国际关系》2006 年第 3 期;李智:《对文化软权力的一种传播学解释》,《当代传播》2008 年第 3 期。

且还把文化软实力视为中国发展战略的重要内容和当代中国的强国使命。① 也正因为如此,有学者指出,文化软实力是中国特色社会主义实践中产生和形成的创新话语,它既是中国共产党人在中国特色社会主义实践中作出的创新理论概括,又是推动中国特色社会主义实践强大的精神力量。② 一些学者还进一步指出,实现"提高国家文化软实力"的目标包括以下四个方面的任务:同步发展物质文明和精神文明,彰显中华民族的国际自信力;统筹国内发展和对外开放,提升国家形象的国际亲和力;结合传统智慧和现代文明,扩大民族文化的国际影响力;推进文化创新和产业升级,提高文化产业的国际竞争力。③ 鉴于此,有学者指出不能把提升国家的文化软实力简单地理解为是一种对文化的宣传、包装与推广策略,而应当把它作为一种文化的自我建构战略来落实。④

其次,概念的演变更反映了内涵的变化。从"软实力"到"文化软实力"的演变,不只是概念的变化,更重要的是内容的变化。奈认为"软实力"主要来自三个方面,即文化、政治价值观和对外政策。文化和对外政策能够产生软实力,这是不容怀疑的,但政治价值观能够产生软实力是需要讨论的。奈所说的软实力并非是从国家内部来分析的,而是从对外的角度来认识的。从国际关系的角度来看待文化的作用,文化具有可分享性的特点,"任何民族所创造的文化成果,一方面为整个人类文化的多重复合体增添了色彩,另一方面也为其他民族的成员贡献了可分享的精神

---

① 唐代兴:《文化软实力战略研究》,人民出版社 2008 年版;陈正良:《增强中国文化软实力论要》,《浙江社会科学》2008 年第 1 期。

② 骆郁廷:《文化软实力:基于中国实践的话语创新》,《中国社会科学》2013 年第 1 期。

③ 童世骏:《提高国家文化软实力:内涵、背景和任务》,《毛泽东邓小平理论研究》2008 年第 4 期。

④ 贾磊磊:《主流文化体系的建构与国家文化软实力》,《电影艺术》2008 年第 1 期。

财富"①。但是,从国际关系来看,政治价值观是不可以分享的,如果要把一国的政治价值观"分享"给另外一国而成为软实力,极大的可能就是要求对方强制性接受,但强制性接受就不是软实力,而是现实主义的"改造",是"负软实力"。中国学者眼中的软实力特别是文化软实力完全是"中国化"的阐释。在中国学者看来,文化软实力来源于中国的传统文化特别是传统的人文精神,即"重天道""法自然""尚人道"的人本主义;反省自求、提升自我的内省主义;"尚中贵和"的"中和"思想;"克己复礼"的礼仪主义。这是"中国品格"所在,也是世界普存的"中国元素",它们不仅能彰显中国文化软实力的柔性一面,而且作为资源要素也为中国文化软实力提供源源不断的动力。② 从这些情况来看,中国学术界所论及的文化软实力内涵更强调国内社会的内化问题。因此,学者们大多把文化软实力与政治价值观和意识形态联系起来进行研究,认为提升国家文化软实力必须要以意识形态为引领,因为,意识形态对文化软实力具有"定责、定向、定性"作用;以意识形态为核心提升文化软实力的逻辑要求,在于保持意识形态的客观性,警惕西方意识形态的渗透,坚持社会主义意识形态的主导性;以意识形态为核心提升文化软实力的实践要求,在于坚持社会主义意识形态的对内说服力、对外影响力和全球竞争力。③有的学者甚至认为,中国的文化软实力集中体现在党和政府的组织力、感召力、凝聚力、动员力上,其灵魂则是社会主义核心价值体系。④ 这种观点虽然很难获得国际学术界的认可,但在中国的哲学社会科学话语体系之中却获得了合理性的接纳。这也可以说是"中国特色哲学社会科学话

① 童世骏:《文化软实力》,重庆出版社 2008 年版,第 17 页。

② 胡键:《文化软实力研究:中国的视角》,《社会科学》2011 年第 5 期。

③ 王永友、史君:《以意识形态为核心提升文化软实力的实践逻辑》,《马克思主义研究》2015 年第 4 期。

④ 张国祚:《关于中国文化软实力建设的几点思考》,《毛泽东邓小平理论研究》2012年第 7 期。

语创新"的重要表现之一。关于文化软实力国内社会内化的研究不仅用于对中国自身的研究,也有学者将这种方法用于对其他国家的研究上。例如,陆钢在研究美国的文化软实力的时候也有这种观点,他认为,美国外交决策虽然主要以军事、经济等硬实力手段实现战略目标,但文化软实力的作用不可忽视,尤其是在笼络各国人心、争取精英认同和修复国家形象等方面展现了强大的能力。美国文化软实力之所以强大,是因为它拥有比较灵活的文化体制和深厚的文化资源基础。① 也就是说,关于软实力和文化软实力的内涵,中国学术界所指的与美国学术界所说的大相径庭。

最后,中国学术界对软实力和文化软实力的研究有较大范围的拓展和延伸,尤其是把软实力和文化软实力从国家战略的层面引入一个地区、一个城市、一个单位或组织(主要是企业)等的研究,从而产生了一系列相应的概念如"区域软实力""城市软实力""企业软实力""执政党的软实力"等。关于"区域软实力"概念,学术界最早在2007年开始使用②,并几乎在同时就有学者开展关于建立区域软实力综合评价指标体系的研究③。实际上,国内从事区域经济研究的学者多少会涉及这个概念。与"区域软实力"相比,"城市软实力"概念在国内学术界的使用更加广泛。从进入21世纪开始,"城市软实力"这个概念就与国内关于城市研究的情况相伴相随,也同样涉及建立城市软实力评价指标体系的问题。这方面的研究成果颇多,这里不必一一枚举。"企业软实力"则是从企业文化的角度来思考而形成的一个概念,从事企业文化研究的也或多或少会涉及这个概念。至于"执政党的软实力"则是在研究国家软实力的同时延

① 陆钢:《美国文化软实力的发展及其对中国的启示》,《社会科学》2015年第2期。
② 秦尊文:《区域软实力研究——以武汉市为例》,《学习与实践》2007年第10期。
③ 周晓宏、王小毅、谢荷锋:《区域软实力及其综合评价体系研究》,《技术研究》2007年第6期。

伸到执政党的软实力建设而形成的概念,由于中国共产党是执政党,直接用"中国共产党的软实力"这个概念的论文并不多,在极少的研究成果中可以发现软实力不仅仅是用于国家层面,也可以用于具体的组织、政党。有学者指出,中国共产党的软实力就是通过说服、公信、吸引和感染人民群众;是通过马克思主义中国化、全心全意为人民服务的根本宗旨、先进性建设、正确的政策策略和良好的政党形象等一系列核心的价值理念和治理水平构筑起了中国共产党的政治认同、政治合法性以及自身的吸引力和社会整合能力,从而说服、吸引和凝聚起民众,获得支持,不断走向成功的。其构成要素主要包括意识形态的解释力和说服力、信息时代政治传播的感染力、政策和行为的公信力等。党的软实力与执政合法性之间有着天然的联系,党的软实力的构成要素与执政合法性的三种资源之间都有着直接或间接的关联。[1] 不过,也有学者从政党发展的角度指出,无产阶级政党对内部成员主要靠强制性带来凝聚力,但无产阶级政党最初由于自身并不拥有国家的合法暴力,它要发动民众来支持其革命,只能依赖其软实力。革命成功以后,要使自己的政权稳固、要赢得国际社会的支持,也需要有软实力。[2] 软实力的内涵在这方面的拓展是奈不可能想象得到的。

虽然从"软实力"到"文化软实力"在概念上有重大变化,但从上面的情况来看,中国话语中的文化软实力的内涵不仅涵盖了奈的软实力所覆盖的内容,而且还有更大范围的拓展,即物质性资源(文化)产生的吸引力,精神性资源(文化)产生的感召力、辐射力等,制度文化产生的对内的动员力、对外的制度创设力等,以及行为文化产生的认同力、魅力等。这些内容也体现了软实力概念的"中国化"现象。

---

[1]　郭燕来:《中国共产党软实力的合法性效应分析》,《学习与探索》2011年第5期;佘湘:《中国共产党软实力建设的历史经验与启示》,《学术交流》2011年第7期。

[2]　胡键:《中国共产党软实力研究》,《社会科学》2015年第3期。

## 三、关于"一带一路"倡议与提升中国文化软实力研究述评

国内外关于"一带一路"倡议的研究和关于提升中国文化软实力的研究成果都非常多,但深入研究二者之间的关系的成果并不多见。"一带一路"倡议提出来以后,在实践方面取得了非常大的成就,但不能单纯从经济项目的角度来看待"一带一路"倡议,而要深刻认识它所包含的文化交流的内容。当前,关于这方面研究的主要成果表现为:

### 1. 关于文化传播经验的研究

这方面的研究主要专注于古丝绸之路上的文化传播并将其成功的案例投射到当今的中华文化传播之中的研究。例如,妈祖作为古代航海者的保护神,在古代海上丝绸之路开拓中发挥了巨大作用,妈祖作为世界海洋文化的组成部分,在建设"21世纪海上丝绸之路"战略中仍然有着积极的作用。又如,漆器、丝绸、瓷器、茶叶是丝绸之路文化带的标志性产品,漆文化以其无与伦比的包容性和表现力,影响了东方乃至西方的审美视觉。此外,还有一些学者把《马可·波罗游记》也作为一个文化传播的重要成功案例来分析,认为《马可·波罗游记》打开了西方了解中国的大门,随着时代的变迁,人们对中国的认知在不断变化,《马可·波罗游记》也被演绎成不同的版本。同一部作品,不同时代、不同社会、不同视角、不同价值追求的人,演绎出不同的文化,由此看来,"谁来说""说什么""怎么说""什么时候说"成为文化影响力的决定因素。

### 2. 关于中国文化软实力面临的国际文化竞争态势的研究

有学者认为,中国文化软实力在国际上的提升关键在于价值是谁主

导的问题,当前依然是资本主义价值观所主导,而由于中国还没有形成自己的话语体系,从而约束了中国文化的全球影响力。① 另有学者认为,提升中国文化软实力必须以文化品牌来打造国家战略品牌,应避免以自我展示为中心、以意识形态宣传和符号操纵为手段。②

### 3. 关于"一带一路"高质量发展的研究

"一带一路"倡议提出以来,国内外学术界给予了高度关注并展开了广泛的研究,研究成果众多。最初,对"一带一路"只是宏观研究,即"一带一路"究竟是什么、"五通"如何推进、如何避免沿线国家民众的曲解,以及"一带一路"的实践如何规避相关的风险等问题。但是,自"一带一路"第二届国际高峰论坛开幕,尤其是"一带一路"驶入"快车道"以后,学术界开始关注"一带一路"的具体领域的研究,开始着眼于推进"一带一路"高质量发展的研究。关于如何推进"一带一路"高质量发展,不同领域的学者从各自的研究视角提出了相应的看法。在此之前,一些学者如卢锋等、陈雨露、盛斌、胡键等认为,"一带一路"就是为了要拓展中国企业海外市场、推动中国全方位对外开放,以及引领新型全球化等。③ 这些研究固然重要,但需要总结过去的经验,使理论研究更上一层楼。④ 鉴于此,李向阳提出"一带一路"高质量发展的核心在于可持续性,而实现可

① 欧阳雪梅:《中华文化国际传播力建设路径探析》,《湖南社会科学》2015 年第1 期。

② 许静、韩晓梅:《品牌国家策略与提升中华文化国际影响力——基于印尼"中国文化印象调查"的分析》,《外交评论》2016 年第 3 期。

③ 卢锋等:《为什么是中国?——"一带一路"的经济逻辑》,《国际经济评论》2015年第 3 期;陈雨露:《"一带一路"与人民币国际化》,《中国金融》2015 年第 19 期;盛斌、黎锋:《"一带一路"倡议的国际政治经济学分析》,《南开学报》(哲学社会科学版)2016 年第1 期;胡键:《"一带一路"的"三缘"政治分析》,《学习与探索》2016 年第 4 期。

④ 李向阳:《"一带一路"的研究现状评估》,《经济学动态》2019 年第 12 期。

持续性的基本路径在于机制化。① "一带一路"的发展导向决定了在其起步阶段不以设置规则为门槛,从而为发展中国家参与国际经济合作提供了机遇,但这并不意味着"一带一路"建设不需要规则和机制化。机制化建设是"一带一路"框架下深化合作的内在要求,是应对外部挑战的必然选择,是对接现行全球治理体系的前提条件。但这种机制化建设不可能复制现有区域经济一体化机制化建设的模式,而是需要遵循共商、渐进与义利观原则。而实际上,在此之前陈伟光等就提出,伴随着"一带一路"实践的推进,风险分担、利益协调和规则标准的对接等各类问题应运而生,客观上需要治理框架的构建。② 因此,我们有必要通过制度规则和关系规范模式,引导和构建"一带一路"建设进程中的秩序,以保证"一带一路"中的"五通"实现,最终打造以人类命运共同体为目标的新型区域经济合作机制。

### 4.关于推进"一带一路"高质量发展路径的研究

郭朝先等认为,新基建对推进"一带一路"建设高质量发展具有重要意义,新基建是在既有的"设施联通"基础上,以新基建"中国标准"引领"一带一路"基建项目建设、将新基建元素融入中国主导的"一带一路"基建项目、把新基建元素深度嫁接"一带一路"东道国的基建项目,来推进"一带一路"高质量发展。③ 王凯、倪建军也认为,"一带一路"建设的高质量发展,是中国面对国际环境变化、外界质疑,并及时解决建设进程中遇到的困难和问题的主动选择,将使"一带一路"建设更具可持续性;"一

---

① 李向阳:《"一带一路"的高质量发展与机制化建设》,《世界经济与政治》2020 年第 5 期。

② 陈伟光、王燕:《共建"一带一路":基于关系治理与规则治理的分析框架》,《世界经济与政治》2016 年第 6 期。

③ 郭朝先、徐枫:《新基建推进"一带一路"高质量发展研究》,《西安交通大学学报》(哲学社会科学版)2020 年第 4 期。

带一路"高质量建设是一项长期的系统工程,中国需要在寻求与沿线国家的利益交汇点的基础上,以高质量的基础设施为"骨骼",以多元化的融资为"血脉",通过构建区域价值链将禀赋不同的沿线国家聚合为一个有机整体,同时以制度建设作为切实保障,以实现高质量建设的各层目标。① 换言之,"一带一路"的高质量发展必须寻找一种新型的发展模式,对此有学者指出,"一带一路"作为一种创新思路和倡议,其目的在于推动新型发展合作,搭建合作平台,通过项目规划实施,解决基础设施建设和综合环境改善的融资问题,调动沿线各个地区和国家资源,使众多发展中国家逐步具备加快发展的综合能力;同时,加强基础设施建设以打破发展瓶颈,降低广义贸易成本,推进境外产业园区建设,进一步开放中国国内市场,实现生产—消费的完整循环,通过构建区域经济发展条件,实现"一带一路"沿线国家的共同发展。

　　"一带一路"高质量发展,必须要改变改革开放初期中国凭借生产要素低成本的竞争优势,以加工贸易方式嵌入全球价值链而成就传统制造业大国地位的情形。刘志彪等认为,"一带一路"倡议体现了以开放促改革、以改革促发展、以发展促转型的中国智慧,彰显了中国作为发展中大国应对新时代出现逆全球化潮流的复杂局面,创新全球治理和发展理念的决心和措施。改革开放初期,中国加入的是发达国家主导的全球商品链,通过重构对外经济开放新格局,依托地区要素禀赋,优化资源配置,实现区域规模经济效应,重塑双向开放的全球价值链和国内价值链,实现国内价值链和全球价值链的全方位衔接和互动,统筹协调国际和国内两个市场、两种资源,进而构筑陆海统筹、东西互济、面向全球的对外开放经济

---

① 王凯、倪建军:《"一带一路"高质量发展的路径选择》,《现代国际关系》2019 年第10 期。

新格局。① 曾楚宏等进一步指出,单纯依靠全球价值链或国内价值链的发展思路无法解决我国产业转型升级、经济高质量发展的难题。必须在两者之外建立第三条链——区域价值链,以便将全球价值链和国内价值链有机联系起来,充分利用国际国内两个市场,实现链条的动态转换和紧密对接。② 而"一带一路"为我国与沿线国家构建"以我为主"的区域价值链实现功能和链条升级提供了有利契机。

不仅是重塑全球价值链与国内价值链的新模式,"一带一路"高质量发展也意味着"一带一路"将作为一种公共产品而成为国际合作的重要平台。有学者指出,基础设施作为具有部分竞争性和排他性的区域性公共产品,能够得到有效供给或相应资金的支持,从构建区域经济发展条件的角度,以基础设施互联互通为基础的"一带一路"既满足了必要性,且具有可行性。把服务于"一带一路"特定区域或跨区域,其成本又是由区域内或区域间国家共同分担的安排、机制或制度,称为"一带一路"公共产品;如果说人类命运共同体是中国特色大国外交在新时代崇高而值得追求的战略目标,那么提供"一带一路"公共产品就是在新时期实现人类命运共同体极其重要的步骤,中国正以实际行动打造人类命运共同体,向世界提供越来越多的优质公共产品。③ 从国际公共产品的"消费者",逐渐成为国际公共产品的修正者、建设者,甚至是供给者、创新者。中国角色的变化源于中国实力的变化,既包括经济实力等的增强,也包括文化、价值观念、政策对国际社会的重要影响。"一带一路"就是在这样的前提下由中国提出并与世界各国共同建设的一种全新的国际公共产品,并且

---

① 刘志彪、吴福象:《"一带一路"倡议下全球价值链的双重嵌入》,《中国社会科学》2018 年第 8 期。

② 曾楚宏、王钊:《中国主导构建"一带一路"区域价值链的战略模式研究》,《国际经贸探索》2020 年第 6 期。

③ 黄河、戴丽娜:《"一带一路"公共产品与中国特色大国外交》,《太平洋学报》2018 年第 8 期。

从多个维度提升了中国的软实力。

尽管"一带一路"的实践成效卓著,但一些外国学者如 Bruno Maçães 等仍然把"一带一路"视为中国构建世界秩序的一种方案,目的是"取代"美国主导下的世界秩序,因此,他们认为中国已经成为西方世界的"最大威胁"。一些非洲学者如 Thokozani Simelane, Lavhelesani Managa 认为,"一带一路"促进了沿线国家的积极发展和地区经济合作、增进了沿线国家人民的相互理解、有利于世界的和平与发展。

### 5. 关于全球治理与"一带一路"关系研究

"一带一路"最初主要是对欧亚地区秩序产生影响,所以有学者认为,冷战后地缘政治重塑欧亚秩序失败,而中国提出的"一带一路"倡议通过经济合作和市场嵌入的方式,成功地重塑了欧亚大陆秩序。[①] 这是"一带一路"地区治理的成功典型。但是,"一带一路"已经不再局限于原来的 64 个国家,而是成为覆盖世界各国的经济发展倡议,并且已经得到了联合国的肯定,因此,"一带一路"要汲取以往全球危机的治理经验,以和平方式突破全球经济发展的瓶颈,引领全球治理朝着更加公平合理的方向发展。张幼文也认为,"一带一路"是我国提出的推进国际合作、实现互利共赢的重大倡议,它具有重要的全球治理意义,尤其是通过合作路径与方式的创新推进经济全球化,从而也使得中国的开放型发展布局得到了历史性的转型升级。[②] 刘卫东等提出,在与现有全球治理体系对接过程中,"一带一路"发挥着"催化剂"的功能,即通过对接使现有全球治理体系发生质变,最典型的是把这种关系浓缩为一个恒等式:包容性全球

---

① 胡键:《"一带一路"战略构想与欧亚大陆秩序的重塑》,《当代世界与社会主义》2015 年第 4 期。

② 张幼文:《"一带一路"建设:国际发展协同与全球治理创新》,《毛泽东邓小平理论研究》2017 年第 5 期。

化=(现有的)全球化+"一带一路"。① 首先,"一带一路"倡议使人类命运共同体的意识培育从被动和自发转向主动和自觉,从而推动全球治理的认识论变革;其次,"一带一路"倡议为国际社会提供义利兼顾的可持续性公共产品,从而提升全球治理的道德门槛;再次,"一带一路"倡议将自下而上与自上而下的全球治理方式有机结合起来,从而提高全球治理的行动自觉;最后,"一带一路"倡议以中国处理改革、发展和稳定关系的有效经验为基础,通过联动发展实现对经济、社会、环境和安全等要素的更好平衡,同时强调南南合作与南北合作的合理平衡。秦亚青、魏玲指出,"一带一路"体现了新型全球治理观,而这种新型全球治理观是对现有的传统全球治理观的超越;②欧阳康指出,"一带一路"倡议是在应对全球治理变局中生发出来的,相应地,"一带一路"建设也必须清晰认识当代世界治理格局的复杂性和多变性,一方面科学认识和自觉有效顺应全球治理变局,另一方面努力引领全球治理变局的良性健康发展,促进人类命运共同体的当代构建。③ 谢来辉认为,"一带一路"与全球治理的初始理念相互契合,它只是嵌入全球治理的正式制度之中,而非形成"平行制度";但是与西方权力较为集中的非正式制度之间却存在明显紧张的竞争关系,存在较大创新空间。④ 此外,还有学者认为"一带一路"建设在与世界的互动中推动全球治理的机制创新和体系转型。在这一问题上,国内学术界的研究是十分单薄的,甚至还处于起步阶段。同样,国际学术界的研究就更加少,有一本论文集论及全球化、全球治理与"一带一路"的关系,该书的主编是 Jean A.Berlie,该书收录了中外学者不同领域研究的十篇

① 刘卫东、Michael Dunford、高菠阳:《"一带一路"倡议的理论建构——从新自由主义全球化到包容性全球化》,《地理科学进展》2017 年第 11 期。
② 秦亚青、魏玲:《新型全球治理观与"一带一路"合作实践》,《外交评论》2018 年第 2 期。
③ 欧阳康:《全球治理变局中的"一带一路"》,《中国社会科学》2018 年第 8 期。
④ 谢来辉:《"一带一路"与全球治理的关系——一个类型学分析》,《世界经济与政治》2019 年第 1 期。

论文,从地区问题入手,从不同的视角讨论了全球化的问题,只有中国学者的一篇是讨论公共产品问题的,与地区治理、全球治理略有关系。①

　　6. 关于"一带一路"背景下加强文化"走出去"以提升中国文化软实力的研究

　　大多数学者认为,中国文化软实力提升的前提是中国文化要"走出去",而"走出去"的最重要方式就是翻译。一种观点认为,为了加快中国文化"走出去"的步伐,要尽快建设国际化的翻译人才队伍。另一种观点则认为,把中国文化"走出去"简单地归结为一个翻译问题,以为只要把中国文学作品翻译成外文,中华文化就自然而然地"走出去"了,而看不到这是一个比较特殊的把弱势文化向强势文化译介的行为,看不到译入与译出这两个表面相似的翻译行为之间的重要区别,也看不到这个译介行为所面临的时间差与语言差的问题,这显然是很难真正地使中国文化成功"走出去"的。

　　综上所述,一是关于"一带一路"的宏观研究,这方面的成果非常丰富。但是,要推进"一带一路"高质量发展,就必须加强理论研究,从理论上根本解决国际上对"一带一路"的认知问题;同时,还要加强具体实践的研究,使理论回到实践并为实践提供智力支持。二是存在着多学科研究,但缺少跨学科的协同研究。几乎所有学科的学者都在研究与"一带一路"相关的问题,但都是单边作战,并未形成"集群式"的重大攻关。三是关于"一带一路"的研究和关于全球治理的研究成果众多,但关于二者相互关系的研究特别少。既有的研究尤其是中国学者的研究强调了"一带一路"对全球治理理念和实践的贡献,但是对现有治理体系在规则层面的影响以及互动关系讨论不够;"一带一路"特别强调文化即民心相通

---

① 　Jean A. Berlie, Ed.: "*China's Globalization and the Belt and Road Initiative*", Gewerbestrasse: Springer, 2020.

的要素,但全球治理的正式制度中鲜有涉及文化因素,这方面的内容也缺乏必要的讨论。而事实上,"一带一路"的成功实践以及它在区域治理、全球治理方面的客观作用,已经表明"一带一路"为百年未有之大变局之下全球治理的转型注入了新的动力和活力。这就特别需要在理论上对二者的内在关系阐释清楚。此外,学术界对中国文化软实力现状进行了比较客观的分析,对提升中国文化软实力的途径也做了有益的探索,对中国文化软实力在国际竞争态势中所处的地位也有了比较理性的认识。但是,关于"一带一路"倡议与提升中国文化软实力的关系的学理性研究成果还为之甚少。当然,毕竟"一带一路"实践的时间还不长,学理性的研究一般都会相对滞后,这是正常的。不过,"一带一路"倡议的实践迫切需要提升中国文化软实力,以推进沿线国家形成共识和促进民心相通。

## 四、本书研究的价值

从学术价值来看,"一带一路"是中国提出来的一个重要倡议,经过10年卓有成效的实践,得到了世界各国的广泛认同和普遍接受。1949年以来,中国曾经长期处在国际体系之外,也对全球治理持有疑义;改革开放以后,中国开始加入国际体系;与此同时,全球化的进程也在加速和深化,全球化问题也不断凸显。因此,中国开始关注全球治理,尤其是加入世界贸易组织以后,中国海外利益不断拓展,最初中国对全球治理的理解主要是对全球问题的治理。不过,中国主要是全球治理的参与者,对全球治理制度的建设与创新、对全球治理议程和议题的设置等的认识尚不足。进入21世纪以后,世界经济遭受了国际金融危机的重创,而中国经济被视为世界经济走出危机的引擎。党的十八大以后,中国提出"一带一路"倡议,它的成功给全球治理的转型提供了动力和活力。一方面,成功的实践尤其需要理论抽象,并使之得到推广;另一方面,中国的成长是一个大国的成长历程,中国应当有原创性的概念、理论,以及完整的知识体系(或学科体系)。不过,知识体系和学科体系的构建不可能是一蹴而就、一揽子完成的,只能从具体领域和问题出发,而"一带一路"无疑是最重要的领域和最具体的实践,也是最有可能在构建中国知识体系和学科体系上有所作为的。

从应用价值来看,"一带一路"提出来后,国内国际各界都广泛关注,各个学科的学者都开始聚焦于"一带一路"的研究,这是非常必要的。然而,学术界最初对"一带一路"的理解是有偏差的,而且不同的研究成果所揭示的"一带一路"内涵、价值目标又歧见纷呈。内部的不统一导致了外部对"一带一路"的认知更是大相径庭。很显然,"一带一路"实践的发展迅速超乎我们的想象,更超乎学术界的理论研究,其结果是,"一带一路"的实践缺乏学术界的理论支撑。而国际上关于"一带一路"的话语尤其是"问题话语"却甚嚣尘上,如果不对这些"问题话语"进行"去噪音",那么"一带一路"的实践就很难持续推进下去,"一带一路"也很难实现高质量发展。要对"一带一路"进行"去噪音",仅仅靠回应性的话语、应对性的话语是很难做到的,因为这样的话语缺乏穿透力。只有基于理论和知识体系的话语,也就是用理论进行建构和原创的话语才具有强大的穿透力。这样,理论的研究才可以彰显其应用价值。

从社会意义来看,"一带一路"的实践是一个内外双向互动的过程,既有中国内部各种要素包括人员的向外流动,也有大规模的外部要素和人员流入中国,也就是在统筹"两个大局"的前提下,"两个市场""两种要素"的互联互通。其中最重要的是人员的流动,人的实践和行为是阐释"一带一路"的关键因素。以 2019 年为例,2019 年有 1.55 亿人次的中国公民出境,以及还有 9767.5 万人次的来华人员,他们是"一带一路"的实践者,但这些人大多数并不真正理解"一带一路",他们需要接受"一带一路"相关知识的培训。不过,仅仅从某一学科的知识来理解"一带一路"

是远远不够的,"一带一路"固然与经济、贸易、金融有直接的关系,但它涉及区域、国别的历史、文化、民族、宗教、政治、社会、语言,以及与我国的历史和现实关系等。近年来,我国特别强调区域、国别研究,但大多数区域、国别研究的基地在国际关系学院系之中,历史、文化研究在历史院系,民族、宗教研究在社会学系或哲学系等。简言之,学科布局和研究都是分散在不同院系之中的,这就很难对相应的地区、国别形成综合研究并作出综合判断。本书的研究尝试跨学科的综合研究,为社会提供有关"一带一路"的综合理解。

# 第一章 "一带一路"与中国 文化软实力的纽带

"丝绸之路"这个概念据说最早是 19 世纪中期德国地理学家、地质学家李希霍芬(Ferdinand von Richthofen)在他的《中国——亲身旅行的成果和据此所作研究的成果》一书中第一次使用,主要用来指代中西之间以丝绸贸易为主的陆上通道。① 在欧亚大陆内部很早就存在着这样一条东西往来的通道,而且大体上是如王国维所言的"征伐者自东往,贸易者自西来"的情形。这大体上描述了古丝绸之路上的悲壮历史。说它"悲壮",的确是因为"丝绸之路"是因战争而起的,最后却因文化而兴。

## 一、"一带一路"的历史渊源

"一带一路"是为经济发展和国家现代化提出来的一项重要倡议,但其起源却是与古代中国北方边境长期遭受游牧民族的侵扰有关,尤其是匈奴屡犯中原,使汉朝颇为不安。匈奴兴起于大漠,楚汉战争时期,冒

---

① 参见[德]费迪南德·冯·李希霍芬著,E.蒂森选编:《李希霍芬中国旅行日记》,李岩、王彦会译,商务印书馆 2018 年版,"译者前言",第Ⅲ页。另外,李希霍芬《中国——亲身旅行的成果和据此所作研究的成果》一书尚未译成中文版,其德文版在中国国家图书馆馆藏可查阅到,不过本人不懂德语,所以就只能遗憾地与之"擦肩而过"了。

顿单于乘机扩张势力，相继征服周围的部落，灭东胡、破月氏，控制了中国东北部、北部和西部广大地区，建立起统一的奴隶主政权和强大的军事机器。汉高祖七年（前 200 年）冬，冒顿单于率骑兵围攻晋阳（今山西太原）。刘邦亲领三十二万大军迎战，试图一举击溃匈奴主力。结果，刘邦反被冒顿围困于白登（今山西大同东），七日不得食，只得采用陈平的"奇计"，暗中遣人纳贿于冒顿的阏氏，始得解围。从此，刘邦再不敢用兵于北方。后来的惠帝、吕后及文景二帝，考虑到物力、财力的不足，对匈奴也都只好采取"和亲"、馈赠及消极防御的政策。但匈奴贵族，仍寇边不已。文帝时代，匈奴骑兵甚至深入甘泉，进逼长安，严重威胁着西汉王朝的安全。

汉武帝建元年间，匈奴破大月氏，大月氏部落遁逃但对匈奴始终存有复仇之心。听说此事后，汉朝本有灭匈奴之心，所以汉朝与大月氏都有"通使"的想法。张骞被招募为使者，建元三年（前 138 年），张骞正式出使西域，他们西行进入河西走廊。这一地区自月氏人西迁后，已完全为匈奴人所控制。正当张骞一行匆匆穿过河西走廊时，不幸碰上匈奴的骑兵队，全部被抓获。匈奴的右部诸王将立即把张骞等人押送到匈奴王庭（今内蒙古呼和浩特附近），张骞一行被扣留和软禁起来。匈奴单于为软化、拉拢张骞，打消其出使月氏的念头，进行了种种威逼利诱，还给张骞娶了匈奴的女子为妻，生了孩子。尽管软禁长达十年之久，但张骞"不辱君命""持汉节不失"，始终没有忘记汉武帝所交给自己的神圣使命。元光六年（前 129 年），张骞趁匈奴人不备，果断地离开妻儿，带领其随从，逃出了匈奴王庭。

张骞寻机逃脱到大宛，由大宛介绍，又通过康居到达大夏。大夏又遣人将他们送至大月氏。但是，此时的大月氏武力征服了大夏，并且距匈奴和乌孙很远，外敌寇扰的危险已大大减少，所以改变了对匈奴复仇的态度，逐渐由游牧生活，改向农业定居，无意东还再与匈奴为敌。在大月氏逗留了一年多以后,张骞返回大汉,经于阗、且末、鄯善,向东南经阿尔金山,进入柴达木盆地,欲从羌中道返回长安,但在经过若羌一带时,再次被匈奴所俘,又被迫在匈奴停留数年。直到单于病故,匈奴内乱,张骞才得以回到大汉。张骞出使西域虽没有实现联合大月氏的初始目标,但在西域生活长达十多年,对西域的社会政治经济情况已经相当通晓,为以后中原加强与西域的联系奠定了基础。公元前119年,张骞第二次出使西域。这次张骞率领300人组成的使团,每人备两匹马,带牛羊万头,金帛货物价值"数千巨万"。先是到达乌孙,游说乌孙王东返,没有成功。他又分遣副使持节到了大宛、康居、月氏、大夏等国。公元前115年张骞返回大汉,乌孙派使者几十人随同张骞一起到了长安。此后,汉朝派出的使者还到过安息(波斯)、身毒(印度)、奄蔡(在咸海与里海间)、条支(安息属国)、犁轩(附属大秦的埃及亚历山大城),大汉使者还受到安息专门组织的二万人的盛大欢迎。安息等国的使者也不断来长安访问和贸易。至此,大汉与西域的交通建立起来。公元前115年张骞回到大汉,张骞从西域不仅带回了西域的物产(即有形的文化交流),如苜蓿、胡萝卜、核桃等,而且还带回了龟兹乐,这种音乐迄今在福建泉州一带保留下来,也就是所谓的"南音",从而有史料证明古丝绸之路上的无形文化之间的交流。随着张骞的"凿空"之后,中原文化与西域诸国乃至安息、身毒等国的文化交流也更加频繁。张骞回到汉朝后第二年去世,随后汉朝又派遣一队人马沿着张骞出使西域的路线一直到达今天的巴格达,从此商贸往来日益频繁,这才真正开启了"丝绸之路"。

从上述历史来看,古丝绸之路并非从一开始就与丝绸、瓷器、茶叶等贸易有关,首先是从战争开始的,贸易则是战争的"延续"。但是,这个"延续"则是血腥之后的"喘息",是"用被杀者的头颅当酒杯才能喝到甜美的酒浆"之后的"喜悦"。据司马迁《史记》记载,匈奴杀害了大月氏的国王而将头颅作为饮器,从而激起了大月氏人们对匈奴的复仇之心。而匈奴也长期袭扰汉朝西北边塞使汉朝无法得到安宁。这是张骞出使西域的一个重要原因，目的就是联合大月氏共同对付匈奴。

实际上，在古代，用被杀者的头颅作为饮器既表示一种敌意，也展示了自己作为胜利者的姿态而炫耀。匈奴是如此，此前在中国远古时代也有这种情形。三家分晋之前，智伯为晋国的强大而要求韩、魏、赵各卿让出部分封地，韩、魏为了避免战争而不得不出让，但赵氏家族却坚决不让。结果，智伯纠集韩、魏两族对赵氏家族进行征讨，将晋阳城围得如铁桶一般，并且引河水将晋阳城淹没以至于城内赵氏军民"易子而食"。不过，好在赵襄子下面有一个好谋士叫张孟谈，他用巧计分化对方同盟而使得韩、魏两家与赵氏家族结盟。最终，智伯战败，晋国分裂为韩、赵、魏三国。由于赵氏家族在晋阳之战中损失惨重，以至于赵襄子将智伯的头颅割下来作饮器方解心头之恨。

战争虽然洒下了人类的热血，但对战争的反思也促成了人类的交往，从而便有了文化、经济贸易的往来。张骞出使西域"凿空"归来，于次年去世。然后，汉武帝又正式派出一支商队沿着张骞走过的路线到达巴格达。这时候才是陆上丝绸之路的真正开始。也就是说，"凿空"并非丝绸之路的开始，而只是为"丝绸之路"打下了基础。而"凿空"所引发的文化交流才产生了汉朝与西域之间的新的需求，并由这些需求而产生贸易往来。例如，张骞归来时就带回了诸如葡萄、苜蓿、胡萝卜等有形的物质文化产品，也带回了包括音乐在内的诸多无形文化产品。《晋书》中记载："胡角者，本以应胡笳之声，后渐用之横吹，有双角，即胡乐也。张博望入西域，传其法于西京，惟得《摩诃兜勒》一曲。李延年因胡曲更造新声二十八解，乘舆以为武乐。后汉以给边将，和帝时，万人将军得用之。魏晋以来，二十八解不复俱存，用者有《黄鹄》《陇头》《出关》《入关》《出塞》

《入塞》《折杨柳》《黄覃子》《赤之杨》《望行人》十曲。"①这段话表明,西域音乐进入汉朝之后就被其所吸收。这是文化融入和融合的最重要的例证。西域文化后来对汉朝的影响颇深,以至于曾经一度成为汉朝宫廷内的上层文化元素。这也是汉朝与西域进行贸易往来的重要动力。

张骞出使西域对汉朝在西域的影响非常大,鉴于他的重要贡献,汉朝封张骞为博望侯,后人称之为张博望。他的传奇经历一直影响着后人,特别是对东汉的班超影响极深。班超本是一名小文人,为别人撰写文书为生。然而,他不满足于这种枯燥乏味的生活。有一次,他曾停下工作投下笔叹息说:"大丈夫无它志略,犹当效张骞立功异域,以取封侯,安能久事笔砚间乎?"一天,他遇到算命先生,算命先生给他算了一卦说:"燕颔虎颈,飞而食肉,此万里侯相也!"这"万里封侯"之说,可谓正中下怀。于是,班超下定决心,"宁为百夫长,胜作一书生"。

公元 73 年,班超随从窦固北征匈奴,并在军中任假司马(代理司马)之职。班超一到军旅中,就初显军事才能。他率兵进攻伊吾(今新疆哈密西四堡),战于蒲类海(今新疆巴里昆湖),小试牛刀,斩俘颇多。窦固很赏识他的军事才干,派他和从事郭恂一起出使西域。在小试牛刀后,班超随郭恂率领部下向西域进发,第一站到达鄯善(今新疆罗布泊西南)国。鄯善王对班超等人先是嘘寒问暖,礼敬备至,后来突然改变态度,变得疏懒冷淡。班超估计其中一定有原因,于是对部下说:"你们难道没觉察鄯善王的态度变得淡漠了吗? 这一定是北匈奴有使者来到这里,让他犹豫不决,不知道该服从谁好的原因。头脑清醒的人能够预见到还未发生的事情,何况现在已明摆着呢!"于是,班超出其不意地问鄯善侍者匈奴使者在哪儿? 鄯善侍者仓促间难以回答,只好把情况照实说了。班超把侍者关押起来,以防泄露消息。接着,立即召集部下三十六人,饮酒高

---

① (唐)房玄龄等:《晋书·乐志下》卷二十三,中华书局 1974 年版,第 715 页。

会。喝到酒醉的时候，班超故意激怒大家说："你们诸位与我都身处边地异域，想通过立功来求得富贵荣华。但现在北匈奴的使者来了才几天，鄯善王对我们就不以礼相待了。如果一旦鄯善王把我们绑送到北匈奴去，我们不都成了豺狼口中的食物了吗？你们看这怎么办呢？"大家都齐声说道："我们现在处于危亡的境地，是生是死，就由司马你决定吧。"班超说："不入虎穴，焉得虎子。"当晚，班超带领部下三十六人将匈奴使者全部除掉，并割下其头颅。第二天，班超一行把匈奴使者的头颅全抛给了鄯善王，鄯善王大惊失色，举国震恐。班超好言抚慰，鄯善王表示愿意归附朝廷，并把自己的王子送到汉朝作为人质。班超此举威震西域，为汉朝立了国威。班超完成使命后率众回师，并得到了上级窦固的嘉奖。

　　第一次的成功很快得到了朝廷的欣赏，班超再次被委以重任出使西域。至此之后，班超就与西域结下深厚的不解之缘。在于阗（今新疆和田）时，由于巫风兴盛，巫师对于阗王说："天神发怒了，你们为什么想去归顺汉朝？汉使有一匹嘴黑毛黄的好马，你们赶快把它弄来给我祭祀天神！"于阗王派宰相私来比向班超讨要那匹马，班超早已清楚事情原委，痛快地答应了。但是提出要巫师自己来牵。等到巫师到来后，班超不由分说，将他杀死，并逮捕了私来比，痛打数百皮鞭。把巫师的首级送还于阗王，说明利害，以道义责备他。于阗王早就听说过班超在鄯善国诛杀匈奴使者的作为，因此颇为惶恐，当即下令杀死北匈奴使者，重新归附汉朝，班超重赏了于阗国王和他的臣子，成功镇抚于阗。西域各国因此全都派出王子入朝为人质，西域与汉朝中断了六十五年的关系，至此才恢复。

　　在后来的二十余年中，班超平疏勒之乱，联乌孙定龟兹，合疏勒、龟兹之兵平莎车，围困贵霜月氏而臣服当行，击溃焉耆、危须、尉犁等国而最终使通向西域的通道畅通无阻。公元95年，班超被汉朝封为"定远侯"；公元97年，班超派甘英出使大秦（罗马帝国），甘英至西海（波斯湾）而还；

公元102年,班超返回汉朝,同年去世。班超在西域纵横捭阖三十年,最终定西域而稳边疆,使西域五十多个国家都臣服大汉,从而确保汉朝与西域之间的通道畅通且安全。在这样的形势下,中国与西域、南亚乃至欧洲的文化交往也日益频繁。特别是汉朝的强盛和中国文化的包容性,西域、南亚各种文化要素迅速流入汉朝,最典型的就是在东汉时期进入中国的佛教,最终被中国文化吸纳且融入中国文化之中,成为中国的传统文化一脉。同样,文化的交流与互鉴更进一步推进了贸易关系,因此,丝绸之路在相当长时期内是东西方贸易往来的重要通道,也是联系沿线各国、各民族的重要纽带。无论是作为贸易通道还是文化交往的纽带,丝绸之路都为促进欧亚大陆的民族交往、文化交流和经济发展发挥了至关重要的作用。不过,随着大航海时代的到来,陆上丝绸之路逐渐退出历史舞台,代之而起的则是海上丝绸之路。这就是当今"一带一路"倡议的历史渊源。

## 二、"民心相通"是"一带一路"的基础

"一带一路"首先是"互联互通"战略。它既包括外部也包括内部的互联互通。一种观点认为,互联互通主要是从对外的角度来看的。如果仅仅是对外的新战略是不足以真正理解"一带一路"的。中国的发展固然要对外进行互联互通,但中国内部的发展长期以来就是受制于内部的种种障碍,尤其是地理上的自然分割,形成了区域上的不平衡。如果内部都不能互联互通,外部即便互联互通了,内部的发展仍然是不平衡的,因而也就没有根本上改变中国内部发展的地区差距。"一带一路"在内部"互联互通"的同时要全力推进对外的"互联互通"。中国既是陆权国家,也是海权国家,因而中国必须要从海陆两方面进行对外开放和对外延展,最大可能地拓展中国的外部利益。中国最初的对外开放主要体现在东部沿海地区的开放,而中西部地区的对外开放是相对滞后的,因而中西部地

区的发展向来落后于东南沿海地区。也正因为如此,中国需要推进中西部地区的对外开放,以提高中国对外开放水平和完善中国对外开放格局。

"一带一路"的"互联互通"并不只是基础设施的"互联互通",这只是前提条件,"一带一路"的"互联互通"内容是广泛的,有了基础设施的"互联互通",才有可能推进资金流、技术流、人才流、信息流等要素流动。因此,"一带一路"的"互联互通"包括政策沟通、设施联通、贸易畅通、资金融通和民心相通,也就是平常所说的"五通"。而"五通"中的民心相通则是基础,没有民心相通,就无法推进其他任何方面的联通。由此可见,"一带一路"不只是经济建设,而且还包括文化建设的内涵,文化建设在对外交流上特别是指文化交流并以此来推进民心相通。

那么,如何推进文化交流呢? 一般情况下,文化交流在两种情况下是最需要的:一是在经济项目之前,各方互不了解的情况下,需要从彼此的文化交往中进行了解;二是在经济交往取得一定成就且经济合作发展陷入瓶颈时,需要用文化来提升经济合作的质量。共建"一带一路"国家并非都对中国文化有深入了解,我们也未必了解这些国家的文化。有的甚至还是相互之间有隔阂和历史问题的纠结。在这种情形下,通过文化交流以夯实人文基础就非常必要。文化交流中特别要强调文化自信,没有文化自信,跨文化交流中就很容易失去中国文化的主体性。习近平在建党 95 周年的讲话中指出:"在 5000 多年文明发展中孕育的中华优秀传统文化,在党和人民伟大斗争中孕育的革命文化和社会主义先进文化,积淀着中华民族最深层的精神追求,代表着中华民族独特的精神标识。"因此,当今中国的文化自信,就是要树立对传统文化的自信、对中国共产党领导下的革命文化的自信,以及对当今社会主义现代化建设实践所创造的现代化文化的自信。

首先是对中国传统文化的自信。文化的进步就是人类社会的进步,从这个方面来看,文化是社会进步的重要推动力。恩格斯在《反杜林论》

中就指出:"文化上的每一个进步,都是迈向自由的一步。"①在恩格斯看来,文化不仅推动经济社会发展,也揭示了人的自由实现的历史轨迹。中国五千年的文化所揭示的正是中华民族从蒙昧到开智、从封闭到开放、从原始到现代的发展历程。对中国传统文化的自信,就是要正确认识中国传统文化的历史地位和社会历史功能。中华民族之所以能够立足于今天,正是因为中华民族拥有五千年的文化作为精神支柱。历史上,中国社会经济发展曾经领先于世界,也是因为中国以儒家为核心内容,儒、道、释融为一体的价值体系所构筑起来的中国传统文化,为中国经济社会发展提供了源源不断的动力。这就是马克思主义的一个基本观点所说的,文化虽然受经济基础的决定和制约,但文化又不是简单的附属现象,它内在于社会实践、社会生活的方方面面,从深层制约和影响经济、政治活动。树立对中国传统文化的自信,就是要坚持中国文化的主体性。今天,全球化不断深化,西方文化借助于全球化的进程,也借助于现代通信技术,以一种强势文化的身份冲击着中国的传统文化,而西方的强势文化又是以消灭文化的多样性为目标的,在这种情形下,维护中国文化安全的重要内容之一,就是要坚持中国的文化主体性。

其次是对中国革命文化的自信。中国共产党领导的新民主主义革命发轫于鸦片战争失败之后"中国向何处去"的问题。鸦片战争失败后,不仅中国部分领土被割让出去,而且中国传统文化也是第一次遭受到西方文化如此巨大的冲击。更为严重的是,中华民族面临着亡国灭种的危险。在这种情形下,中国各种政治派别都试图寻找中国未来社会走向的答案,但无论是洋务运动、戊戌变法还是辛亥革命,都没有真正找到中国社会的答案。这个重任毫无疑问就落在了中国共产党人的肩上。正是中国共产党领导中国人民才最终取得了新民主主义革命的胜利。因此,对中国革

———————
① 《马克思恩格斯选集》第3卷,人民出版社2012年版,第492页。

命文化的自信,就是要赋予中国革命合法性。中国共产党领导中国人民不仅推翻了西方列强在中国的殖民统治,而且使广大中国人民在鸦片战争之后第一次获得了人权上的解放。对中国革命文化的自信,就是要赋予中国共产党政权合法性。正如黄炎培先生在延安时所说,一人,一家,一团体,一地方,乃至一国,一部历史,"政怠宦成"的也有,"人亡政息"的也有,"求荣取辱"的也有,总之没有能跳出"其兴也勃焉,其亡也忽焉"的历史周期率。但是,中国共产党却用"人民民主"跳出了这个历史周期率。这不仅体现了中国共产党领导的政权是代表中国广大人民利益的政权,而且也用"人民民主"揭示了政权的人民性。

最后是对现代化建设实践创造的当代中国文化的自信。一穷二白和文盲、半文盲人口占据相当大的比例的情形,是中国现代化建设的初始条件。尽管中国现代化建设实践走过不少弯路,但确立改革开放的基本国策之后,中国现代化建设正式走上了正轨,并迅速发展成为世界第二大经济体。中国的综合国力得到空前的增强,中国在国际体系中的地位也得到空前的提高。因此,对当代中国文化的自信,就是要对中国经济发展创造的世界奇迹要有一种自豪感,对中国现代化发展道路要有自信心,以及对中国改革开放以来所形成的理论、制度和发展道路充满自信心。有的人看到中国改革和现代化建设中存在某些问题,就怀疑中国现代化道路的可持续性;有的人看到中国社会出现的一些权力腐败现象,就怀疑中国社会主义的性质;有的人看到中国改革过程中出现的收入差距拉大现象,就怀疑中国改革的真正目标;等等。诸如此类的观点都缺乏对中国社会的正确认知。树立对中国当代文化自信的前提就是要正确认识当代中国,尤其是客观认识中国的现代化发展进程。

当然,文化自信的前提就是要有文化自觉。所谓"文化自觉",按照费孝通先生的观点,它是指生活在一定文化历史圈子的人对其文化有自知之明,并对其发展历程和未来有充分的认识。中国文化的自觉,就是指生活在中国文化历史圈子的全国各族人民对中国文化的自知之明。简而言之,文化自觉就是"各美其美,美人之美,美美与共,天下大同"。

所谓"各美其美",就是对自己文化的欣赏,文化自信就是要对本国、本民族文化有一种独特的情怀,在对外文化交流中不能自卑。这一点尤为重要,因为鸦片战争失败以后,从"师夷长技""中体西用"到维新变法和辛亥革命,中国社会对中国文化渐渐失去了应有的自信。在西方启蒙学说的冲击之下,中国社会的文化自卑感更加突出。因此,在现代化建设中和推进"一带一路"倡议的过程中,跨文化交流的前提就是要树立文化自信。

所谓"美人之美",就是对其他民族、其他国家的文化特别是其优秀的文化成果要有一种欣赏的态度,不仅要承认其他民族、其他国家文化的优秀元素,而且还要善于吸纳它们。如果没有"美人之美"的态度,就会陷入文化自负的泥沼之中,而文化自负就是一种对待自身文化态度上的自满自足感和妄自尊大的文化优越感。历史的事实也的确如此,从西汉一直到唐宋时期,中国农耕经济一直领先于世界,特别是唐宋时代,中国把农耕文明推到了顶峰。即便是被一些史学家称为"晚秋晴日"的"康乾盛世",也延续了百年之久的繁荣。一直到鸦片战争爆发前,中国的经济规模一直就是世界第一,大宋帝国的经济规模更是占世界经济的大约一半,到鸦片战争爆发时还占世界经济的 32.9%。① 这种发展成就使中国的士大夫们沉浸于"天朝大国"的美梦之中,尤其是沉迷于"华夏为尊,夷狄为卑"的儒家文化优越感之中。经济社会发展的成就,一方面赋予了古代中国统治政权强有力的合法性,另一方面经过历朝历代的嬗变后更确立了以中华帝国为中心的"华夷秩序"。长此以往,华夏文明的中心地位最终导致了中华民族在文化上的自我陶醉式的文化满足感,以及自我

---

① [英]安格斯·美迪森:《中国经济的长周期表现:公元 960—2030 年》,伍晓鹰、马德斌译,上海人民出版社 2008 年版,第 36 页。

封闭和对外界的茫然无知的"文化夜郎主义"。然而,西方不仅在进行工业革命,以技术的力量在开拓世界历史进程,使资本主义从西欧走向了世界各地;而且,在此之前,西方也在制度层面上进行了非常有益的改革,制度与法律的拓展不断增加了民众参与的机会。资本主义在法律制度和科学技术"两个轮子"的推动下,如虎添翼般地在世界各地拓展着世界市场,也同时拓展自己的殖民地,把东方落后国家"纳入"资本的"文明"进程之中。而沉睡的、自负的中国对这些进程基本上是毫无所知的。

所谓"美美与共",就是文化交流与融合。"一带一路"的文化交流,既不是用中国文化同化其他文化,更不是其他文化同化中国文化,而是跨文化交流,在多样文化的包容互鉴中形成"一带一路"新的文化要素。正如季羡林先生所说,文化的交流首先总是在陌生的对视之后,经过撞击、对话、交流,最后融合成为一种新的文化元素。[1] 回顾历史,中华文化与外界其他文化的对视至少经历了四次:第一次是大汉帝国时期,这一次是因张骞出使西域之后古丝绸之路的开通,第一次将东方与西方连接起来。海上的贸易往来和文化交流甚至更早,根据《后汉书》的记载,大约在公元前 111 年,汉朝的商船就经交趾郡的合浦(今广西北海市合浦县)到达印度洋港口,所以当地被确认为古代海上丝绸之路的始发港。这里有大规模的汉墓群,出土了大量的文物,包括来自波斯、印度、罗马、东非等地的各种陶器、瓷器、金币等。当然,这一次文化的对视是非常有限的,但文化交流却出人意料地大规模开展起来,西域文化、罗马文化、波斯文化等在汉朝甚至成为一种时尚。第二次是在大唐时期,这一次是在历经了分离和长期战乱之后的国家统一,以及重新崛起并开创了一个新的盛世之后的文化"探亲"。佛教在汉代传入中国,大唐时期佛教在中国的影响进一步加强,以至于一些人包括玄奘等对佛教的诞生地产生"探亲"的冲

---

[1]　季羡林:《中印文化交流史》,中国社会科学出版社 2008 年版,第 22 页。

动。另外,大唐还有官方的代表经海路到达波斯湾一带,大唐与阿拉伯地区、西域、印度、日本等的文化交往深度大大超出了第一次。这一次一直延续到大宋时期。第三次是明清之际,新航路开辟以后,西方一些传教士来到了东方,同时也带来了西方学说。这一次对视中,中国文化受到了一次"根本性的震荡"①,一方面,西方传教士带来了耶稣教义,目的是要使东方臣服为"上帝的子民";另一方面,他们也带来了西方先进的科学技术诸如地理学、天文学、几何、化学等,这两方面的知识都对东方传统的"天下"体系产生了强大的瓦解作用。第四次是鸦片战争以后,这一次东西文化的对视是在康乾盛世中后期的闭关锁国政策之后的"隔雾看花"。由于东方由盛转衰,所以这一次的文化冲突性要远远大于文化对话和交流。

当今,中国重新崛起的进程又把中华文化与世界文化的关系放在新的框架中来认识:中国文化将如何处理与世界多元文化的关系?从历史发展进程来看,我们发现,中国历史上越是发达的时候就越开放,文化也具有更大的包容性。大汉时期,历经了"文景之治"之后,盛世初现,虽有武帝穷兵黩武耗费了不少国家资源,以及西汉后期的王莽改制,但总体上来看,大汉的国祚未衰。所以,大汉对待外来的文化都持包容的态度,甚至一度还"追逐"外来文化。汉灵帝就特别喜欢"胡文化"(西域文化),以至于其宫廷所用的器具都是来自"胡"地。大唐时期,民族融合程度非常高,可以说大唐时期的中国就是当时世界的"民族熔炉"。有学者说大唐的强盛是学者们的假想,给出的一个证据是大唐对世界影响非常小。然而,古代的强盛不是去影响外部,而是用万邦来朝来吸纳外部的。大汉、大唐、大宋都是这样,以至于当时周边各族都有来华夏政权参加科举考试以成就自己功名的人。鸦片战争之后,是东方走向衰落的时期,因此尽管面对西方文化,但主要的态度是拒斥,除少部分有眼光的官僚和知识

---

① 葛兆光:《中国思想史》第二卷,复旦大学出版社 2019 年版,第 291 页。

分子外,如林则徐、魏源的"放眼向洋看世界",洋务派的"中体西用"等。当今的中国正处于实现中华民族伟大复兴的新征程中,在处理中华文化与世界文化的关系问题上,不可能也不应该以晚清的态度对待,而是应该以一种文化自信来处理当今世界的文化多元性。文化上的夜郎自大,只会导致封闭和愚昧。世界各民族的文化发展都是在与其他民族的文化交流融合之中才走到今天的,任何封闭孤立的文化必然会逐渐被淘汰。文化、文明的发展和传承实际上就是一个不断淘汰的进程。一个国家只有不断汲取其他民族创造的优秀成果,才能够真正崛起为大国。因此,在当今,我们如果认为中国可以在与世界隔离的状态下实现崛起,那不过是一种文化夜郎主义的表现。习近平总书记指出,今日之中国,不仅是中国之中国,而且也是亚洲之中国、世界之中国。既然如此,我们除开放包容、互学互鉴之外,没有别的方式可以铸就中华文化在新的世界中的新的生命力。

所谓"天下大同",用今天的话来说就是习近平总书记所说的"人类命运共同体"。"人类命运共同体"的内涵可以从三个核心概念来理解①:

第一,"人类",这个概念所包含的是新型国际关系的价值内涵,即人类是一个整体,是基于共同价值之上的整体。只有人类才能构筑共同的价值,除人类之外的一切动物是不可能构筑作为"类"的共同价值的。前几年,有不少学者借用恩格斯批判杜林的"永恒道德"来批判今天的"普世价值",现在也有学者开始以同样的逻辑来批判"共同价值"。实际上这是对恩格斯的误解。恩格斯虽然指出,如果"封建贵族、资产阶级和无产阶级都各有自己的特殊的道德,那么我们由此只能得出这样的结论:人们自觉地或不自觉地,归根到底总是从他们阶级地位所依据的实际关系

---

① 胡键:《新型国际关系对传统国际关系的历史性超越》,《欧洲研究》2018 年第 2 期。

中——从他们进行生产和交换的经济关系中,获得自己的伦理观念。"①
大多数人都是引用恩格斯的这一句话来证明不存在超阶级的、对各个阶
级都"绝对适用"的道德。但是,恩格斯同时还指出:"但是在上述三种道
德论中还是有一些对所有这三者来说都是共同的东西——这不至少就是
一成不变的道德的一部分吗?——这三种道德论代表同一历史发展的三
个不同阶段,所以有共同的历史背景,正因为这样,就必然有许多共同之
处。不仅如此,对同样的或差不多同样的经济发展阶段来说,道德论必然
是或多或少地互相一致的。"②由此可见,恩格斯反对"永恒道德",但他
承认不同阶级的道德只要是在相同的历史背景之下、在相同的经济发展
状况之下是存在着一些共同的内容的。不过,他又"拒绝想把任何道德
教条当做永恒的、终极的、从此不变的伦理规律强加给我们的一切无理要
求",因为"这种要求的借口是,道德世界也有凌驾于历史和民族差别之
上的不变的原则"。③ 据此,我们不难发现,恩格斯并没有否定不同阶级、
民族之间拥有某些共同的道德。更为重要的是,恩格斯强调没有"永恒
道德",更多的是从时间上来考察的。他指出:"从动产的私有制发展起
来的时候起,在一切存在着这种私有制的社会里,道德戒律一定是共同
的:切勿偷盗。这个戒律是否因此而成为永恒的道德戒律呢?绝对不会。
在偷盗动机已被消除的社会里,就是说在随着时间的推移顶多只有精神
病患者才会偷盗的社会里,如果一个道德说教者想庄严地宣布一条永恒
真理:切勿偷盗,那他将会遭到什么样的嘲笑啊!"④当然,恩格斯承认,
"一切以往的道德论归根到底都是当时的社会经济状况的产物。而社会

---

① 《马克思恩格斯文集》第 9 卷,人民出版社 2009 年版,第 99 页。
② 《马克思恩格斯文集》第 9 卷,人民出版社 2009 年版,第 99 页。
③ 《马克思恩格斯文集》第 9 卷,人民出版社 2009 年版,第 99 页。
④ 《马克思恩格斯文集》第 9 卷,人民出版社 2009 年版,第 99 页。

直到现在是在阶级对立中运动的,所以道德始终是阶级的道德"①。也就是说,道德的阶级属性是以社会在阶级对立中运动为前提的,而在无阶级的社会中,永恒道德是存在的。② 当然,"人类命运共同体"还处在阶级社会之中,"人类"的共同价值不是永恒的,而是在同一时间上、在当今世界的经济发展状况之下的共同价值。

第二,"命运",这个概念所指的是新型国际关系发展变化的趋向,是以时间为函数的人类社会的发展过程。在前工业化社会,人类的命运似乎没有觉得是捆绑在一起的,因为相对于前工业化时代而言,资源与发展之间的矛盾并不突出。然而,进入工业化社会之后,先进的生产力对资源的消耗迅速增长,资源与人类的发展之间的矛盾也日益突出,包括人与环境的关系,环境污染、保护生物多样化问题;社会对自然开发的问题,如自然资源保护问题、能源开发和利用问题、自然界新的全球性客体的报复性开发问题、宇宙空间的开发问题、海洋开发问题;以及人口问题、教育问题、健康问题、新技术(大数据与人工智能)条件下人的适应问题;等等。这些问题可能与全球化有关,有的甚至超越全球化本身,都关乎人类的生存与发展。而人类只有一个地球,也正因为如此,人类是共生共存的。

第三,"共同体",这个概念所指的是新型国际关系的物理性载体,是以空间为函数的国际社会发展状态。传统的共同体内涵是,"一旦人群这样地结成了一个共同体之后,侵犯其中的任何一个成员就不能不是在攻击整个的共同体;而侵犯共同体就更不能不使得它的成员同仇敌忾"③。因此,这种共同体的结果就必然是诉诸"集体安全"。冷战时期的结盟组织如北约和华约都是这种所谓的"共同体"组织。邓小平带领

---

① 《马克思恩格斯文集》第9卷,人民出版社2009年版,第99—100页。
② 胡键:《全球治理的价值问题研究》,《社会科学》2016年第10期。
③ [法]让-雅克·卢梭:《社会契约论》,何兆武译,商务印书馆1963年版,第23页。

中国人民告别了"集团政治"的国际关系而奉行不结盟外交,那么又如何理解党的十九大报告提出的"共同体"思想呢? 实际上这与不结盟外交并不矛盾。这种共同体是结伴而不结盟的共同体,是不针对任何第三方的共同体,也是开放的共同体,也就是"相互尊重、公平正义、合作共赢"的共同体。

## 三、"民心相通"也是提升文化软实力的重要路径

关于如何建设中国文化软实力的问题,国内学者已经提出了不少建设性的建议。例如前文述及,童世骏认为:文化软实力建设的路径,一是同步发展物质文明和精神文明,彰显中华民族的国际自信力;二是统筹国内发展和对外开放,提升国家形象的国际亲和力;三是结合传统智慧和现代文明,扩大民族文化的国际影响力;四是推进文化创新和产品升级,提高文化产业的国际竞争力。① 此外,诸多学者都从发展文化生产力、增强文化凝聚力、强化文化感染力、增进文化传承力、拓展文化吸引力、激发文化创造力、提高文化竞争力、提升文化传播力、扩大文化影响力,以及加大文化保障力等来提升中国文化软实力。

要提升中国文化软实力,首先要弄明白文化软实力究竟包含哪些要素。此前,我们曾经构建了一个关于文化软实力的指标体系,包括物质文明产生的文化软实力、精神文化产生的文化软实力、制度文化产生的文化软实力三部分。② 这三部分除了物质文明产生的文化软实力是一种客观存在外,其他两部分所形成的软实力都是在互动中构建起来的,这种软实

---

① 童世骏:《文化软实力》,重庆出版社 2008 年版,第 29 页。
② 胡键:《中国文化软实力评估及增进方略研究》,天津人民出版社 2020 年版,第 68 页。

力不是强制施加的影响,而是对方主动接受或者说是主动分享而产生的一种影响力、吸引力。举例来说,假若 A 国拥有某种文化产品,只是说 A 国拥有了一种软实力资源,只有把 A 国的该种文化产品放在 A 国与 B 国或更多国家的相互关系中才能确定 A 国的这种文化产品是否成为 A 国的文化软实力。如果 A 国的这种文化产品是通过强制手段要求 B 国接受的,这种情况不是 B 国分享了 A 国的该文化产品,而是 B 国被迫接受了它,那么 A 国所拥有的这种文化产品不仅不能转化为 A 国的文化软实力,反而会对 A 国的文化软实力产生副作用。A 国通过这种情形来推介自己的文化,实际上它还是沿用了现实主义的逻辑来扩张自己的文化实力,这种文化实力就不是一种柔性的软实力,而是一种刚性力量。反过来,如果 B 国主动接受了 A 国的该文化产品并且还认为 B 国从 A 国的该文化产品中获得了某种收获。这种情形就意味着 A 国的该文化产品在 A 国与 B 国的互动关系中直接转化成为 A 国的文化软实力,而且在 B 国的主动接受之下,A 国的该文化产品的软实力特性充分显示出了其柔性的一面。

关键的问题就是,如何使一个国家的民众主动接受另一个国家的产品,从而使这种产品成为该国的文化软实力呢? 唯一的路径就是文化交流,并通过文化交流使得处于异质文化之下的不同民族达到民心相通。那么,如何开展文化交流来达到民心相通? 最关键的是要克服文化霸权主义、文化沙文主义。文化霸权主义是对外文化交流过程中的强势的文化进攻主义,目的是以自己的文化来取代其他民族的文化,实际上就是文化上的一元论。在西方殖民主义时代这种现象非常突出,因为那个时代所谓的全球化,就是用西方彻底消弭东方的过程,或者说是一个"没有东方的全新的'西方'"的过程。[①] 马克思、恩格斯在《共产党宣言》中也早就指出,资产阶级把一切民族甚至最野蛮的民族都卷到文明中来了,就是

---

① [德]乌·贝克、哈贝马斯等:《全球化与政治》,王学东等译,中央编译出版社 2000 年版,第 43 页。

要"按照自己的面貌为自己创造出一个世界",因此它就必须要"使未开化和半开化的国家从属于文明的国家,使农民的民族从属于资产阶级的民族,使东方从属于西方"。① 文化沙文主义就是文化排外主义,或者也称为文化民族主义。这种现象往往是长期封闭的结果,这就正如乾隆皇帝对英国特使马嘎尔尼一样。由于长期封闭而对外面的情形无知,从而对外来的一切文化都产生强烈的拒斥感,因而也意味着对自己的文化产生了强烈的自负感。以上两种情形都无法使文化转化为软实力。

文化交流就是要尊重多样文化和多样文明。打开一张文化、文明地图,我们会发现,世界上的七大洲,除无人居住的南极洲之外,任何一个大洲都是文化多元、文明多样且相互共存的。以亚洲为例,古代中国,以儒家学说和黄老思想为核心,创造了发达的农耕文明,从远古走来直至清朝的康乾时期,东方帝国开创了世界上农耕文明的盛世时光,把世界农耕文明推到了鼎盛。古代印度用世界上最长的史诗《梨俱吠陀》记录了一个文明的发展史,给世界留下了宝贵的遗产;用佛教这种宗教塑造众多人的心灵而成为影响广泛的宗教。古代巴比伦不仅创造了最古老的楔形文字,而且还创立了最古老的天文历法,成为指导人们从事社会生产的重要历法。亚洲的先民用自己的智慧,创造了亚洲乃至世界最先进的文明,分别形成了以长江、黄河流域为中心的中华文明,以印度河、恒河为中心的印度文明,以幼发拉底河、底格里斯河为中心的巴比伦文明。这些文明既是亚洲人民社会生活的文化积淀,也是亚洲人民智慧的结晶,从而在亚洲形成了世界上最丰富的核心文化元素。亚洲以亚洲人的方式创造亚洲的多元文化。被雅斯贝尔斯称为"轴心期"的著名思想家如孔子、老子、佛陀、琐罗亚斯德、以利亚、以赛亚等先知,他们被认为是创造亚洲多元文化的先贤,他们为亚洲乃至世界带来了第一次"哲学的突破"。不同的先贤

---

① 参见《马克思恩格斯文集》第 2 卷,人民出版社 2009 年版,第 35—36 页。

在他们各自生活的地区创造了该地区独特的文化,于是便产生了古代中国的诸子百家、古代印度的佛教思想、犹太教、伊斯兰教、祆教等,不同的文化和宗教必然使不同地区的人们逐渐形成具有各自特色的生活方式、价值观念、社会结构和发展道路。

然而,文化多元性、文明多样性绝对不能将文化、文明作为区别彼此并以此为壑,人为地设置文化、文明的"断层线"。从纵向的历史来看,悠悠历史长河中,不同文化、异质文明之间的确容易爆发冲突,从十字军东征到伊斯兰教的对外扩张,从信仰伊斯兰教的阿拉伯帝国和推崇佛教的大唐帝国之间的战争,等等。这一切似乎都为亨廷顿所谓的"文明冲突论"提供了丰富的证据。事实上,历史从来都不是为某一种观点背书的。因为,历史同样为我们提供了关于文化交流、文明对话的更为丰富的材料。张骞出使西域,虽然是为了战争,但最终带来的是亚洲文化交流、文明对话的盛况。在张骞的伟大"凿空"之举之后,亚洲内部乃至亚洲与欧洲开启了千年的对话。印度与中亚地区详细的文化关系可以追溯到贵霜王朝时期。贵霜王朝原本是月氏人建立起来的,而月氏人最早生活在甘肃敦煌一带,后来因匈奴的进犯不得不西迁到伊犁河流域。后来,乌孙人再次迫使大月氏西迁,大约在张骞第一次出使西域的时候,大月氏征服了大夏(欧洲人称为巴克特里亚,为亚历山大时期希腊人建立的国家,生活在兴都库什山与阿姆河流域之间)。公元 1 世纪中期,大月氏被贵霜部落统一建立贵霜王朝,之后,越过印度次大陆的山脉,控制了阿富汗和克什米尔地区,定都在高附(今喀布尔),成为当时欧亚大陆四大帝国之一(中国大汉、贵霜、安息、罗马)。而这个王朝实际上是一个文化"混血儿",来自亚洲内陆,控制着以喀布尔为中心的西北印度地区,沿用的是中国的符号(国王受中国"天子"称号的影响用"天神之子")。印度莫卧儿王朝也是如此,创建者巴卑尔,父系是突厥贵族帖木儿的第五代孙,母系是成吉思汗的后裔,因此巴卑尔是有蒙古血统的突厥人。他创建的印度莫卧儿帝国,尽管囊括了整个恒河平原,但帝国的中心却定在喀布尔,帝国的部队信仰伊斯兰教,却统治印度长达 200 多年之久。帝国时期,虽然印度的佛教因种种原因已经失去昔日的光环而退出了印度的文化舞台,但伊斯兰文化与印度教文化却相互吸引,兼容并包。正如季羡林先生所说,文化的交流首先总是在陌生的对视之后,经过撞击、对话、交流,最后融为一种新的文化元素。

南亚与西亚的文化交流也同样是在战争征服后才开始的。公元前518 年,大流士从印度西北的"马背地带"跃下占据了五河流域并使西北印度成为波斯帝国的一部分以后,印度文化与波斯文化之间的交流就日益密切。两种文化的交流也是从大碰撞开始的。随后,波斯文化在印度生活中的方方面面都可以触摸得到:波斯硬币被印度仿效;阿育王受到大流士石碑铭文的启发而广泛使用;阿育王众多石柱的柱顶与波斯帕赛玻里斯王宫有非常大的相同性。根据从事印度历史文化研究的林太教授的研究,印度西北地区普遍使用的佉卢文就源于波斯曾广泛使用的阿拉米文。而早期的佛教思想则受到波斯甚至波斯以西的哲学和宗教运动的影响,同样来自波斯的琐罗亚斯德教则对佛教的大乘教派产生了较大的影响。

在亚洲大陆内部不同文化、不同文明之间交流的同时,亚洲内陆文化与亚洲的海洋文化也开始了亲近:从徐福东渡到汉武帝七次巡海,从杨良瑶等作为官使"下西洋"到亦黑迷失六下西洋、郑和七下西洋等,无论他们的初始原因是什么,最后都使亚洲的内陆文化与亚洲的海洋文化进行了最直接的对话,把一个东西交往、海陆互通的文化大融合的亚洲带进了21 世纪。

# 第二章 "一带一路"与中国文化 软实力关系的理论思考①

符号互动理论认为,"意义和符号使得人们可以开展他们特有的行为和互动"②,"人类使用符号以彼此沟通,凭着他们在发音和身体姿态上获得一致意义上的能力,人们能够有效沟通"③。符号互动论者的互动主要是从个体的角度来分析互动的内在意义的,国家在国际社会中的互动也同样是通过国家行为者之间的符号制造与符号认知进而延伸到对符号制造者的角色领会,来构塑角色形象的。"一带一路"是中国提出的一个中国符号,中国文化软实力也是由中国的各种符号包括文化、价值、理念、话语、理论、制度乃至行为方式符号构成的一种国家实力,是一个复合性的符号(或者说是一个"符号集")。"一带一路"提出来以后究竟会产生怎样的效果,将直接影响中国文化软实力在国际社会的状况。但是,无论是"一带一路"还是中国文化软实力,都是通过国际社会对这些符号"进

---

① 本章单篇刊发于《社会科学》2020 年第 1 期,收录于此略有改动。
② 文军:《西方社会学理论:经典传统与当代转向》,上海人民出版社 2006 年版,第155 页。
③ [美]乔纳森·特纳:《社会学理论的结构》(下),邱泽奇译,华夏出版社 2001 年版,第 23 页。

行解读—互动"①才能产生效应。"一带一路"从提出到实践已经十年,十年来在"五通"(政策沟通、设施联通、贸易畅通、资金融通、民心相通)的各个方面都取得重大成就。作为中国提出来的经济发展倡议,"一带一路"得到了多国和国际组织的积极回应,有的直接参与到"一带一路"的具体项目之中,不断推进"一带一路"向深远发展。这表明"一带一路"已成为中国文化软实力的重要符号,得到了国际社会大多数行为体的认可、接纳,从而使得中国文化软实力因"一带一路"的实践得到大规模的提升;另一方面,中国倡议、中国符号、中国关于"一带一路"的具体政策等,得到了国际社会的认可和接受,并在"一带一路"的具体行动上形成共识,更加有利于推进"一带一路"的伟大实践。简言之,中国文化软实力的提升与"一带一路"实践的推进是一个双向互动的过程。二者能够产生正互动效应,是因为国际社会通过二者对中国的角色领会产生了积极的反馈。

## 一、作为理念的"一带一路"与中国文化软实力内涵的拓展

"一带一路"首先是一个倡议,2013 年 9 月和 10 月,中国国家主席习近平分别在哈萨克斯坦和印度尼西亚提出丝绸之路经济带和 21 世纪海上丝绸之路的合作倡议(简称"一带一路"),由于还没有具体的实践,而且在既有的国际文件中也没有使用过这两个概念,因此"一带一路"究竟是什么,国际国内学术界当时并不十分清楚。当然,如果追溯概念的起源的话,就不得不从张骞出使西域说起。张骞分别于公元前 138 年和公

---

① [美]乔纳森·特纳:《社会学理论的结构》(下),邱泽奇译,华夏出版社 2001 年版,第 24 页。

元前 119 年出使西域,本是为了联合西域大月氏、乌孙等国共同对付匈奴,但最终没有成功。不过,张骞的伟大"凿空"之举,极大地促进了东方文化与西域诸国乃至安息、身毒等国之间的文化交流。张骞之后,东汉的班超也在西域纵横捭阖三十年之久,从而促使汉朝与西域地区乃至更远的安息、大秦等都建立了紧密的联系,无论是商贸往来还是文化交流,都日益频繁。当时虽然没有"丝绸之路"之说,但由于中国以农业为主,生产的主要产品就是丝绸、瓷器、茶叶等产品,而且与周边各国、各族、各部落交易最多的也主要是这些产品。因此,19 世纪中期德国地理学家、地质学家李希霍芬(Ferdinand von Richthofen)在他的《中国——亲身旅行的成果和以之为根据的研究》一书中第一次使用了"丝绸之路"一词,主要用来指代中西之间以丝绸贸易为主的陆上通道。后来,法国著名汉学家沙畹(Emmanuel-edouard Chavannes)在经过大量的田野调查后编写了《西突厥史料》一书,在该书中提出了"丝路有海陆两道"的观点。[①] "海上丝绸之路"虽然没有人使用,但海上丝绸之路的确是存在的。据《汉书·地理志》记载:"自日南障塞、徐闻、合浦船行可五月,有都元国;又船行可四月,有邑卢没国……有译长,属黄门,与应募者俱入海市明珠、璧流离、奇石异物,赍黄金杂缯而往。"[②]这是史籍对徐闻海上丝绸之路的最早记载。这篇文章所记录的大约是公元前 111 年的事情。进入 20 世纪以后,一些国家和国际组织虽然也不时提及"丝绸之路"的概念,但并无实际行动。把"丝绸之路"与世界发展结合起来并付诸行动,且取得重大成就的,是在 2013 年秋天中国国家主席习近平提出"一带一路"倡议之后。

约瑟夫·奈指出,观念、政策可以成为一个国家的文化软实力[③]。一

---

① 梁二平:《海上丝绸之路 2000 年》,上海交通大学出版社 2016 年版,第 1 页。

② (汉)班固撰,(唐)颜师古注:《汉书·地理志》卷二十八下,中华书局 1962 年版,第 1671 页。

③ [美]约瑟夫·奈:《软力量:世界政坛成功之道》,吴晓辉、钱程译,东方出版社 2005 年版,第 11 页。

个客观的事实是:由于中国近代史上的遭遇,以及西方殖民主义体系的危害,中国在 1949 年以后贡献给国际社会的观念主要是"革命"的观念。基辛格(Henry Alfred Kissinger)就有文章指出,"中国在对待国际体系和国际制度方面,是一个将改变国际体系本身作为追求目标的坚定的革命者"①。霍尔斯蒂( Kal J.Hulsti) 也指出,中国是一个"革命解放者的堡垒"②。中国也有学者指出,中国"既是新生的社会主义国家,又是民族解放运动的先驱。中国作为殖民主义体系和西方主宰的旧秩序的挑战者,似乎是与生俱来的"③。自鸦片战争以后的相当长时期内,跟西方打交道的是一个积贫积弱的中国,而且是与西方政治意识形态还没有明显差别的中国。因此在西方看来,中国的革命在世界"去殖民化"浪潮和民族独立运动尤其是世界反法西斯阵线中,具有某种合理性和正当性。尽管中国的"革命"理念在广大亚非拉国家具有重要的影响力,成为中国在亚非拉国家的重要文化软实力。但是,这个理念对西方世界而言无疑是具有对抗性的东西。因而,在西方世界看来这个理念绝对不是中国的文化软实力,而是反对西方的一种文化现实主义工具。

随着国际形势的发展,"革命"理念逐渐淡出,继而被"和平发展"的理念所取代。

中国关于"和平发展"的理念,最初是基于对中国内部经济建设的国际环境的认识。党的十一届三中全会决定回到以经济建设为中心的轨道上来,是因为认识到"战争的因素在增长,但制止战争的因素也在增长"④,后来对战争可能性的认识进一步发展,尽管"战争的风险还存在",但"世界和平的力量在发展"。因此,邓小平指出,和平与发展是当

---

① Henry Kissinger, *A World Restored*, New York:Grosset and Dunlap, 1964, p.2.

② Kal J.Holsti, "National Role Conceptions in the Study of Foreign Policy", *International Studies Quarterly*, Vol.14, No.4, 1970, pp.260,263.

③ 黄仁伟:《中国崛起的时间与空间》,上海社会科学院出版社 2002 年版,第 3 页。

④ 《邓小平文选》第二卷,人民出版社 1994 年版,第 416 页。

今时代的主题,中国"要善于把握时机来解决我们的发展问题"①。也就是说,"和平与发展"的理念并非中国向世界贡献的理念,而是中国对国际环境的一种认识。这是因为,中国的发展离不开世界。中国最初对"和平"理念的发展做出了重要贡献,这主要体现在两大方面:一是与周边的缅甸、印度共同提出了"和平共处五项基本原则";二是在第一次亚非会议上同与会国家的领导人共同倡导了以"团结、友谊、合作"为内容的"万隆精神"。这些都成为当今国际关系的基本原则,这些理念得到国际社会的普遍认同,从而成为中国与相关国家共同拥有的文化软实力。

从游离于国际体系之外到逐渐融入国际体系并向国际舞台中央区域迈进,中国不仅在经济上成为世界经济的重要力量,而且在价值理念上提出的倡议也越来越多。早在 20 世纪 80 年代初,邓小平就提出了国家信用的理念,他指出:"中国是联合国安全理事会的常任理事国,中国理解自己的责任。有两条大家是信得过的,一条是坚持原则,一条是讲话算数。"②"坚持原则"和"讲话算数",所体现的正是国家的信用。在以实力为基础的现代国际政治中强调国家信用的问题,这可能还是第一次。尽管邓小平的这个观念没有引起国内外学术界足够的重视,也没有得到其他国家政治家们的积极反馈,但这的确反映了中国领导人关于理念建构的积极探索。到 21 世纪后,美国的佐利克(Robert B.Zoellick)才提出所谓的"中国责任论"(responsible stakeholder),要求中国在国际社会做一个"负责任的利益攸关方"。这在一定程度上是对邓小平的"国家信用论"的某种回应。进入 20 世纪 90 年代以后,一些西方学者如亨廷顿(Samuel P.Huntington)提出了"文明冲突论",认为在"文明断层线"地带

---

① 《邓小平文选》第三卷,人民出版社 1993 年版,第 365 页。
② 《邓小平文选》第二卷,人民出版社 1994 年版,第 415 页。

最容易产生文明冲突。① 江泽民对此提出了异议,并且提出了"文明包容互鉴论",指出:"不同文明有历史长短之分,无优劣高下之别。文明的差异不是世界冲突的根源,而应是世界交流的起点。"②从那时起,中国领导人在国际社会就一直倡导"文明包容互鉴论",习近平更进一步指出:"文明因交流而精彩,文明因互鉴而丰富。文明交流互鉴,是推动人类文明进步和世界和平发展的重要动力。"③这个理念逐渐得到国际社会的接纳,特别是文化多样化的现实之下,各国政治家们都强调在文明交流中促进各国合作共赢。在"文明包容互鉴论"的基础上,中国又提出以"互信、互利、平等、协作"为核心内容的"新安全观"④。实际上,在"上海五国"到上海合作组织的发展历程中,这种新安全观演化为"互信、互利、平等、协商,尊重多样文明,谋求共同发展"的"上海精神"。⑤ 此后,中国进一步构建理念来提升中国的国际话语权和相关的文化软实力,其中得到国际社会所认同的是"国际关系民主化"的理念。胡锦涛指出:"国际关系民主化是世界和平的重要保证。国家不分大小、贫富都是国际社会平等一员"。⑥ 这些具有原创性的理念绝大多数都在国际社会产生了积极的反馈,因而成为中国文化软实力的重要内容。

历经 2008 年金融危机之后,西方各国在较长时期内陷入经济困境。究竟如何走出经济危机,西方各国都在寻找路子。相反,中国经济继续保持高速发展的态势。也正因为如此,世界各国对中国产生了期待。而且,

---

① [美]塞缪尔·亨廷顿:《文明的冲突与世界秩序的重建》,新华出版社 2018 年版,第 7 页。

② 《江泽民文选》第三卷,人民出版社 2006 年版,第 520 页。

③ 《习近平谈治国理政》,外文出版社 2014 年版,第 258 页。

④ 《江泽民文选》第二卷,人民出版社 2006 年版,第 313 页;《胡锦涛文选》第二卷,人民出版社 2016 年版,第 53 页。

⑤ 潘光、胡键:《21 世纪的第一个新型区域合作组织——对上海合作组织的综合研究》,中共中央党校出版社 2006 年版,第 195—212 页。

⑥ 《胡锦涛文选》第一卷,人民出版社 2016 年版,第 517 页。

经过迅速发展,中国也的确到了能够为世界承担更大责任的时候了。在这种情形下,2013 年秋天,习近平先后提出了"丝绸之路经济带"和"21世纪海上丝绸之路"即"一带一路"倡议。这一倡议首先得到了沿线国家的积极响应,其实践成果更得到了一些国际组织的认可。为什么"一带一路"倡议能够得到这样广泛的响应呢?原因就在于:"'一带一路'倡议,唤起了沿线国家的历史记忆。古代丝绸之路是一条贸易之路,更是一条友谊之路。在中华民族同其他民族的友好交往中,逐步形成了以和平合作、开放包容、互学互鉴、互利共赢为特征的丝绸之路精神。"[①]10 年来,"一带一路"很快从谋篇布局的"大写意"阶段转向精耕细作的"工笔画"阶段。这一方面体现了中国"反哺"世界的大国担当,另一方面更表明中国文化软实力因"一带一路"倡议又增添了新的内涵。

## 二、作为实践的"一带一路"与中国文化软实力的辐射作用

"一带一路"的实践,严格来说没有起点,也没有终点,而是一个开放性的合作实践。也就是说,中国文化软实力对外的辐射不是通过单一的点辐射出去的。在"一带一路"提出后的一段时间内,国内不少地方政府都在争抢成为"一带一路"的起点,并且往往把古丝绸之路与本地联系起来。为了抓住概念促进本地经济社会发展的主观愿望无可厚非,但是,如果该地区没有特色,没有品牌,没有优势,也无法走出去。即便这里是古丝绸之路的起点,也不可能是"一带一路"的起点。相反,即便某个地区与古丝绸之路没有任何关系,但如果今天该地区有特色、有品牌、有优势,就一定能够走出去,也一定能够成为"一带一路"的起点之一,"一带一

---

① 《习近平谈治国理政》第二卷,外文出版社 2017 年版,第 501 页。

路"没有具体的起点,而是多样性、多地点和起点的开放性实践。也就是说,中国文化软实力对外的辐射点不是唯一性的,而是多点性、全方位对外辐射的。从古代丝绸之路来看,在"大一统"的政治框架之下,对外贸易一定是以皇权的命令为起点的,因此古代的长安也就必然成为古丝绸之路的起点,向西经当时的西域诸国可达西亚、南亚乃至欧洲一些地方。海上贸易也是从长安出发,经沔水入长江、洞庭湖,然后上溯湘江、潇水,穿过灵渠进入西江,沿北流江、南流江南下而至合浦,商船从合浦出发到达南洋各国。因此,合浦作为中华文化与海上外来文化的交汇处,成为中华文化重要的对外辐射点。但是,"一带一路"倡议之下,中外贸易往来和文化交往等,并非通过单一的点、单一的平台,而是多点、多平台交往的。在"一带一路"框架下,仅仅是通往外部的通道就有包括亚欧大陆桥经济走廊、中巴经济走廊、中蒙俄经济走廊等六大经济走廊,以及相关的重要口岸,这些都是对外的辐射点和交流的平台。因此,简单地说某地是"一带一路"的起点,不符合"一带一路"的客观实际。

"一带一路"的实践也是没有终点的实践。最初,"一带一路"沿线确定了64个国家,这似乎成为某种战略设计。于是,有学者认为,"一带一路"不仅是中国一项兼具地区发展战略和全球秩序设计意涵的战略构想,同时也是中国依托地缘区位优势,在欧亚大陆谋篇布局,与美国展开地缘政治、地缘经济和国家文化软实力投射"三重博弈"的战略工具。① 如果"一带一路"真的是这样的战略工具,那么它就显然具有针对其他第三方的合作目的。而事实上,"一带一路"的合作实践,不仅是一个开放、包容的合作实践,也是一个不针对任何第三方的合作实践。② 最初,"一

————————

① 信强:《"三重博弈":中美关系视角下的"一带一路"战略》,《美国研究》2016年第5期。

② 胡键:《"一带一路"健康话语的构建》,《新疆师范大学学报》(哲学社会科学版)2018年第1期。

带一路"的确圈入了 64 个国家,但后来已经"64+"了。由于对"64 个国家"的误读,一些国家确实把"一带一路"视为中国地缘政治工具。① 因此,"一带一路"是没有终点的实践,也是全方位、多层次、宽领域地促进中国文化软实力对外辐射的实践。

事实证明"一带一路"是成功的实践。"一带一路"的实践在"五通"各个方面都取得了重大成就。这里不必进行全面梳理,通过几个数据就可以证明其实践成就:第二届中国上海进口博览会期间,已经有 137 个国家和 30 个国际组织同中国政府签署了 197 份共建"一带一路"合作文件,这是政策沟通方面最直接也是最大的成就。这表明,一些国家过去对"一带一路"的疑心、戒备都被实践成果所打消,从而纷纷加入其中。与此相应的还有境外园区的大规模发展,各国对"一带一路"的积极看法对促进"一带一路"实践的发展具有关键性的作用。一个重要的数据反映了"民心相通"的成就,即 2019 年 4 月 25 日至 27 日,第二届"一带一路"国际合作高峰论坛在北京举行,来自 150 多个国家和 90 多个国际组织的近 5000 名外宾应约而来。如果没有对"一带一路"的积极态度,就不会有如此众多的人愿意参加这个论坛。所以说,正是在以"和平合作、开放包容、互学互鉴、互利共赢"为核心的"丝路精神"指引下,"一带一路"倡议持续凝聚国际合作共识,实践成果斐然。成功的实践带出去的不只是中国的项目和资金,也把中华文化带到了相关各国,"一带一路"用自己的实践在讲述着一个个中国故事。因而,中国文化软实力也就全方位地投射到"一带一路"各国。

有人认为,"一带一路"在重塑国际秩序,这的确不假,但"一带一路"重塑国际秩序的方式是与历史上任何时候都不一样的,是用经济的方式

---

① 林民旺:《印度对"一带一路"的认知及中国的政策选择》,《世界经济与政治》2015年第 5 期。

和平塑造国际秩序,力求规避传统权力政治学下的零和博弈。[①] 这种重塑的方式需要有这样的前提:一是各方利益相互依存度非常高,利益相互嵌入度也非常深,这样各方就在客观上构成了一个利益共同体;二是各方政策目标诉求目标大体一致,这样有利于政策的推行。"一带一路"的实践完全满足了这两个方面的前提。因为,中国已经完全融入现有国际体系之中。不论是既有大国、还是国际体系中的中小各国,在经济利益上与中国的相互依存度和相互嵌入度都非常深。简言之,中国的利益与世界各国的利益都是捆绑在一起的。在目标诉求上,欧美发达国家的发展陷入困境,在进一步发展方面产生了动力不足的困惑;而广大发展中国家则在追求社会经济转型和现代化的目标。中国则面临着内部发展不平衡、不充分的问题,中国的现代化任务还远未实现。也就是说,中国需要通过加强内部与外部的互联互通来促进内部的平衡发展,最终实现国家的振兴。由此可见,在发展和现代化问题上,中国与世界其他国家的目标诉求是完全一致的。中国用经济方式、和平方式来塑造国际秩序,并得到了国际社会的认同。因此,中国文化软实力也在"一带一路"的实践中辐射到相关国家。

## 三、作为国际公共产品的"一带一路"与中国的文化软实力

在这里首先要明确何谓"国际公共产品"? 顾名思义,国际公共产品是指具有跨国外部性的物品、资源、服务、规则或政策体制。[②] 但是,也有

---

① 胡键:《"一带一路"战略构想与欧亚大陆秩序的重构》,《当代世界与社会主义》2015 年第 4 期。

② 杨默如:《"一带一路"战略下国际公共产品供给研究》,《价格理论与实践》2015 年第 11 期。

学者认为,除了制度、组织和机制等非物质的非有形产品,国际公共产品也应该包括跨国社会基础设施等有形物质性产品。① 从第二次世界大战结束以来的情形来看,制度、服务、规则、体制,乃至跨国社会基础设施等,都是西方主导国家尤其是美国所提供的,而大多数中小国家成为"搭便车者"。由于美国是国际公共产品的主要提供者,也就往往将国际公共产品视为自己的国际政治工具,从而将公共产品"私有化",有的学者也称之为"私物化"。② 然而,一个非常明显的现象是,冷战结束以后,美国尽管还保持着世界主导地位,但在国际制度、国际规则等的塑造方面已经不能单独行事了。在这种情形下,中国究竟该发挥什么样的作用呢? 为此,我们必须要从以下几个方面来讨论中国在提供国际公共产品方面的表现:

第一,中国是否有能力为世界提供国际公共产品? 中国是联合国安事会常任理事国,理论上来说,提供国际公共产品本就是大国的一种国际责任。实际上,联合国体系的大国一致性原则也赋予了中国的大国国际责任。而"五大国的否决权实际上也就是五大国所承担的国际安全与和平责任迄今为止没有改变"③。也就是说,中国为世界提供国际公共产品在理论上是有依据的,不过,这还要取决于中国是否有能力提供国际公共产品。在一些人看来,中国已经是世界第二大经济体,拥有提供国际公共产品的足够实力。但是,国家实力与国家能力并非是一回事。一些中小国家或许拥有一定的国家实力尤其是经济实力,但因国家规模不大,世界影响力有限,因而没有提供国际公共产品的国家能力。中国在以经济实力等为内容的硬实力不断增长的同时,中国的世界影响力、中国的国际地

① 樊勇明、钱亚平、饶云燕:《区域国际公共产品与东亚合作》,上海人民出版社 2014年版,第 3 页。
② 黄河、戴丽婷:《"一带一路"公共产品与中国特色大国外交》,《太平洋学报》2018年第 8 期。
③ 胡键:《走向多层次的全球治理——兼评阿查亚的〈美国世界秩序的终结〉》,《湘潭大学学报》(哲学社会科学版)2018 年第 4 期。

位等文化软实力也在不断提升。① 文化软实力、硬实力都在不断增长的大国,完全有能力为世界提供国际公共产品。

第二,中国是否愿意为世界提供公共产品?中国不愿意成为霸权国家,但并不意味着中国在国际规则、国际制度建设上任何时候都是做一个纯粹的"参与者"。相反,中国既然有能力提供国际公共产品,那么中国就应该而且也愿意担当一个"改革者"和"提供者"的角色,使国际制度、国际规则等国际公共产品惠及广大发展中国家。改革开放初期,邓小平曾经说过中国的发展离不开世界,而现在发展起来的中国坚决反对任何封闭和贸易保护主义,中国将不断提高对外开放水平和完善对外开放格局,以更好地"反哺"世界。

第三,中国如何为世界提供国际公共产品?金德尔伯格把全球公共产品界定为维护和平、维护开放的贸易体系以及形成国际宏观经济管理机构和机制。② 那么这些国际公共产品究竟是谁以怎样的方式提供的呢?很显然,提供者主要是美国及其盟友,而从提供的方式来看,"无论战争抑或和平,虽然经常借联合国的名义,但只是体现美国及其盟友的意识形态和国家利益",包括战后确立的布雷顿森林体系(世界贸易组织、国际货币基金组织和世界银行)也是"美国主导的全球经济公共品"。也就是说,关于政治性的国际公共产品,美国"是以长期冷战的方式'维护'世界和平"的;关于经济性的国际公共产品,美国则是纯粹从本国的国家

---

① 根据 Portaland's in-house Content & Brand Temm 的研究,他们发布的关于 30 个国家的文化软实力年度报告显示,2015 年排行榜上中国的名次是第 30 名,在抽样国家中是最低的,2016 年上升到 25 名,2017 年、2018 年、2019 年三年都稳定在第 27 名,总体趋势是向上增长。参见 Jonathan Mcclory,"The Soft Power 30:A Global Ranking of Soft power 2019", https://softpower30.com。

② Charles P.Kindleberger,"International Public Goods Without International Government," *The American Economic Review*,Vol.76,No.1,1986,pp.1-13.

利益出发来提供的。① 然而,中国为世界提供国际公共产品的方式表现为:其一,纯粹为和平与发展的目的,一方面,中国强调走和平发展道路,为此中国还专门发布了两部白皮书,阐述了中国在和平发展道路的坚定性和致力于世界和平发展的决心。因此,中国所能提供的国际公共产品也只能是以和平与发展为目标的。例如,上合组织及其核心价值"上海精神",中国在其中发挥着关键性的作用,而上合组织的机制最初就是以经济合作和安全合作尤其是非传统安全领域的合作作为"两大轮子",到后来又进一步延伸到包括人文等诸多领域的合作。但是,无论上合组织成员国内部之间有怎样的分歧、矛盾,乃至冲突,只要在上合组织框架内,绝对只谈合作的议题。"上海精神"的核心内容就是"和平、合作、平等、协商,尊重多样文明,谋求共同发展",这也非常明确地强调和平与发展的国际公共产品性质。同样,"一带一路"更直接就是为和平与发展提供的国际公共产品。这是因为,"一带一路"是为了解决中国内部发展不平衡问题、对外开放不完善问题而作出的重大决策。过去40多年的改革开放和现代化建设,一个重要的特点是,东南沿海地区对外开放的幅度大,经济发展快;而中部和西部地区受其地理位置等的影响,对外开放难度大,经济发展也比较慢。因此,"一带一路"的互联互通首先是解决中国内部的互联互通问题,以便实现东中西地区的协调发展,防止中国经济发展出现地区性的两极分化问题,推动共同富裕。邓小平明确指出,"现在我们搞四个现代化,是搞社会主义的四个现代化,不是搞别的现代化。……社会主义的目的就是要全国人民共同富裕,不是两极分化。如果我们的政策导致两极分化,我们就失败了;如果产生了什么新的资产阶级,那我们就真是走了邪路了","如果导致两极分化,改革就算失败

---

① 蔡昉:《金德尔伯格陷阱还是伊斯特利悲剧——全球公共产品及其提供方式和中国方案》,《世界经济与政治》2017年第10期。

了"。① 另一个原因在于,中国的发展离不开世界,发展起来的中国将为世界的和平与发展作出更大的贡献,"一带一路"就是把中国的发展势头继续延续到中国周边乃至更远的国家,让世界各国都能搭乘中国发展的"顺风车"。其二,中国绝对不会从中国自身的国家利益来考虑国际公共产品提供问题,而是从人类共同的利益来思考国际公共产品提供问题。作为一种制度的"一带一路",它的确可以重塑国际秩序和国际关系,但这种重塑的实践是非武力的方式,"是在维护既有国际体系的前提下,谋求和平、合作、共赢、发展的目标,来推进既有国际体系和国际秩序的变革,从而修正既有国际体系和国际秩序的缺陷","这种情形在国际关系发展史上可以说是绝无仅有的"。② 其三,中国向世界提供国际公共产品是一种共建式提供,而不是霸权式提供。不是霸权式提供,那就意味着中国不会将某种国际公共产品强加给其他任何一个国家,也不会独立地提供任何一种国际公共产品,而是主张"共商、共建",最终在这种公共产品的基础上实现"共享"。因此,中国提供的"一带一路",就是倡导"共商、共建、共享"。

第四,"一带一路"是一种什么样的国际公共产品?从国际公共产品的功能属性来看,有的国际公共产品由于是霸权国提供的,因此其功能往往是为了维护霸权国的利益或者是维护霸权国的霸权地位的。这种国际公共产品也就如前文所述的最终被霸权国"私有化"。此类国际公共产品在当代国际关系中是存在的,北约和华约大致可以划入其中。第二种国际公共产品是大国主导但受制于某些规定而使得任何一国难以将此类国际公共产品"私有化",不过有时候主导国会借助其中的某些规则而在一定程度上操纵它,从而使得这种国际公共产品有失公正、公平。例如,

---

① 《邓小平文选》第3卷,人民出版社1994年版,第110—111、139页。
② 胡键:《新型国际关系:对传统国际关系的历史性超越》,《欧洲研究》2018年第2期。

战后联合国体系、布雷顿森林体系明确强调大国一致原则,但联合国、国际货币基金组织、世界银行、关贸总协定等都因有此情形而使得其自身丧失了应有的公平、公正。第三类国际公共产品就是平等、合作、发展、共赢的国际公共产品,如上合组织。那么,"一带一路"究竟是一种什么样的国际公共产品呢?其一,"一带一路"是关于经济发展和现代化建设的国际公共产品。"一带一路"沿线最初的 64 个国家主要是一些发展中国家和经济转型国家,这类国家经济相对落后或者经济转型曾经陷入困境如中亚国家。现在"一带一路"延伸到非洲和拉美,这些国家现代化的任务就更加繁重,但是内部经济大都缺乏动力,即便如俄罗斯这样的国家,也长期依赖能源等原材料来维系经济增长。而"一带一路"的经济发展机制无疑为这些国家活动发展的动力提供了最大的可能。也正因为如此,"一带一路"才被写入联合国的有关经济发展方面决议之中。其二,"一带一路"是平等互利的国际公共产品。最初,有不少人认为"一带一路"是中国以对外援助为主的"新殖民主义战略",即中国并不追求当前的利益,而更多的是从资源战略来考虑的长远收益战略。这种观点实际上存在着严重的误识:"一带一路"并非是中国的对外援助战略,中国并没有这种能力和实力来进行如此大规模的对外援助;同时,中国作为一个发展中的大国,并非没有对现实收益的诉求。相反,要实现中国内部的平衡发展和中华民族的伟大复兴,都需要对现实利益有强烈的诉求。当然,中国同样理解其他国家对现实利益的诉求。鉴于此,中国所有的项目都必须考虑成本与收益之间的关系。至于对外资源的利用同样也是在平等互利的基础上进行的合作,而绝对不是"新殖民主义掠夺"。其三,"一带一路"是合作共赢的国际公共产品,与西方大国所提供的国际公共产品完全不一样。"一带一路"是为各方的经济发展提供合作的平台,不仅提供项目合作,更重要的是通过项目打造更加广泛的深度合作平台。另外,中国在"一带一路"实践中与相关国家共同推进了各种园区建设。此前,中国是"筑巢引凤",在内部设置经济特区、沿海开放城市和沿海开发开放区,实际上是内部园区。而境外园区的设置,不仅意味着中国对外开放程度更高,而且也意味着中国把合作的平台已经从中国内部大规模地延伸到了境外,充分体现了其国际公共产品的功能。因此,"一带一路"是经济共赢的国际公共产品。西方大国所提供的关于经济发展的国际公共产品,一般会有这样的特点:一是歧视性,反映的是最大出资者的利益,例如世界银行、国际货币基金组织等;二是援助性,但附加苛刻的政治条件,如美国在战后初期推行的"马歇尔计划"等。"一带一路"则纯粹追求共赢,使合作的任何一方都能够在其中获得同样的收益,从根本上规避了零和博弈。

综上所述,"一带一路"就是中国在能力与意愿的基础上,用"共商共建共享"的方式,向世界提供促进经济发展和现代化建设的、合作共赢的国际公共产品。从当今国际社会来看,这样的国际公共产品不是太多了而是太少了。因此中国提出来以后,中国周边、亚欧大陆各国,乃至世界其他地区的国家,都非常乐意接受"一带一路",也更愿意积极参与其中,使"一带一路"作为国际公共产品能够发挥其最大的效用,这无疑是中国文化软实力在世界各国所产生的积极效应。

## 四、作为促进文化软实力工具的"一带一路"与中国文化软实力

前文述及,古丝绸之路是因战争而起却因文化而兴。当今的"一带一路"从一开始就是为经济发展而提出来的,不过里面包含了丰富的文化内容。所谓"五通",其基础则是"民心相通",而民心相通就是文化交流的目标诉求。当文化交流达到了民心相通的目标时,也就意味着各国民众接受了"一带一路"的倡议及其实践,从而使中国文化软实力得到提

升。那么。"一带一路"又是如何促进中国文化软实力提升的呢？

为了回答这个问题，我们首先需要弄清楚文化软实力包含哪些要素。关于文化软实力的来源，约瑟夫·奈指出是"文化（在能对他国产生吸引力的地方起作用）、政治价值观（当它在海内外都能够真正实践价值时）和外交政策（当政策被视为具有合法性及道德威信时）"①。不过，奈的这三种资源需要进一步细化。国际形势变化很大，国家实力的变化也很大，这是因为其实力的来源已经变得非常复杂。在奈的观点的基础上，笔者曾经将文化软实力的资源细分为"结构性资源"（包括文化资源、政治资源、社会资源、制度资源，与之对应的是"结构性文化软实力"）、"功能性资源"（包括议程设置资源、国际话语权资源、国家形象资源、制度塑造资源，与之对应的是"功能性文化软实力"）和"政策性资源"（包括对内政策资源和对外政策资源，与之对应的是"政策性文化软实力"）。② 在这里，笔者将选取与"一带一路"有直接关系的几种文化软实力要素来阐述"一带一路"对促进中国文化软实力方面所发挥的重要作用。

## 1. 结构性文化软实力方面

"一带一路"最直接的作用就是传播中国文化。"一带一路"实践的重要特点是中国"走出去"超过了历史上任何时候。不过，中国带出去的不只有项目、利益，还有蕴含在其中的各种语言文字、文化理念、价值等元素。因此，"一带一路"在传播中国语言文字、中国日常生活的文化方面是直接且影响重大的，在一定程度上也传播了中国的文化理念和某些价值观念。当然，这只是传播中国文化的一种方式，也即文化"走出去"的

① ［美］约瑟夫·奈：《软力量：世界政坛成功之道》，吴晓辉等译，东方出版社2005年版，第11页。

② 胡键：《文化软实力新论：构成、功能和发展规律——兼论中美文化软实力比较》，《社会科学》2009年第2期。

方式。但是,从中国文化传播的历史来看,中国历史上越是强大的王朝,在文化上往往不是"走出去"的多,而是"请进来"的多。例如,班超维护西域通道安全和稳定以后,大汉文化并不是通过"走出去"来影响世界,而是通过"请进来"来影响世界的。从东汉到唐宋,佛教传入中国而最终达到鼎盛,不是佛教改造了中国文化,而是中国文化改造了佛教并且使佛教成为中国传统文化之一脉。同样,关于"一带一路"对中国文化的传播,我们不能仅仅从有多少中国文化元素"走出去"来判断传播效果,还应该看到"一带一路"也带来了不少外来的文化,中外文化的互动也会使中国文化对外界产生重要影响。因此,单纯倡导中国文化"走出去"仅仅是文化传播的一个方面,甚至一厢情愿地"走出去"还有可能因不对称的交流而产生相反的效果。

在结构性文化软实力方面,"一带一路"也使中国理念得以广泛传播。长期以来,中国理念、中国价值等很难在国际上流行起来,以至于中国理念和价值话语都非常弱小。[①] 然而,党的十八大以来,中国话语渐渐成为世界"流行语"而得到世界的认同。原因就在于,一方面,中国的理念随着中国国际地位的提升和国际形势的变化在不断创新,从过去的"革命"话语逐渐转换为世界发展的话语,从国家安全和国家利益话语逐渐转换为世界共同安全和共同利益话语,以及人类命运共同体等话语;另一方面,"一带一路"的成功实践为中国话语的传播提供了物质基础,特别是人类命运共同体的话语绝对不能是空洞的理念,而"一带一路"实践恰恰给合作的各方都带来了实际的收益,真正体现了共赢的理念。这些

---

①　关于话语的内涵,一般都单纯从话语(discourse)本身来讨论,但话语应该包括理论(theory)话语、价值(value)话语、实践(practice)话语。所谓中国的国际话语权弱小,实际上是指中国在国际上的理论话语和价值话语弱小,而实践话语实际上并不弱。正是由于中国现代化实践的成功,国际上众多学者都在研究中国问题和中国实践,甚至选择在中国创业和居住。这种"中国热"就是中国实际话语增强的重要表现。参见胡键:《阐释中国道路的话语体系及其构建》,《当代世界与社会主义》2017 年第 5 期。

收益切实夯实了人类命运共同体的基础。

在结构性文化软实力方面,"一带一路"也将助推中国标准国际化。自改革开放以来,中国企业"走出去"的步伐非常快,但不可否认的事实是,中国企业常常遭遇所谓的"国际标准",包括质量标准、信用标准、环保标准等,以至于中国企业的海外投资并购案失败的不少。然而,"一带一路"倡议提出来后,中国企业大规模走出去的同时,"中国标准"也快速走向世界而实现国际化。为进一步推进"中国标准"国际化,2015 年 10 月中国政府发布《标准联通"一带一路"行动计划(2015—2017)》,2017 年发布《标准联通共建"一带一路"行动计划(2018—2020 年)》。这是塑造中国标准、推动中国标准国际化最重要的一步,特别是诸如高铁、电力、核能、航天航空、信息技术等中国优势产业,将是"中国标准"在"一带一路"实践中最重要的"推手"①。另外,"中国标准"还包含中国倡议下的关于"一带一路"的信用。众所周知,"一带一路"建设并不是中国单方面对沿线国家进行投资和单方向的贸易,而是相互投资、相互贸易的过程。因此,相互之间都要对有关国家的风险进行评估,以避免不必要的损失。以前的穆迪、标准普尔、惠誉国际都是西方发达国家的信用评级机构,而且这三家评级机构各有侧重,标准普尔侧重于企业评级方面,穆迪侧重于机构融资方面,而惠誉则更侧重于金融机构的评级。这三家都没有对国家综合风险进行评估,指标都集中于经济、财政、贸易方面,当前国际形势的发展,国家的经济风险固然是投资贸易主要考虑的要素,但恐怖主义、政权的稳定性、流行性疾病、环境变化、国家友好程度等因素都没有考虑。"一带一路"信用的构建将是"一带一路"的标准化体系的重要内容。

---

① 郭学堂:《"高铁外交"的地缘政治学解读》,《社会科学》2015 年第 6 期;胡键:《天缘政治与北斗外交》,《社会科学》2015 年第 7 期。

## 2. 在功能性文化软实力方面

"一带一路"有助于提升中国的议程设置能力和国际制度的塑造能力。在议程设置能力方面,"一带一路"本身作为中国的议程为国际社会所接受,特别是联合国安理会的决议和联合国大会都非常严肃地接受。2016年3月,安理会通过包括推进"一带一路"倡议内容的第S/2274号决议,该决议第22款规定:"呼吁加强区域合作进程,包括采取措施促进区域贸易和转口,包括落实'丝绸之路经济带和21世纪海上丝绸之路'等区域发展举措,订立区域和双边转口贸易协定、扩大领事签证合作和便利商务旅行,以扩大贸易,增加外来投资并发展基础设施,包括基础设施的连接、能源供应、运输和综合边境管理,以加强阿富汗在区域经济合作中的作用,在阿富汗促进可持续经济增长和创造就业"。第23款又进一步规定:"为此强调,必须加强那些有利于连通的地方和区域运输网,以促进经济发展、稳定和自我维持,特别是完成和维护地方铁路和公路路线,制订区域项目以进一步加强连通,提高国际民用航空能力。"同年11月,第71届联合国大会协商一致通过关于阿富汗问题第A/71/9号决议,呼吁国际社会进一步凝聚援阿共识,在政治、经济、安全领域向阿富汗提供援助。决议欢迎"一带一路"等经济合作倡议,敦促各方通过"一带一路"倡议等加强阿富汗及地区经济发展,呼吁国际社会为"一带一路"倡议建设提供安全保障环境。这是联合国大会决议首次写入"一带一路"倡议,并得到193个会员国的一致赞同,体现了国际社会对推进"一带一路"倡议的普遍支持。换言之,"中国议程"真正成为"世界议程"。

在功能性文化软实力方面,"一带一路"也助推了中国对国际制度的创设能力。中国在改革开放前处在国际体系之外,没有塑造国际制度的观念。改革开放后,中国加入国际体系,综合国力逐渐增强,但国际制度的塑造能力依然非常有限。进入21世纪后,中国与俄罗斯、中亚诸国建立了上海合作组织,这是中国首倡且发挥主要作用的地区新型多边机制。因此,上合组织是中国第一次主动且成功塑造的一项国际制度。然而,中国毕竟是一个对世界有重要影响的大国,在国际制度的创设上不能仅仅停留在此。尤其是在美国将第二次世界大战以来的重要国际制度如联合国、国际货币基金组织、世界贸易组织等作为"美国优先"的工具的时候,国际制度创新和创设就显得尤为重要。在国际制度创新创设的实践中,绝对不能依赖于美国等西方发达国家,否则,它们将依然从一国之私的角度来考虑这些问题。鉴于此,中国从共赢发展和人类命运的角度提出了"一带一路",与此相配合的是,在中国倡导下于 2015 年 12 月成立了亚洲基础设施投资银行(Asian Infrastructure Investment Bank, AIIB,简称亚投行),以促进亚洲区域的建设互联互通化和经济一体化的进程,并且加强中国及其他亚洲国家和地区的合作。这是首个由中国倡议设立的多边金融机构,截至 2019 年 7 月,亚投行有 100 个成员国。众多国家参与到中国首倡的国际金融机构之中,也就意味着国际社会认可并接受了中国创设的国际制度,彰显了中国国际制度创设能力的提升。在"一带一路"的未来实践中,中国还会创设更多的国际制度来推进人类命运共同体的建设。此外,"一带一路"国际合作高峰论坛同样是中国国际制度创设能力的重要表现。"一带一路"国际合作高峰论坛,实际上已经成为中国创设的一项国际制度,参加的国家和国际组织都高度重视,也试图通过论坛来了解中国关于"一带一路"的相关政策取向。这个论坛实际上已经成为一个制度化了的论坛,因而是一项重要的国际制度。

### 3. 在政策文化软实力方面

"一带一路"向世界分享了中国的成功经验。中国的成功经验表现在两个方面,一方面是革命的成功经验,另一方面是发展的成功经验。二者具有最重要的因果关系,没有成功的革命就不会有后来的成功发展。

两大成功的实践都是中国共产党政策的结果,二者共同造就了当今的中国道路。"中国道路虽然形成于自 20 世纪 80 年代改革开放和现代化实践中,但它与鸦片战争以来中国先进分子的民族复兴和现代化的探索历程,有着不可分割的历史渊源。"①鸦片战争的失败唤醒了中国的民族意识,面对战争的失败和欧风美雨的涤荡,中国社会第一次提出了民族复兴的社会使命。于是近代以来,从"师夷长技"的"制夷"策略,到"中体西用"的"自强"实践;从"器物革命"到"制度革命"再到"文化革命",民族复兴、现代化的使命一个都没有完成。这些历史使命最终都落在了中国共产党肩上,而且它们只有同社会主义结合在一起的时候才迎来了新的希望。新民主主义革命的实践开创了民族独立和民族解放运动的新纪元,虽然已经成为历史,但对当今各国现代化实践中如何维护国家领土完整和经济主权独立依然具有借鉴意义。

当然,"一带一路"最重要的是向世界分享中国现代化的成功实践。就西方世界而言,现代化的提出是在文艺复兴尤其是启蒙主义之后,是工业革命对社会的一种"呼唤"。"作为时间尺度,它泛指从中世纪以来一直延续到今天的一个'长时程'","作为一个价值尺度,它指区别于中世纪的新时代精神与特征"。② 西方社会首先对这种思想与技术的"呼唤"做出了积极的"应答",从而成为民族国家走向现代化的先行者。也正因为如此,世界近代史以来各国现代化进程也就被赋予了一种"固化"了的内涵——"西化"或"欧化"③。然而,20 世纪 80 年代以来,中国却用自己的实践开辟了一条有别于西方式的中国式现代化道路,并取得了举世瞩

① 胡键:《阐释中国道路的话语体系及其构建》,《当代世界与社会主义》2017年第 5 期。

② 罗荣渠:《现代化新论——世界与中国的现代化进程》,商务印书馆 2009 年版,第5—6 页。

③ 罗荣渠:《现代化新论——世界与中国的现代化进程》,商务印书馆 2009 年版,第8 页。

目的成就。这种奇迹尤其是在短短的 40 年中完成了西方国家现代化进程中 300 年的社会任务,在世界现代化史上从无先例。这种情形对世界各国来说无疑具有巨大的诱惑力,并促使各国对中国的实践产生兴趣,而"一带一路"则是分享中国成功实践最好的也是最直接的方式。

## 五、作为中国文化软实力发展目标取向的"一带一路"

正如前文所述,"一带一路"既是为了实现中国内部平衡发展、充分发展的内部发展战略;又是提高中国对外开放水平、完善对外开放格局,促进中国内部与外部互联互通的经济发展倡议和具体的实践。它不仅是中华民族伟大复兴之路,也是促进人类命运共同体建设的和平之路、繁荣之路、开放之路、创新之路、文明之路。从这方面来看,"一带一路"无疑又是中国文化软实力发展的目标取向。那么,中国文化软实力的提升又如何促进"一带一路"的发展呢?最基础的也是最关键的就是文化上的互动,而且是正效应的文化互动。更重要的是,正效应的文化互动才能在国际社会提升中国的文化软实力。这是因为,中国的文化(符号)只有被其他国家的民众主动接受才能成为中国的文化软实力。如果中国文化(符号)被抵制,那么这种文化(符号)就不会成为中国的文化软实力,至少在被抵制的国家肯定不会成为中国的文化软实力。① 那么,何谓文化互动?文化互动对提升中国文化软实力到底有什么作用?

第一,文化符号(包括文化产品)的单向流动不是文化互动。文化

---

① 必须要说明的是,文化软实力是一种建构性实力,而积极的认知和正反馈才能建构这种实力。反之,无论多好的文化(符号),如果被客体抵制的话,就无法建构起文化软实力。约瑟夫·奈将这种实力称为 co-optive power,被译成"同化权力"。参见[美]约瑟夫·奈:《硬权力与软权力》,门洪华译,北京大学出版社 2005 年版,第 106、117 页。不过,笔者认为翻译成"认同权力"更能够表达文化软实力的内涵。

(符号)的流动客观上是多向性的,如果人为地强制文化(符号)的单向性流动,就是强势文化的扩张,这在殖民主义扩张的历史上可以说是随处可见的情形。正如马克思、恩格斯在《共产党宣言》中所说的,"资产阶级,由于开拓了世界市场,使一切国家的生产和消费都成为世界性的了……民族的片面性和局限性日益成为不可能,于是由许多种民族的和地方的文学形成了一种世界的文学";不仅如此,资本还"把一切民族甚至最野蛮的民族都卷到文明中来了"①。这种"世界性"显然不是多样性的"世界性",而只是资本的"世界性";"世界文学"也只能是西方的"世界文学"。同样,这个"卷入"进程实际上是资本文明和西方文化的扩张。这其中的原因就在于,资本总是试图"按照自己的面貌为自己创造出一个世界"②,而不是包容一个与自己面貌不同的世界。换言之,西方的殖民主义时代文化(符号)流动是把异质性的东方文化作为消除的对象来对待。因此,在西方殖民掠夺的过程中,大量的传教士来到东方进行"布道",传递所谓的"上帝福音"。也正因为如此,西方文化一来到东方就遭到东方本土文化强烈的抵制。

在"一带一路"实践中,文化(符号)的流动完全是多向性的,既有中国文化(符号)向沿线各国流动,也有各国文化(符号)流向中国。当然,"一带一路"是中国提出的倡议,首先强调的是中国的文化(符号)"走出去",从中国流向沿线各国。但是,中国同样会主动邀请其他国家的文化(符号)流向中国。例如,中国国际进口博览会就是主动促使其他国家的文化(符号)流入中国的重大举措,已经引起了相关国家的高度关注。另外,哈萨克斯坦著名歌手迪玛希·库达依别列根(Dimash Kudaibergen)于2017年1月作为首发阵容参加湖南卫视原创歌手竞赛真人秀节目《歌手》,最终获得总决赛亚军。他在中国传唱哈萨克斯坦民族的歌曲,而在

---

① 《马克思恩格斯文集》第 2 卷,人民出版社 2009 年版,第 35 页。
② 《马克思恩格斯文集》第 2 卷,人民出版社 2009 年版,第 36 页。

哈萨克斯坦则传唱着不少中文歌曲。因而,迪玛希被认为是"一带一路"上的音乐使者。这些事例足以证明:中国从来没有借"一带一路"来进行所谓的"文化扩张"。反过来,文化(符号)的这种多向性流动更加有利于"一带一路"的民心相通。

第二,用一种文化(符号)取代另一种文化(符号),这不是正效应的互动。一种文化要取代另一种文化一般是在这样几种情况下发生:第一种是权力强制,也就是一个国家推行强权政治和霸权主义,用自己的文化取代弱小国家的文化。这就是文化霸权主义。中国一直就反对霸权主义和强权政治,坚持公平、公正的国际关系原则。约瑟夫·奈的文化软实力理论,实际上就是要把美国的文化作为一种具有普世价值的文化来取代其他国家的文化,是一种文化进攻现实主义。① 第二种是市场方式,也就是用市场的手段来进行文化扩张。马修·弗雷泽(Matthew Fraser)在其著作中就对美国的电影、流行乐、电视和快餐是如何通过市场的手段来实行全球统治的情况作了非常详细的研究。② 不过,中国的文化产品对外贸易一直就是逆差,与中国经济的对外贸易巨大顺差形成了非常大的反差。③ 也就是说,中国也不可能采取市场的方式用中国文化来取代其他国家的文化。第三种是马克思、恩格斯在《德意志意识形态》中所说的,"民族大迁移后的时期到处可见的一件事实,即奴隶成了主人,征服者很快就接受了被征服民族的语言、教育和风俗"④。此类情形在中国历史上的确是普遍现象,由于华夏帝国的文明程度较高,进入华夏帝国的民

---

① 参见[美]约瑟夫·奈:《软力量:世界政坛成功之道》,吴晓辉等译,东方出版社2005年版,第11—14页。此外,中国学者也对美国的这种做法有所研究,参见韩召颖:《输出美国:美国新闻署与美国公众外交》,天津人民出版社2000年版。

② 参见[加拿大]马修·弗雷泽:《文化软实力:美国电影、流行乐、电视和快餐的全球统治》,刘满贵等译,新华出版社2006年版。

③ 具体数据参见中国各年主要文化产品对外贸易情况。

④ 《马克思恩格斯文集》第1卷,人民出版社2009年版,第578页。

族——无论是战争方式进入还是商贸方式进入——最后都接受了华夏文化。从现实角度来考量的话,世界文化竞争格局依然是"西强我弱",中国并没有推行"文化霸权主义"的任何资本,也没有这样的意图。也就是说,"一带一路"不是中国推行"文化霸权主义"的战略。

第三,正效应的文化互动就是用一种文化(符号)与另一种文化(符号)进行对话、交流、融合而形成共识,也就是跨文化交流。当这种交流能够形成共识的时候,相互之间在符号中对彼此的角色可以产生积极的领会,进而在实践中产生积极的效果。"一带一路"沿线核心地区和绝大多数国家民族和宗教构成复杂、文化多样,而且有的国家经济也比较落后。前者构成了亨廷顿所说的"文明断层线"地带,后者则会带来一系列的社会问题。尽管亨廷顿认为"文化既是分裂的力量,也是统一的力量",但他强调"最危险的文化冲突是沿着文明的断层线发生的那些冲突"①。冷战结束以来爆发的一系列极端主义、恐怖主义、分裂主义事件,确实也为亨廷顿的观点提供了一定支撑。为了避免这种"断层线"现象,通过跨文化交流来助推民心相通是最重要的路径。所谓跨文化交流,不是用中国的话语去说服其他国家接受中国文化,而是对相关的文化角色、文化时空、文化要素进行合理且符合逻辑的"置换",使之对中国文化产生积极的认知。从文化角色来看,跨文化交流就是要从对方的角度引导对方来理解我方的文化;从文化时空来看,就是要把双方、多方不同时空的文化进行空间与实践的重组,使对方更加容易理解我方的文化;从文化要素来看,就是要把我方的文化要素与对方具有相似性的文化要素进行比较,使对方从自己文化要素的角度来理解我方的文化要素,从而对我方的文化产生积极认知。当然,我方同样以这样的方式去理解对方的文化。这样,跨文化交流的结果就是通过相互的积极认知形成文化对话和融合。

① [美]塞缪尔·亨廷顿:《文明的冲突与世界秩序的重建》,周琪等译,新华出版社2002年版,第7页。

这里举一个关于跨文化交流的经典例子:1954 年,周恩来总理带领中华人民共和国外交使团出席日内瓦会议,中国代表团设有新闻报道组,曾为云集日内瓦采访这一重大国际会议的各大通讯社和各国记者专门演过一场新中国电影,反映很好。周恩来听说后,建议再给他们演一部当时在国内倾倒群众的彩色影片《梁山伯与祝英台》。报道组为了便于观众了解剧情,便组织人力编写了剧情介绍,并拟译成英文发给外国记者。周恩来知道后对此进行了批评,并在请柬上写上"请欣赏中国的《罗密欧与朱丽叶》"。结果,放映前座位已全部爆满,有人来晚了,连站的地方都没有了。放映过程中,全场肃静,观众们都在聚精会神地观看。演到"哭坟""化蝶"时,剧场中可以听到啜泣声。放映结束,灯光复明,观众还似醉如痴地坐着,大约沉默了一分钟,才突然爆发出热烈的掌声。他们久久不肯离去,纷纷发表观感。大家都认为,比莎翁的《罗密欧与朱丽叶》更感人。① 一句话就把"文化走出去"与"跨文化交流"区别开来,而且效果迥异。前者,是"文化走出去",但显然没有效果;后者是"跨文化交流",却出现了意想不到的效果。在某种意义上,这场电影一定使中国文化在众多西方观众心目中扎下了根。因而,这场电影也就在这种巧妙的"文化置换"下转化成为中国的文化软实力。跨文化交流,就是为"一带一路"夯实民心相通的基础,也是促进民心相通至关重要的手段。

通过跨文化交流来推进"一带一路",一是必须要挖掘中国与沿线相关国家的共同历史元素。"一带一路"虽是新倡议,但有其历史渊源。前文述及,远有与古丝绸之路之渊源,也可以说是"千年的回响"。这里有"张骞""班超""鸠摩罗什""玄奘""义净"等历史元素联系着中国与中亚、南亚、西亚国家和地区的关系。近有"上海五国"和上海合作组织的理念渊源,尤其是"上海精神"的价值理念,与"一带一路"的"共商共建共

---

① 裴默农:《周恩来与新中国外交》,中共中央党校出版社 2002 年版,第 414 —415 页。

享"的理念是一致的。① 二是必须要有现实文化的共同关怀。在现实的国际社会中,各国都会对自己的文化怀有特殊的情怀,容不得其他任何人对自己文化的蔑视。法国学者阿兰·佩雷菲特(Alain Peyrefitte)在研究英国特使马嘎尔尼(George Macartney)在大清的遭遇时就指出:"没有比违反他人的习俗礼仪更得罪人的事了,因为这总是蔑视他人的一种标志。"②习俗、礼仪其实就是文化。跨文化交流就是既要尊重自己的文化,也要尊重对方的文化。正如费孝通先生所说的"各美其美,美人之美"。这是跨文化交流的前提,而最终目的则是要通过"美美与共"来达到"天下大同"。三是必须要加强对沿线各国文化的深刻体验和深入了解。季羡林先生在研究中印文化交流史的时候指出,文化的交流是从不同文化之间的撞击开始的。③ 但是,那是因为在远古的时候不同文化处在有隔膜的环境之中彼此陌生所致。而当今时代,不同文化之间由于多多少少都存在着交流,并不陌生。因此,文化的交流应该从对彼此文化的体验开始。我们被动浸染在本国的文化之中,而跨文化交流必须主动去体验和更深入地理解对方的文化。不知其"美"在何处,就无法实现"美美与共",弄不好很有可能是"劣美与共",即把对方的文化糟粕拿来与中国的文化精华融合,这就有可能危及自己的文化安全。"美美与共"是指不同的"优质"文化元素进行对话、交流,并使之融合成为更具有生命力的文化。梁漱溟先生曾经指出:"中国能以其自创之文化绵永其独立之民族生命,至于今日岿然独存。"④但是,中国文化绵延五千年不衰,并不是依靠华夏大地土生土长的文化要素延续到今天的,而是正如梁漱溟先生所

① 胡键:《"一带一路"战略构想及其实践研究》,时事出版社 2016 年版,第 1—7 页。

② [法]阿兰·佩雷菲特:《停滞的帝国:两个世界的撞击》,王国卿等译,生活·读书·新知三联书店 2013 年版,第 3 页。

③ 季羡林:《中印文化交流史》,中国社会科学出版社 2008 年版,第 18 页。

④ 梁漱溟:《中国文化要义》,上海人民出版社 2005 年版,第 7 页。

说,"对于外来文化,亦能包容吸收,而初不为其动摇变更",因而"中国文化放射于四周之影响,既远且大"。① 换言之,一个国家文化软实力的提升并非仅靠自己的文化(符号)"走出去",文化在吸纳外族文化(符号)之后所产生的影响力、辐射力,更加能提升本国的文化软实力。而且,这种情形更能体现民心相通的客观实际。所以说,只有跨文化交流才能助推"一带一路"的深远发展。

---

① 梁漱溟:《中国文化要义》,上海人民出版社 2005 年版,第 7、8 页。

# 第三章　文化要素的跨境流动与
## 中国文化传播力的提升①

　　文化的内涵是十分复杂的,就狭义的文化而言,它主要是精神层面的东西,如宗教、信仰、风俗习惯、道德情操、学术思想、文学艺术、科学技术、各种制度等。而广义的文化包括人类作用于自然界和社会的一切成果,也就是一切物质财富和精神财富。具体来说,广义的文化:一是指物质性文化,即人的物质生产活动及其产品的总和,是可感知的、具有物质实体的文化事物;二是指制度性文化,由人类在社会实践中建立的各种社会规范构成,包括社会经济制度、婚姻制度、家族制度、政治法律制度、家族、民族、国家、经济、政治、宗教社团、教育、科技、艺术组织等;三是指精神性文化,即人类在从事物质文化生产的基础上产生的一种人类所特有的意识形态,是人类各种意识观念形态的集合。包括神话(或艺术)精神、自然精神、宗教精神、科学精神、人文关怀精神、伦理精神、政治精神、哲学精神八大要素②;四是行为文化,它包括生活方式、行为方式,以及由民风民俗形式表现出来的文化形态,甚至也包括审美情趣、思维方式等。"一带一路"的文化要素流动实际上就是文化传播的过程。在"一带一路"实践中,中国经济要素大规模走出去的同时,国内也在不断倡导中国文化"走

---

① 本章单篇刊于《现代传播》2020 年第 4 期。
② 参见唐代兴:《文化软实力战略研究》,人民出版社 2008 年版,第 41 页。

出去",这样才能够在提升中国国际地位的同时,增强中国文化的传播力,从而在"一带一路"沿线国家和地区整体提升中国的文化软实力。那么,文化人为地"走出去"也就是中国文化要素的对外流动,是否一定能够增强中国文化传播力和提升中国文化软实力呢? 本章以中国历史上文化要素的跨境流动与文化传播力之间的关系为对象,来分析"一带一路"背景下中国文化软实力提升的可能性问题。

# 一、中国文化要素流动的历史考察

关于文化要素跨境流动与一个国家文化传播力提升的研究,国内外学术界的研究成果非常少见。一般都会认为,文化传播力的提升在于文化"走出去",但文化"走出去"的传播方式是否能够提升该文化的传播力呢? 这是需要进行研究的问题。文化传播实际上就是文化要素的流动所引起的文化影响力,文化传播力的提升与文化要素流动的方式有直接的关系。实际上,文化要素跨境流动的原因是多方面的。

第一种原因可能是战争。从古代中国的情况来看,战争引起的文化要素跨境流动是最直接的。最典型的就是"胡服骑射"。公元前306年(赵武灵王十九年),面对天下大乱、各国无暇干涉赵国内政的天赐良机,赵武灵王向全国发布实行"胡服骑射"的法令。《史记》是这样记载的:"十九年正月……召楼缓谋曰:'……吾欲胡服。'楼缓曰:'善'。……遂胡服招骑射。"①《战国策》也有此记载:"今吾(赵武灵王)将胡服骑射以教百姓。"②当时所谓的"胡服",就是指类似于西北戎狄之衣短袖窄的服装,同中原华夏族人的宽衣博带长袖大不相同,所以俗称"胡服";"骑射"

---

① (汉)司马迁:《史记·赵世家》卷四十三,中华书局2013年版,第2175—2177页。
② (汉)刘向:《战国策·赵策二·武灵王平昼闲居》卷十九,上海古籍出版社1998年版,第653页。

指周边游牧部族的"马射"（骑在马上射箭），有别于中原地区传统的"步射"（徒步射箭）。从此，军队中宽袖长衣的正规军装逐渐改进为后来的衣短袖窄的装备，这实际上是顺应战争方式由"步战"向"骑战"发展的趋势，为国家的稳固和发展奠定了基础。"胡服骑射"是赵国由弱变强的重要改革举措，特别是"胡人"文化在赵国的升扬，使赵国一度在战国中期的"七雄"之中占据着相对主导地位。本来华夏民族文化的"发达"程度要高于"胡人"文化，可是赵武灵王不是用华夏民族文化去征服"胡人"文化，而是反其道而行，学习相对落后的"胡人"文化，使自己的国家强大起来。

战争引发的文化要素流动也可见之于张骞出使西域的活动。张骞出使西域本不是为了文化交流，也不是为了促进贸易关系，而是为了抵御匈奴。前面已经有所阐述，这里不再赘述。至于东汉班超纵横捭阖西域三十年后，西域的文化更是大规模流入汉朝，尤其是到汉灵帝时期，"胡文化"更是宫廷中的主色调，并成为整个京城中上层贵族的流行文化。据《后汉书》记载："灵帝好胡服、胡帐、胡床、胡坐、胡饭、胡箜篌、胡笛、胡舞。京都贵戚皆竟为之。"[①]由此可见，古丝绸之路实际上是因战争而起，却因文化而兴。

第二种原因是经济即市场要素的跨境流动必然会带来文化要素的跨境流动。从前面广义的文化来说，市场要素的跨境流动就是物质性文化要素的跨境流动。在中国史书中，关于在丝绸之路中经济要素跨境流动的记载例如《史记》中，张骞第一次出使西域就看到此情形："臣在大夏时，见邛竹杖、蜀布。问曰：安得此？大夏国人曰：'吾贾人往市之身毒'……有蜀物，此去蜀不远矣。"[②]对物质性文化的跨境流动最详细的记载是在《汉书》之中，该书记载了中国古代海上之路的贸易盛况。当时的

---

① （西晋）司马彪：《后汉书·五行志》卷九十，中华书局1965年版，第3272页。
② （汉）司马迁：《史记·大宛列传》卷一百二十三，中华书局2013年版，第3843页。

海上贸易所带动的文化要素流动并不是单向的,而是双向互动的。这方面虽然缺乏文字的材料,但从考古出土的文物来看,例如在广西北海市合浦县博物馆中就存有大量来自波斯、印度、罗马、阿拉伯乃至东非地区的各种文物,这表明经济要素的跨境流动更直接地带动了文化要素的跨境流动,从而使文化得以传播。这种情形在近代以来的世界尤为突出,因为全球化最重要的因素就是资本的扩张。正如马克思、恩格斯所说:"资产阶级,由于开拓了世界市场,使一切国家的生产和消费都成为世界性的了……物质的生产是如此,精神的生产也是如此。各民族的精神产品成了公共的财产。民族的片面性和局限性日益成为不可能,于是由许多种民族的和地方的文学形成了一种世界的文学。"①进入互联网时代以后,资本在网络技术的支撑下更是如虎添翼地在世界范围内流动,与此同时,文化要素在相当大程度上在资本的带动下在全世界流动,从而形成了各国、各民族文化要素的全球性交互传播。"一带一路"实践中,中国文化也必然伴随着中国企业的海外投资活动而不断流向"一带一路"沿线国家和地区,以中国本土经验和文化特色在海外异域重新建构现代性和全球化,使现代性和全球化呈现出多样性和复杂性。②

第三种原因是人口流动。人口跨境流动也会直接导致文化要素的跨境流动。文化是人类活动的产物,人口的跨境流动本身就是一种文化要素的跨境流动,而且这种情形使得文化要素流动具有强大的"动能"。斯蒂芬·格林布拉特等就指出:"文化的这种流动,通过商人、工匠和雇佣军推动,其道路明显是不平坦的,并且在某些时间和空间中是受严格限制

---

① 《马克思恩格斯文集》第2卷,人民出版社2009年版,第35页。
② 孟雷、李小云、齐顾波:《中资企业在非洲:文化的经验重构与"经验陷阱"》,《广西民族大学学报》(哲学社会科学版)2018年第3期。

的,但他一旦开始就无法阻挡。"①人口迁移最直接的是对语言等重要符号的影响。当然,当人们产生了移民的愿望时,人们就会开始做语言和符号方面的准备,学习拟移入国家的语言和符号,了解拟移入国家的生活方式和风俗习惯,等等。由于工作、学习等原因而进行的自发性人口迁移流动,在实施迁移行为前对语言和符号的影响更大一些;而由于政治、战争等原因进行的强制性人口迁移流动,在实施迁移行为前对语言和符号的影响相对较小。② 世界各国的"唐人街"现象,是人口流动所引起的中国文化要素对外流动的一个典型现象。此外,中亚东干人、开封犹太人等也是因为人口的流动而把相应的文化带到了异域而落地、生根、开花。

　　第四种原因则是通婚所引起的文化要素跨境流动。通婚有两种情况,一种是外在压力之下的通婚,另一种是因工作、学习等原因在一起而自然的通婚。前一种情形在古代中国尤其是在两汉时期比较常见。"平城之围"后的"和亲"虽然不是最早的,如在春秋战国时期,可能就有因战争的胜败而"和亲"的情况。但是,从史书来看,"平城之围"以后,汉高祖"使刘敬结和亲之约",且同意以长公主嫁给冒顿单于。③ 这可能是最早得到官方正式确认的通婚+。汉高祖以后,汉惠帝和吕太后本想出兵攻击匈奴,但因兵力的确不足,最后也是用"和亲"的方式争取和平。汉文帝虽然没有重用贾谊,但对贾谊的思想是非常重视的,贾谊认为"和亲"并不能制止匈奴侵扰,提出儒法结合的战略思想,即"德战":"以厚德怀服四夷",辅以"三表""五饵"之术,便可以争取匈奴的民众,孤立单于,并

　　① Stephen Greenbaltt, Ines Zupanov, Reinhard Meyer-kalkus, Heike Paul, Pál Nyíri and Friederike Pannewick, *Cultural Mobility: a Manifesto*, New York: Cambridge University Press, 2010, p.6.

　　② 林成策、郭百灵:《试论人口迁移流动对文化构成要素的影响》,《理论视野》2013年第1期。

　　③ (宋)司马光:《资治通鉴·汉纪四》卷十二,岳麓书社 2015 年版,第 124 页。

进而降服单于。① 不仅"和亲"本就是一种特殊的文化要素流动,而且贾谊的"三表""五饵"之术同样也包含着文化要素流动的现象。压力下的通婚还包括五胡十六国时期的情形。"五胡乱华"之后,匈奴、鲜卑、羯、氐、羌在进入中原之后,不仅与汉族通婚,而且大规模汉化。最突出的是前秦氐人符坚通过政治的手段全面汉化。按照钱穆先生在《中国通史》中所说的,在北方上层文人"衣冠南渡"微弱地保留着中华文化外,胡人在北方的汉化完成,以至于中国文化才全面保存下来。后一种情形则是在进入世界近代史以后,随着经济的全球化,人员也在世界范围内流动,跨境通婚就成为一种常态。这种通婚自然会引发文化要素的跨境流动。其他国家也有因通婚而促进文化要素流动的情况,最典型的莫过于罗斯洗礼前的一场婚姻。978 年,拜占庭帝国发生内部福卡斯(Phocas)叛乱,皇帝巴希尔二世请求基辅罗斯大公出兵援助。而作为出兵的条件是,弗拉基米尔大公要求与拜占庭公主巴希尔二世的妹妹安娜结婚。最后达成协议,987 年,基辅罗斯出兵镇压叛乱。同年秋,安娜在教士和贵族的陪同下前往拜占庭的领地克里米亚与弗拉基米尔结婚。这一联姻不仅解除了两国长期的对立,而且为拜占庭文化在古代罗斯国家的传播提供了保证。988 年,弗拉基米尔宣布基督教为国教。从此以后,基辅罗斯公国的主教在此后 200 年间均由拜占庭教士担任。直到 15 世纪,拜占庭被奥斯曼土耳其帝国灭亡(1453 年 5 月),莫斯科大公伊凡三世娶拜占庭末代皇帝君士坦丁十一世的侄女索菲亚(1472 年)为妻(他们的孙子伊凡四世成为俄罗斯第一位沙皇),并宣布继承罗马帝国和东正教传统,自称为"第三罗马帝国"。② 这是通婚引发的文化要素流动最典型的案例。

---

① 所谓"三表"就是"立信义、爱人之状、好人之技";"五饵"就是赐之盛服车乘、盛食珍味、音乐妇人、高堂邃宇府库奴婢、亲近安抚。
② 陈志强:《拜占庭帝国通史》,上海社会科学院出版社 2013 年版,第 362—363 页。

## 二、中国文化要素跨境流动的空间考察

把文化要素跨境流动置于空间维度来考察,目的是要研究文化跨境流动的方向问题。一般观点认为,文化要素向外流动肯定可以提升国家的文化传播力和整体的文化软实力,反之,文化传播力和文化软实力就会比较弱小。然而,从上面关于文化传播历史的考察来看,这个判断似乎并不正确。下面我们从文化要素流动的空间维度来考察又是一种什么情形呢? 在文化要素跨境流动的空间维度上,我们主要考察文化要素的跨境流动方向,主要有以下几种情况:

第一,同向流动所产生的文化正向传播,也就是指文化要素流出境外后提升了该文化的传播力。在这方面,西方传教士在提升西方文化传播力方面发挥了重要作用。西方传教士把西方文化带到了东方,"明清两代中国的知识阶层在最初遭遇西洋文明的时候,常常有一种奇特的反应,即对西洋文化的两个方面,涉及国家、社会与个人的伦理道德观念与涉及宇宙、自然与人的科学知识","都曾经有过热情的称赞甚至欢呼",对来自西方的文化要素,"化'异'为'同'的结果水波不兴,心安理得的接受之后是不假思索"。① 尤其是在利玛窦(Matteo Ricc)之后到明朝末年,西洋传教士带来了七千部西洋书籍,涵盖了西欧文艺复兴运动以后的神学、哲学、科学、文学艺术等,与此同时,哥白尼的"日心说"和西方的"地球观"都相继传入中国,结果一方面是中国知识界传统观点的崩塌,另一方面则是中国社会对西方天体理论、历法知识的主动接受。不仅如此,这一切都代表了欧洲文化对明代以来中国社会的深刻影响。当然,欧洲的诸多文化要素如人文主义思想、启蒙主义思想、现代化理念等,都随着欧洲资本

---

① 葛兆光:《中国思想史》第三卷,复旦大学出版社 2019 年版,第 298—299 页。

来到东方,对东方产生了巨大的冲击,这也意味着这些思想、观念对东方的重大影响。

第二,逆向流动与文化的逆向传播。它包括两种情形,一种是文化"走出去"却没有产生传播力,另一种是外面的文化流入,但本土文化反而通过"溶解"、吸纳、融合外来文化要素而提升了自己文化的传播力和文化软实力。前一种情况往往是强制性或单方面一厢情愿式地"走出去",这种情况的文化要素对外流动很难使文化具有传播力。因为文化传播力、文化软实力的前提是受众的主动接受,或者是在接触到外来的文化要素后觉得它对受众某一方面有意义,那么受众就会接纳,从而使这种文化具有传播力。强制性的文化要素流动,并不了解受众的接纳情况,而纯粹是从文化主体方自身的角度考虑而采取的行为。试图通过这样的文化"走出去"来提升传播力,其结果往往适得其反。

后一种情况在文化传播史上就非常普遍了。例如,在张骞"凿空"大汉与西域的通道和班超构建了一个稳定的汉朝与西域之间的通道以后,汉朝并没有向西域强制性输出东方文化,大量的西域文化随着西域使节流入汉朝,包括各种"胡文化"和经古丝绸之路传来的天竺文化等,反而被东方文化吸纳与融合,从而提升了东方文化的对外传播力和影响力。最近,有一种观点认为,大汉乃至大唐,中国对世界的影响很小,因为两千年来中国没有向世界输出什么东西。然而,中国对世界的影响恰恰是通过包容性地吸纳外来文化要素而使中国文化对外界产生辐射力和影响力的。关于这一点,梁漱溟先生在总结中国文化的特点时就指出,"中国文化独自创发⋯⋯对于外来文化,亦能包容吸收,而初不为其动摇变更","因其伟大的同化力,故能吸收若干邻邦外族,而融成后来之广大中华民族","中国文化放射于四周之影响,既远且大。北至西伯利亚,南迄南洋群岛,东及朝鲜、日本,西达葱岭以西,皆在其文化影响圈内。其邻近如越南如朝鲜固无论;稍远如日本如暹罗、缅甸等,亦泰半依中国文化过活。

更远如欧洲,溯其近代文明之由来,亦受有中国之甚大影响。近代文明肇始于十四五六世纪至文艺复兴;文艺复兴,实得力于中国若干物质发明(特如造纸术及印刷等术)之传习,以为其物质基础。再则十七八世纪之所谓启蒙时代理性时代者,亦得力于中国思想(特如儒家)之启发,以为其精神来源"[1]。梁漱溟此说有中国文化保守主义的色彩,但在诸多方面的判断是客观的。至于"五胡乱华",那就更是因为"胡"入"华夏"而被华夏文化所同化,这也反映出华夏文化影响力的提升。此种情形,马克思、恩格斯也有类似的观点,他们在《德意志意识形态》中就指出:"……民族大迁徙后的时期到处可见的一件事实,即奴隶成了主人,征服者很快就接受了被征服民族的语言、教育和风俗。"[2]这也是文化要素流动而引发的文化逆向传播的事实。

　　第三,交互式流动与文化传播力的交互式提升。所谓交互流动和交互传播,就是两种或两种以上的文化彼此流动到对方的母国后,又彼此提升了自己的文化在对方母国的传播力和软实力。这种情况也是一种普遍存在的情形。例如,在中印文化交流的过程中,可能大多都会认为是印度文化尤其是佛教文化影响了中国,并使佛教在中国广为流传,最终成为中国传统文化的三大要素之一。然而,事实上是中国文化首先影响了印度文化,这里有两个例证,一是被称为"印度的灵魂"的长篇史诗《摩诃婆罗多》,大约成书于公元前4世纪至公元4世纪的800年,这部史诗中反复提到"Cina"一词,也即是"支那"或"秦"。[3]二是前文提及的张骞出使西域的时候就有大夏人从印度购买"邛竹杖""蜀布"。这说明,至少在公元前2世纪到公元前1世纪的时候中国文化就已经对印度有重要影响了。甚至包括佛教也并非表明印度文化单向性地影响中国,因为佛教在中国

---

①　梁漱溟:《中国文化要义》,上海人民出版社2005年版,第7—8页。

②　《马克思恩格斯文集》第1卷,人民出版社2009年版,第578页。

③　季羡林:《中印文化交流史》,中国社会科学出版社2008年版,第10页。

改造以后又传回到了印度。另外,中国的道教也在一定程度上流到了印度,据说因翻译《道德经》时如何翻译"道"这个词,和尚和道士发生了争吵而最终道士翻译工作停止。① 当然,文化的交互流动和交互传播,都是因陌生的撞击开始的,但在撞击之后最终都相互认可、接纳甚至融合在一起。

第四,中心辐射性流动和传播。这种情况一般是以某种强势文化在世界各国的流动和传播为典型。例如,第二次世界大战以后美国的流行文化包括电影、流行音乐、电视、快餐等的流动和传播。正是由于美国的强势文化,尽管"美国的帝国主义统治依仗的是美国的硬实力优势及经济实力优势",但正如弗莱泽(Matthew Fraser)所说,"美利坚帝国和其他所有帝国一样,从本质上说是一种文化的架构"。② 美国的强势文化,加之美国的市场运营优势,使得美国的文化在走向世界各地的时候非常有效地提升了美国的文化传播力和文化软实力。

第五,传递式流动与传播,也就是指一种文化从一个国家传到另一个国家,又从接受国传递到第三国、第四国的情况,不仅提升了初始国的文化传播力和文化软实力,也同时提升了"二传手"国家的文化传播力和影响力。例如,佛教诞生于古代印度,但它是经过西域传到中国又从中国传到日本。在这个过程中,印度文化尤其是佛教文化在西域、中国、日本都得到弘扬、传播。但与此同时,西域文化伴随着甚至附加在佛教上而在中国得到传播。虽然佛教在汉朝就已经传到中国,但魏晋南北朝时期是一个高潮,西域尤其是龟兹音乐也在民族大迁移的过程中与佛教融入中原文化之中。隋朝统一中国后,隋炀帝在隋初七部乐的基础上又吸收了西域各国的音乐形成了九部乐;唐初的音乐以隋代为基础,它在隋朝九部乐

---

① 季羡林:《中印文化交流史》,中国社会科学出版社 2008 年版,第 156 页。

② [加拿大]马修·弗莱泽:《软实力:美国电影、流行乐、电视和快餐的全球统治》,刘满贵等译,新华出版社 2006 年版,第 299 页。

的基础上又吸收了大量外来和民间音乐文化的内容,从而形成了唐代的宫廷燕乐。太宗在平定高昌后"在贞观十六年增加高昌乐,在隋朝九部乐的基础上形成了十部乐"①。这十部乐除清商乐、燕乐、高丽乐外,大部分都是西域音乐,而从太宗贞观时到唐末,唐代流行的西域乐以龟兹部为最盛。唐朝时,佛教在中国的传播因玄奘、义净等高僧的翻译、弘扬而达到鼎盛,经中国传到了日本、朝鲜半岛。日本的"遣隋使""遣唐使"一方面在中国学习中国文化,另一方面也学习被中国创新改造了的佛教思想,尤其是要请中国高僧鉴真前去讲授戒律,鉴真也因此被日本尊为律宗始祖。②

## 三、文化要素跨境流动方式、流向与文化传播力的关系

从以上分析来看,文化要素在跨境流动的过程中,不同的流动方式和不同的流动方向对自己文化传播力的影响是有差异的。

从文化要素流动方式来看,战争方式所引发的文化要素流动,除野蛮时代外,一般在西方殖民主义时代比较常见。西方殖民扩张的过程中,一方面是战争征服落后民族,另一方面就是加紧文化殖民,一大批西方传教士在炮舰的掩护下来到东方,传播西方的宗教思想、哲学思想,当然也包括西方工业革命以后的科学技术。早期的传教士如元明清时期的传教士,他们不仅没有文化殖民的使命,反而会因传教的需要而首先不断地学习中国文化,并且被中国文化所吸引,成为中国文化在西方的传播者,甚至在中国文化的影响下在西方构塑了一个被他们美化了的"中国形象",

① 吴玉贵:《中国风俗通史·隋唐五代卷》,上海文艺出版社 2001 年版,第 678 页。
② 梁二平:《海上丝绸之路·2000 年》,上海交通大学出版社 2016 年版,第 91—93 页。

尽管"西方的中国形象,实际上跟现实的中国与中国的现实,关系都不大",但那时遥远的中国,的确是西方"永远的乌托邦"。① 因此,当西洋文化最初来到中国的时候,明清时代的士人也在相当大程度上把西学纳入中国传统思想当中进行重新解说,其中就包括 1584 年利玛窦在广东肇庆知府的支持下刻印了《山海舆地全图》。② 实际上,直到鸦片战争结束的最初几年,西方传教士一方面"都十分清楚正在扩张的西方国家对于中国信息的渴望心理",另一方面,他们也非常清楚中国文化对世界的影响,从而翻译了大量的中国文献如《论语》《三字经》《千字文》,以及部分地翻译了《三国志》《红楼梦》等著作,以满足西方对中国的兴趣与关注的需求。③ 也就是说,那时候,西洋文化与中国文化在西方早期传教士活动的背景之下是相互影响的。当然,由于西方文化已渐显强势,从而对中国文化尤其是中国社会的宇宙观、"天下"观等也渐显出其重要的瓦解作用。

但是,19 世纪 50 年代以后的西方传教士,他们文化殖民的使命越来越凸显。因为,"在他们看来,第一,西学先进,西方天文学、地理学、数学、化学、医学这类学问,都比中国的同类学问先进,中国人应该接受这些先进的东西;第二,西学有用,通过传播西学,可以在中国人面前树立西方文化的优势地位,获得中国人的好感与信任,从而为传教打开通道,或提供支持"④。而与此同时,在战争的隆隆炮声之中,中国社会的民族意识也开始觉醒。一方面,当时的中国人"也渐渐地接受了世界上有与中国同样古老和灿烂的历史观念",如林则徐的《四洲志》、魏源的《海国图

---

① 周宁:《天朝遥远:西方的中国形象研究》(上),北京大学出版社 2006 年版,第 141 页。
② 葛兆光:《中国思想史》(第三卷),复旦大学出版社 2019 年版,第 316、319 页。
③ 何芳、邓联健:《早期来华传教士汉英翻译活动的动机与选本》,《外语与翻译》2016 年第 1 期。
④ 熊月之:《晚清西学东渐过程中的价值取向》,《社会科学》2010 年第 4 期。

志》、徐继畬的《瀛环志略》等,有的或许还没有摆脱传统的"夷夏"观念,有的则开始接受"万国"平等的意识。① 另一方面,中国人在"奇异的西方"和西方文化的冲击之下骤然产生了一种前所未有的民族意识,这种民族意识表现为:既因对"民族性异化"的担忧而对西方文化"嗤之以鼻",又"在唯恐灭亡的忧惧之下被迫采用资本主义生产方式"。② 这就是后来所采取的"中学为体,西学为用"的文化根源和面对西方文化的矛盾心理的现实反映。但面对西方的文化殖民扩张,中国的文化抵制力是强大且有韧劲的。马克思曾经指出,西方殖民者有"双重的使命:一个是破坏的使命,即消灭旧的亚洲式的社会;另一个是重建的使命,即在亚洲为西方式的社会奠定物质基础"③。这"双重使命"无疑也包括文化上的,尤其是西方传教士在中国就是在文化上试图完成这两种使命。然而,当外来文化作为一种强势文化而对中国文化试图"改造"的时候,中国文化往往会坚决抵抗,表现出它特有的韧性。不是因为中国人的"革命性"所致,也不是因为中国人的文化"保守性"所为,而是中国文化的历史底蕴深厚。不过,由于东西文化在互相对峙的博弈中,初期都缺乏足够的力量战胜对方,从而形成了中国特有的半殖民地半封建文化,而中国的买办可以说是这种文化的最佳承载者。"近代买办是文化混合体。在西洋人面前,他们是中国人;在中国人面前,他们有西洋味。他们的行为方式、价值观念、审美情趣时常是混杂的,界限不明,或中或西,亦中亦西。有的人中国色彩强些,有的人西方色彩强些。他们中间相当一些人,国家意识、民族意识、文化意识并不那么强烈,不同背景、不同特质的文化相对平等地展现在他们面前。"④但是,这种文化现象并不是中国社会的常态,民族意

① 葛兆光:《中国思想史》(第三卷),复旦大学出版社 2019 年版,第 398、401 页。
② 陈旭麓:《近代中国的新陈代谢》,上海人民出版社 1992 年版,第 64 页。
③ 《马克思恩格斯文集》第 2 卷,人民出版社 2009 年版,第 686 页。
④ 熊月之:《略论近代买办与中国文化自为》,《史林》2013 年第 2 期。

识与民族主义总是能够以强有力的方式对西方文化产生强大的抵御作用。因此,杜赞奇(Prasenjit Duara)就指出:"在中国,革命性的叙述结构具有其威力,因为它把国家和现代知识分子的积极性都调动起来,它在许多领域给中国人民带来的成果都是不可忽视的。"①由此可见,战争因素强制性地使文化要素反向流动(向自己国家流入),确实是在一定程度上提高了当时外来文化的传播力,但在文化意识警醒下的革命意识往往对外来文化产生强大的拒斥作用。而与此同时,在外来文化的挤压下,尤其是近代西方文化结合着工业革命的成功而对东方国家进行殖民扩张的情况下,东方本土文化也会吸收西方的先进文化成果特别是器物文化成果,从而使自身硬实力得到增强。也就是说,一国的文化传播力与该国家整体实力之间并非永远都是正相关关系。

人口流动、通婚这两种方式所引发的文化要素跨境流动,的确会对文化具有重要的传播作用和提高文化的传播力。不过,这两种情形所引发的文化要素流动,是"俗文化"要素的流动,而且这种流动也是文化要素的"自为"现象。"俗文化"和"自为"的文化要素,一般是指人们喜闻乐见尤其是日常生活中的文化要素,它是人们的日常生活"自带"的文化要素,或者是潜藏于人们的生活之中的文化要素。这种要素的对外传播是因要素的流动而产生,不需要去开发具体的传播方式和传播平台。不过,中国的对外文化最重要的是要通过促进中国核心文化要素的跨境流动,来传播中国的核心价值和中国的国家形象,同时在以核心文化要素为承载的学科体系、理论体系上,构建中国的国际话语。如果仅仅是"俗文化"和"自为"文化要素的跨境流动,上述目标是永远无法实现的。也就是说,要通过文化要素跨境流动来提高中国的文化传播力和文化软实力,还必须要提高跨境流动的文化要素的品质。

---

① [美]杜赞奇:《从民族国家拯救历史:民族主义话语与中国现代史研究》,江苏人民出版社 2009 年版,第 217—218 页。

什么手段可以提升跨境流动文化要素的品质呢？只有市场要素流动所带来的文化要素流动，这样的文化要素的品质是最高的。市场在确定的买卖双方的前提下，最关键的是提供可供交换的商品，包括有形的物质产品，也包括无形的服务，以及各种商品化了的资源要素，如资金、技术、信息、土地、劳动力等。这些要素本身就附着了价值、思想等核心文化要素，例如，"一带一路"的实践，首先是中国市场要素的跨境流动，但如果纯粹是一个市场行为，那中国也没有必要作为一个国际性的倡议来提。实际上"一带一路"不仅仅是"资金融通""贸易畅通"等市场要素的流动，也包括甚至最基础的是"民心相通"，也就是文化交流，或者说就是文化要素的跨境流动。即便是"资金融通""贸易畅通"等市场要素流动，这些市场要素也承载着中国关于"和平、发展、合作、共赢"和"共商共建共享"等价值理念。也就是说，市场要素的跨境流动所引起的文化要素跨境流动，不仅品质高，而且流动的效果也好。在这种情形下，市场要素流动与文化要素流动往往具有相互促进作用。因此，"一带一路"的实践能够提升中国文化传播力和文化软实力；反过来，文化要素的跨境流动也会促进"一带一路"的实践向更高质量发展。[①]

从文化要素流动方向来看，本章要讨论以下几个问题：第一，文化要素的流出，是否会提升该文化的传播力？诚然，一种文化的传播力在相当大程度上是需要"走出去"的，但"走出去"的文化却不一定能够产生传播效果，也就是不一定能够提升自身的传播力。就文化传播的一般规律而言，文化传播力的提升的确需要文化"走出去"。因为，在不同民族交往的历史中，战争与冲突是不可避免的，但相互之间最终总会化干戈为玉帛，能够走到这一步的根本原因就是通过文化交流而实现了民心相通。用文化来化解彼此的陌生感，前提就是文化要"走出去"与外界进行对话

---

① 胡键：《"一带一路"与中国软实力的提升》，《社会科学》2020 年第 1 期。

和交流。文化的境外流动提升了该文化传播力的历史想象,得到了学术界几乎一致的看法。因而,这也就为通过文化"走出去"来提高文化传播力和文化软实力提供了重要的理论依据。也正因为如此,在"一带一路"倡议提出以后,国内学术界都不约而同地深入研究中国文化"走出去"的问题与对策。2016年文化部发布了《"一带一路"文化发展行动计划(2016—2020年)》,旨在促进中国文化"走出去",以加强中国与"一带一路"沿线国家和地区的文明互鉴与民心相通,切实推动文化交流、文化传播、文化贸易创新发展。然而,如果单方面地从文化主体方的立场人为地(或者是以行政权力的方式)强行推动文化"走出去",而没有考虑东道国受众的"可接受性"问题,那么,这样的文化"走出去"是无法形成传播力的,也不会产生任何传播效果。"走出去"的目的是为了对话和交流,而不是强力"推销"自己的文化,这样才能产生文化传播力。

第二,外来文化要素的流入能否提升本民族文化的传播力?从上面对历史的考察来看,一个国家越是强大的时候,其文化对外的影响力往往不是通过"走出去"提升的,而是将外来文化"请进来"且吸纳它而使内部文化对外具有重要影响力的。汉朝在弱小的时候通过"和亲"(也就是输出大汉文化)来维护自身安全,但经过"文景之治"以后,汉朝终于强大起来,当时汉朝没有文化"走出去"的自觉,反而是在对付匈奴的过程中而逐渐与西域、身毒、大秦、安息等国建立了联系,并且对外部的文化从陌生的好奇到逐渐熟悉的对话和交流,最后这些外部文化都融入了中国文化之中。特别是公元574年,周武帝曾下诏废除佛、道两教,可一个月后又下诏书在长安设立同道观,要广泛收容出身于儒、道、佛的各种文人,这"成为中国历史上独一无二的合三教于一体的机构,而正是这个机构的名称'同道',象征了5到7世纪中,佛教、道教和传统中国思想世界中拥有绝对话语权力的儒家思想在根本之道上是'一以贯之'的趋向"①。"儒、道、佛三教合一,使得中国文化中的每一个人都受到三教思想的影响:这正是中国文化的精神所在。"②隋唐时期,随着中国的重新统一和强盛,外来的文化在被质疑的同时也被继续接纳。例如,大唐对佛教文化的态度,尽管在魏晋时期,佛教已经进入中国政治生活成为"国教",但到大唐时,玄奘"在游学中痛感众师之说不同,佛典之论各异,'乃誓游西方以问所惑','结侣陈表,有诏不许',乃决心不惜生命,只身西行"③。在印度游学十八年之后,玄奘回到长安,从此一生都以翻译佛经和弘扬佛法为使命,并在中国创立了新的宗派"法相宗"。更为关键的是,佛教在中国创新、改造后又回流到印度,也从中国传到了日本和朝鲜半岛等地。虽然佛教不是源于中国,但日本的佛教却认同中国的佛教,不认同印度的佛教。这表明佛教在中国获得了新生,也成为中国文化的一部分而在日本、朝鲜半岛得以传播。由此可见,一个国家文化对外界的影响,不在于本国文化是否"走出去",而在于内外文化的对话性和接受性,也在于本国文化的包容性和"学习精神"。换言之,外来文化的流入也会影响本国文化的对外传播力,也产生了一种所谓的"回飞镖效应"④。

　　第三,历史上的文化中心是凭借什么影响周边的？中国历史上的确存在一个文化中心,这个文化中心的核心文化就是儒家思想,并且有"大一统"的政治支撑,或者说二者是相辅相成的。一方面,儒家思想为"大一统"的政治提供理论合法性,为"大一统"的政治提供秩序,儒者"从宇宙法则中获得了政治合理的依据,并从中引申出了关于法律制度的思

---

①　葛兆光:《中国思想史》第一卷,复旦大学出版社 2019 年版,第 406 页。

②　许倬云:《中西文化的对照》,浙江人民出版社 2013 年版,第 64 页。

③　季羡林:《中印文化交流史》,中国社会科学出版社 2008 年版,第 52 页。

④　"回飞镖效应"也叫"飞去来器效应",一般用于跨国倡议网络的研究。参见[美]玛格丽特·凯克、凯瑟琳·辛金克:《超越国界的活动家:国际政治中的倡议网络》,韩召颖等译,北京大学出版社 2005 年版,第 15 页。

路……于是,'圣人'与'君主'的重叠,常常使这种合理合法性成了专制的理由"①;"大一统"的政治则为儒家思想建构了正统性即国家意识形态,从而使儒学成为"大一统"政治下思想世界的中心。这样,思想世界就出现了儒家思想所覆盖的帝国区域(即为"华夏")和尚未被儒家思想所浸染的区域(即为"蛮夷")。恰恰周边各族尚未形成自己的主导性文化,儒家思想在不断吸纳周边民族文化要素的过程中,也因周边各族不断"汉化"进而"儒化"而对周边各族产生了巨大的辐射力。②不仅是儒家思想,当时中国的一些先进的制度性文化要素也对周边产生了巨大的吸引力。例如,隋唐时期开创的科举取士制度,周边国家都有不少人参加考试,如新罗统一朝鲜之后,来大唐参加科考的有名有姓的就有23人,晚唐至五代,进士及第有姓名可考者有89人之多,代表人物有崔致远、金可记等。日本遣唐使中参加大唐科举考试的人就更多了,研究的文献也非常多。其中在中国最为有名的是阿倍仲麻吕(中文名叫晁衡),参加科举考试,进士及第,成为唐代数百年间来华留学生中唯一的进士。③此外,来参加大唐科举考试的还有来自安南(越南)、大食(阿拉伯帝国)等国的人。一直到明朝,周边国家还有人来参加中国的科举考试。这些案例再次证明,文化不在于是否"走出去",在于对外界产生影响力、传播力,还在于要有自己的"品牌"。中国历史上接受佛教,不是原汁原味地"复制"印度来的佛教,而是进行了"中国式"创新,然后才对日本等国产生影响的。而后来,随着唐宋时期中国农耕文明达到鼎盛,中国的物质文化更是直接对周边产生了吸引力。与此相应,中国制度文化也成为中国的重要

---

① 葛兆光:《中国思想史》第一卷,复旦大学出版社2019年版,第245页。

② 儒家思想对周边民族文化要素的吸纳情况表现为,一方面是长安胡化盛极一时,西亚之火祆教、景教、摩尼教"于唐代先后盛于长安",另一方面"以中国为中心的文明已远播四夷"。参见向达:《唐代长安与西域文明》,三联书店1987年版,第41页;葛兆光:《中国思想史》第二卷,复旦大学出版社2019年版,第30页。

③ 张白影:《阿倍仲麻吕研究》,《广州师院学报》(社会科学版)1999年第1期。

文化"品牌",并对中国周边各国既有吸引力,也因传播到周边国家乃至更远的西欧国家而具有强大的传播力。

## 四、中国在"一带一路"国家和地区的文化传播策略思考

从历史的梳理我们可以知道,文化传播的问题,一是文化要素的流动方式问题,二是文化要素的流动方向问题。当然,最关键的还是文化要素的内涵问题。文化传播同样是由内容决定,"内容为王",这在任何时候都是传播的铁律。因此,我们不是为了历史来梳理历史,而是历史有许多东西是现实摆脱不了的,因而就必须向历史学习。"一带一路"虽然是当今中国提出的倡议,但它是源自古丝绸之路的概念,古丝绸之路虽然最初是为了战争,但出乎历史预料的是,它成为联系中国与西域、南亚、西亚、欧洲之间的文化之路、商贸之路。两千多年来,古丝绸之路始终在欧、亚、非三个大洲之间的往来中发挥着重要作用。那么,中国在当今"一带一路"国家和地区,究竟如何使中国文化成为促进"互联互通"的积极因素呢?

第一,在"一带一路"的"五通"中,"民心相通"是基础,而"民心相通"的前提就是文化交流。因此,在"一带一路"的实践中,中国文化的确需要"走出去"。究竟如何"走出去"和什么样的文化"走出去",即"走出去"的内容是什么,这两个问题非常关键。

关于如何"走出去"的问题,一是不能以行政的手段强行"走出去",这已经证明无法形成中国文化的传播力。同时,又由于经济项目也主要是在中国主导下推行的,在经济、文化"走出去"都由行政主导的情况下,中国很难摆脱"经济上抢夺国际资源""文化上对外扩张"的国际舆论旋涡。例如,近年来西方出现的"锐实力"(sharp power)矛头就直接指向了中国,在他们看来,中国"威权政府"是将这种国内治理的政治价值观延

伸到海外,让国际上的合作伙伴和对话者了解允许表达的界限,并鼓励其自我审查,以限制对中国所谓的敏感话题的直接审查。通俗地说,原来的"软实力"在威权政权手中已成为类似军事力量的"影响力"。这种影响力虽然在公开胁迫的意义上并不是硬性的,但也不是真正的软性。① 从报告来看,其内容就直接针对中国的政治体制和中国文化"走出去"的具体载体——孔子学院。在如何"走出去"的问题上,可能我们要学习约瑟夫·奈的"聪明力量"(smart power),即"更好地懂得如何将硬、软的力量结合起来使用"。② 也就是说,不要把经济要素与文化要素截然分开,而是在"一带一路"背景下,既要强调中国市场要素与文化要素同向且高质量的流动,更要努力把文化要素嵌入市场要素之中,使中国的文化要素在"一带一路"国家和地区实行"植入式"传播。因此,我们不能再无所顾忌地对外宣称中国文化"走出去",这实际上是一种在经济对外合作中潜移默化的隐蔽性战略。

关于文化"走出去"的内容的问题,中国有五千年的历史,文化要素浩如烟海,究竟把什么文化要素带向"一带一路",这是需要慎重的。一方面对那些早已与相关国家形成共识的文化要素,如果再强调"走出去"就显得多余且造成资源浪费。当然,不是要抛弃而是要进行新的转化与创新,例如,刺绣、各类漆器、雕刻、绘画、书法等中国传统艺术文化,不能简单地按照传统的方式"走出去",而是要转化为新的形式,使之变为现代文化品牌,从而让沿线国家的民众乐意接受。"独特而丰富的文化只

---

① National Endowment for Democracy, "Sharp Power: Rising Authoritarian Influence," Report, December 2017, https://www.ned.org/wp-content/uploads/2017/12/Sharp-Power-Rising-Authoritarian-Influence-Full-Report.pdf, pp. 11-12; Christopher Walker and Jessica Ludwig, "The Meaning of Sharp Power: How Authoritarian States Project Influence," https://www.foreignaffairs.com/articles/china/2017-11-16/meaning-sharp-power.

② [美]约瑟夫·奈:《软力量:世界政坛成功之道》,吴晓辉等译,东方出版社 2005年版,第 31 页。

是品牌资源(brand source),而并非品牌资产(brand equity),只有经过战略性的规划和科学的操作,才能使之转化成有效的品牌资产。"①另一方面是强调中国文化"走出去"的"社会服务意识",而不是"走出去"去反驳别国的文化。在这一方面,中国文化中的"文人相轻"和"华夏为尊,夷狄为卑"的文化等级观念,很容易"外溢"到"一带一路"国家和地区转化为对异域文化的轻视甚至蔑视,这种"文化自负或者文化自大,在一定意义上,所表现和反映出的也是一种极度的文化不自信"②。由于"一带一路"倡议在相当大程度上具有发展起来的中国"反哺"世界的色彩,文化既然是服务"一带一路"的,那么中国文化"走出去"就不应该去驳倒外界的任何一种文化,而应当倡导任何民族的文化都有可能为"一带一路"提供服务。只有在服务"一带一路"的实践中,不同文化之间才会产生对话与交流。

第二,"走出去"的文化要素或符号尤其要对东道国同类文化要素符号具有"激活""唤醒"的功能。历史的变迁会把各民族的众多文化元素和符号尘封起来,只有当现实中某种因素与之有某种联系的时候,沉睡在历史之中的文化要素和符号才会被唤醒。例如,新丝绸之路经济带的核心地区是中亚地区,中国与中亚地区的联系始于张骞出使西域,而且是为了对付共同的敌人匈奴而寻求合作的。张骞是经大宛等国而进入大月氏的,哈萨克斯坦自称是月氏人的后代;而大宛就是当今的费尔干纳盆地一带,涉及今天的乌兹别克斯坦、吉尔吉斯斯坦和塔吉克斯坦三国的一部分。"一带一路"就是通过合作来促进经济发展,所以,"张骞出使西域"的文化要素,能够唤醒中亚多个国家类似的历史文化。这样中亚国家就很容易接受中国关于"共商共建共享"的理念,从而使中国文化在中亚得

---

① 许静、韩晓梅:《品牌国家策略与提升国家文化影响力——基于印尼"中国文化印象调查"的分析》,《外交评论》2016年第3期。

② 杜振吉:《文化自卑、文化自负与文化自信》,《道德与文明》2011年第4期。

到较好的传播。

第三,在文化传播过程中,一旦拥有自己的特色品牌和优势品牌,文化是否"走出去"其实并不重要,而且即便不倡导"走出去",品牌也会自然地"走出去"。"一带一路"刚提出来的时候,国内不少地方政府都在争抢"一带一路"的起点之名,目的是要争取重大项目支持"走出去",以促进本地区经济发展。但是,如果没有本地区的特色和优势品牌,即便是古丝绸之路的起点,在"一带一路"的实践中也未必能够"走出去"。文化就更是如此,有了品牌,受众对品牌认同,自然会产生文化传播效应;而且,品牌在受众认可的前提下所产生的对外流动,可以促进品牌母国的文化元素激发本土消费者积极、可信赖的品牌联想,从而产生连锁式的传播效应。① 因此,从中国自身来看,"一带一路"的中国文化传播,打造中国的文化品牌至关重要;从中国与相关国家来看,还应该合作打造共同认可的文化品牌,成为"民心相通"的具体成果。

第四,在"一带一路"国家和地区提升中国文化传播力,必须要用合适的方式来讲述文化背后的故事。文化就是故事,但讲述故事的方式不同,受众的反应是大相径庭的。大多数人都倡导"用中国话语讲述中国故事",这句话在文化传播中未必可取。因为,用来讲故事的话语是用来引导和说服受众理解"中国故事"的工具。对话语的理解不仅受到受众知识水平的影响,而且话语还有民族差别、语境差别、宗教信仰差别等。因此,用"中国话语"讲述"中国故事",很有可能是"言者有意,听者无心",听不懂的故事一定让人乏味,甚至反感。因此,"一带一路"背景下的中国文化传播,就是要坚持跨文化交流,坚持文化的"对话性"和符号的"置换性"来讲述中国故事,使用外界听得懂的话语和能够理解的文化符号。何谓文化的"对话性"和符号的"置换性"? 这里举一例,2010 年

---

① 才源源、周漫、何佳讯:《"一带一路"背景下中国品牌文化价值观运用分析》,《社会科学》2020 年第 1 期。

上海世博会的主题是"城市,让生活更美好"(Better city, better life)。但是,在 2001 年申办过程中,有众多西方城市参与竞争;而且,以城市为主题,这并不是中国的强项。可是,最后的主办权却被中国上海拿下,原因就在于,当时我们的申办报告在演绎主题的时候,用的不是中国文献中的"城市"话语①,而是西方"城市"话语的源头即亚里士多德《政治学》中的一段话,"城邦的长成出于人类'生活'的发展,而其实际的存在却是为了'优良的生活'"②。这句话就是当年演绎上海世博会主题的依据,从而让西方所有专家都听懂了。这实际上就是把同一种文化元素在东西方文化语境下进行跨越时空的"对话",以及文化符号"置换",从而产生共鸣,因而也就产生了良好的传播效果。

---

①　根据中国文献关于城市的记载,"由于生产的不断发展和私人财富的出现、积累,部落和部落联盟之间经常发生掠夺财富、宗教偏见及血亲复仇的战争,在这种情况下,为了防止敌对部落的侵袭和保护私有财富,筑城自守就显得非常有必要,因而'城'便应运而生"。而"市"则是城中专门用来交易的场所。也就是说,就"城"而言,最初的功能是军事防御功能。而聚"城"而生活,就必然要进行交易,从而形成"市"。这就是中国的"城市"话语。参见耿曙生:《论中国城市的起源与形成》,《苏州大学学报》(哲学社会科学版)1990年第 4 期。

②　[古希腊]亚里士多德:《政治学》,吴寿鹏译,商务印书馆 1981 年版,第 7 页。

# 第四章 "一带一路"话语的构建与中国对外话语权[①]

话语权是一种软实力,话语权需要有具体的承载平台,如果没有具体的承载物,那么就意味着有话语却无权,而且这样的话语也是空洞的。在建设中国对外话语权的过程中,目前中国有一个非常好的机遇和平台,即"一带一路"倡议的提出及其具体的实践。"一带一路"倡议是中国提出来的,其实践的推进和发展,在加强沿线国家之间的合作、增进沿线国家人民的相互了解、推进沿线国家的经济发展等方面都发挥了和正在发挥积极的作用。也正因为如此,"一带一路"的实践为中国对外话语权的建设提供了重要的机遇,"一带一路"本身也承载着"中国话语",从而使中国的对外话语有具体的内容。不过,从"一带一路"的实践来看,沿线各国对"一带一路"倡议的认知水平是不一样的,对"一带一路"的理解也大相径庭。原因固然是多方面的,但国内学术界、舆论界、理论界对"一带一路"话语内容的构建存在着较大的差别,则是我们自己内部的关键性原因,这引起了沿线各国对"一带一路"产生不同的认识,甚至一些国家对"一带一路"产生种种质疑。在这种情形下,为了继续深入推进"一带一路"建设,必须营造一个有利的国际环境,因而非常有必要建构"一带

---

① 本章内容单篇发表于《新疆师范大学学报》(哲学社会科学版)2018 年第 1 期。

一路"的健康话语。2016 年 12 月 5 日,习近平总书记主持召开中央全面深化改革小组第三十次会议,审议通过了《关于加强"一带一路"软力量建设的指导意见》,会议指出,软力量是"一带一路"建设的重要助推器。"一带一路"倡议的软实力建设包括诸多内容,例如文化建设、价值建设、制度建设、规则建设、话语建设等。本章专门从内部来探讨"一带一路"话语的构建,以及如何借助"一带一路"来提升中国的对外话语权问题。

## 一、"一带一路"提出后国内学术界存在哪些话语?

自"一带一路"倡议提出以后,国内有关"一带一路"的话语不少,有的话语的确有助于推进"一带一路"建设,但有的却与"一带一路"倡议是相悖的,也无助于"一带一路"在实践中的落实。自"一带一路"倡议提出后,国内学术界、舆论界有关话语可以说是层出不穷。在"一带一路"倡议提出来之初,有关的主要话语包括:

其一,"一带一路"是中国崛起的大战略。这种话语就是把"一带一路"视为中国内外统筹的大战略举措。① 从这种话语来看,"一带一路"不只是一个经济发展战略,更是一个长期的政治战略,而且还关系到中国未来能否立于世界民族之林的问题;同时,"一带一路"也是改造国际秩序的战略,是中国向世界提供公共产品的战略。② 如果是这样的定位,那么,中国的"一带一路"倡议就必然与其他大国的相关战略安排产生博弈。有学者认为,"一带一路"不仅是中国一项兼具地区发展战略和全球秩序设计意涵的战略构想,同时也是中国依托地缘区位优势,在欧亚大陆谋篇布局,与美国展开地缘政治、地缘经济和国家软实力投射"三重博

---

① 黄仁伟:《建设新思路的战略考量》,《社会观察》2014 年第 6 期。
② 姚勤华:《"一带一路"系中国崛起的大战略》,《社会观察》2015 年第 6 期。

弈"的战略工具。① 在这种话语下,毫无疑问,"一带一路"倡议将撼动欧亚大陆原有的地缘利益格局,大国之间的博弈就在所难免。② 更有甚者,有学者认为,"一带一路"倡议是中国主导下的欧亚一体化战略,这个战略将会是长期以来大西洋主义主导下的欧洲的一种必然的替代性选择。③

其二,"一带一路"是中国的新国际主义外交战略。这种话语一方面承认"一带一路"是经济发展倡议,但又不止于此,在强调经济发展的同时也体现中国的新国际主义外交战略。众所周知,最初国际主义在国际共产主义运动中是有特殊内涵的,尽管它在不同的发展阶段上表现为不同的类型,"从理论与实践的情况综合起来看,国际主义分为无产阶级国际主义、社会主义国际主义、新国际主义以及共产主义国际主义"④,但国际主义的确是国际共产主义运动的一种主张,也就是《共产党宣言》所主张的"工人没有祖国","全世界无产者,联合起来"⑤。但是,这种国际主义随着时代的变迁无疑已经过时,在新形势下,中国的外交实践丰富和发展了国际主义的内涵,形成了"以加入国际体系与国际制度""寻求合作共赢""参与建构地区共同体为基本的理念"为内容也就是"要通过地区主义,建构集体利益和集体认同,从而化解安全困境,制约恶性竞争与冲突"的"新国际主义"⑥。而"一带一路"倡议正是基于"和平理念""共同

---

① 信强:《"三重博弈":中美关系视角下的"一带一路"战略》,《美国研究》2016 年第5 期。

② 王秋彬:《"一带一路"建设中的大国因素》,《理论视野》2016 年第 11 期。

③ 刘昌明、姚仕帆:《"一带一路"倡议下中国的欧亚一体化战略与大西洋主义》,《太平洋学报》2016 年第 11 期。

④ 郭树勇:《试论邓小平外交思想中的国际主义》,《外交评论》2007 年第 3 期。

⑤ 《马克思主义简明读本》,人民出版社 2018 年版,第 364 页。

⑥ 秦亚青、朱立群:《新国际主义与中国外交》,《外交评论》2005 年第 5 期。

安全""合作安全""可持续安全"的一种"宏伟构想",①是"在国际格局与秩序出现新变化背景下提出的","是中国推进国际经济合作、扩大国际影响的重大战略规划",体现了中国在新的国际环境之中正确判定国际秩序,正确看待中国与国际秩序的关系的"外交新思路"②。特别是党的十八大提出了构建人类命运共同体的设想,而"一带一路"正是对"人类命运共同体"思想的具体化。它体现的是中国的新国际主义外交战略。这个外交战略体现了中国外交的转型:从着眼于内部发展转向关注全球命运;从坚持不干涉原则转向"创造性介入"③;从多予少取转向与外部互利共赢。"一带一路"的新国际主义强调欧亚地区内部的重要性,这正是中国"一带一路"新国际主义外交战略的重点领域。这一战略虽然强调要在欧亚内部加强政治影响,包括通过与欧亚大陆各国的经济共同发展而对欧亚大陆秩序进行重塑④,但其核心仍然是经济利益和经济发展。

其三,"一带一路"是中国的新"马歇尔计划",即中国对外经济援助的经济外交战略。这种话语认为,自金融危机以来,世界经济处于低迷状态,发展动力严重不足。一个非常重要的原因在于广大发展中国家的增长动力不足。中国是世界经济规模仅次于美国的经济体,因此中国可以借助于内部的高储蓄转化为对外的援助性投资,特别是在发展中国家的基础设施建设中发挥重要作用。这样既能解决发展中国家的基础设施"瓶颈"问题,又能解决中国高储蓄和高外汇储备问题。因而,"一带一

---

① 李文、蔡建红:《"一带一路"对中国外交新理念的实践意义》,《东南亚研究》2015年第3期。

② 胡宗山、鲍林娟:《"一带一路"倡议与中国外交新动向》,《青海社会科学》2016年第4期。

③ "创造性介入"这个概念是王逸舟首先提出来的,参见王逸舟:《创新不干涉原则,加大保护海外利益的力度》,《国际政治研究》2013年第2期。

④ 胡键:《"一带一路"战略构想及其对欧亚大陆秩序的重塑》,《当代世界与社会主义》2015年第4期。

路"就被视为中国的新"马歇尔计划",即面向东盟、中亚等地区的对外投资和发展计划,其中金砖国家银行、亚洲基础设施投资银行和丝路基金等相互联系的战略安排,被归纳为"中国版马歇尔计划"的重点安排。① 众所周知,所谓"马歇尔计划"就是指第二次世界大战结束后美国对被战争破坏的西欧各国进行经济援助、协助重建的计划。美国的"马歇尔计划"有这样几个特点:第一,它是对欧洲的一揽子援助计划,而且"不仅仅是一个经济计划,更是涉及军事援助、文化渗透、政治势力范围争夺的行动计划"②。第二,为了能够顺利推进该计划,美国国会于1948年通过了《经济合作法》作为落实计划的法律保障。"法案的第一至第四篇依次是《1948年对外援助法》《1948年国际儿童紧急基金援助法》《希腊—土耳其援助法》《1948年对中国援助法》。法案规定第一至第四篇的权利行使要接受经济合作署的管辖,将为期四年零一个季度的复兴计划的执行机构、职权分配、执行的方式、国内与国外关系等内容,通过权利、义务和责任的分配,进行了法律化确认,有效地对两党的资金使用的权力进行了规制。"③第三,由于战后初期苏联势力在欧洲影响越来越大,西欧切实地感受到了苏联的威胁,因此美国的"马歇尔计划"是为了复兴西欧经济,从而达到遏制苏联向西欧扩张的目的;同时,也可以"排斥战后形成的社会主义意识形态国家和地区,对社会主义阵营在经济上进行封锁、在政治上打压、在军事上进行对峙,尤其是加强在冷战中对苏联的遏制,直接推动

---

① 金中夏:《中国的"马歇尔计划"——探讨中国对外基础设施投资战略》,《国际经济评论》2012年第6期;金玲:《"一带一路":中国的马歇尔计划?》,《国际问题研究》2015年第1期。
② 卢山冰、刘晓蕾、余淑秀:《中国"一带一路"投资战略与"马歇尔计划"比较研究》,《人文杂志》2015年第10期。
③ 刘艳:《美国的〈经济合作法〉及其对中国海外经济合作立法的启示》,《亚太经济》2016年第1期。

了冷战和两大政治、军事阵营的敌视和对抗,遏制了世界新兴力量发展"①。相比之下,中国的"一带一路"倡议,第一,不是一揽子援助计划,中国没有这种能力来援助沿线国家;而且,"一带一路"倡议是与沿线国家的项目合作计划,在项目的基础上来推进相互之间更大范围、更大领域的合作。第二,中国并没有为推进"一带一路"倡议来进行国内立法,而是为推进建设的行动计划和具体的实施纲要。第三,"一带一路"倡议并不针对任何第三方,而是一个开放、包容的经济发展倡议。无论是沿线国家还是域外国家,只要有相应的项目都可以参与其中。

其四,"一带一路"倡议是中国过剩产能的对外转移战略。这种话语认为,"一带一路"是中国资本输出的重要载体,资本投资的优先领域是基础设施。其重要保障是亚洲基础设施投资银行和丝路基金。其目的就是,借助于对外基础设施的大规模投资来实现国内建筑行业及相关产业的大规模过剩产能的对外转移。② 据相关研究表明,中国长期以来的投资"潮涌现象"导致了严重的产能过剩③,而水泥、钢材、能源、焦炭、钛合金等领域的产能过剩现象尤其严重。然而,产业转移实际上是生产力水平存在地区差异(或者说是产业极差)和全球化进程中的必然趋势。只要这两种情形存在,产业转移就不可避免,就正如中国东南沿海地区由于改革开放比较早,生产力水平相对于中西部地区要高,在东南沿海地区技术不断发展、劳动力素质不断提升,并由此引发的产业升级。因而,东南沿海地区的传统产业就必然要向中西部地区转移,有的甚至转移到东南亚一些相对落后的国家。当然,随着政府政策的引导和推进,产业转移的速

---

① 卢山冰、刘晓蕾、余淑秀:《中国"一带一路"投资战略与"马歇尔计划"比较研究》,《人文杂志》2015 年第 10 期。

② 唐朱昌:《"一带一路"的定位、风险与合作》,《社会观察》2015 年第 6 期;熊艾伦、范勇建、张勇:《"一带一路"与过剩产能转移》,《求索》2015 年第 12 期。

③ 林毅夫:《潮涌现象与发展中国家宏观经济理论的重新构建》,《经济研究》2007 年第 1 期。

度更快、效率更高。但是,中国在推进"一带一路"的过程中,优先合作的项目并非低端产业的项目,而是高端、高科技领域的项目合作居多,一是对外核电合作,如中国与巴基斯坦等国的民用核电合作①;二是高铁合作,中国与"一带一路"沿线国家的高铁合作已经非常深入②;三是北斗卫星导航的合作③。与此相关的还有一种观点认为,"一带一路"倡议,一方面可以使中国的传统产业进行对外转移,另一方面也可以通过国际产业转移来实现中国国内的产业升级,即"既可以是中国国内的边际产业,如中国传统制造业,也可以是中国对外打造品牌的优势产业和特色产业,如高铁交通,使中国产业在全球逐步打造民族品牌和建立民族优势"④。由此可见,把"一带一路"视为中国低端产业过剩产能对外转移战略并不完全符合客观实际。

此外,国内学术界还有不少话语从不同的角度来建构"一带一路"。例如,有学者认为,"一带一路"是中国打造对外开放升级版,创造全球性开放红利的战略⑤。也有学者认为,"一带一路"是"新形势下的和平发展模式,它能帮助各国快速发展,缩小南北差距,实现合作共赢;它能改进和完善当今世界秩序,促进多元国际社会的和谐共处。这些都表明'一带一路'战略构想将对世界历史整体发展具有积极的促进作用"⑥。还有

① 胡键:《"一带一路"战略构想及其实践研究》,时事出版社2016年版,第85—88页。

② 郭学堂:《"高铁外交"的地缘政治学解读》,《社会科学》2015年第6期;甘均先、毛艳:《丝绸之路的复活:中国高铁外交解析》,《太平洋学报》2010年第7期。

③ 胡键:《天缘政治与北斗外交》,《社会科学》2015年第7期。

④ 张理娟、张晓青、姜涵、刘畅:《中国与"一带一路"产业转移战略研究》,《世界经济研究》2016年第6期。

⑤ 胡鞍钢、马英钧、高宇宁:《"一带一路":打造对外开放升级版,创造全球性开放红利》,《河海大学学报》(哲学社会科学版)2016年第4期。

⑥ 胡德坤、邢伟旌:《"一带一路"战略构想对世界历史发展的积极意义》,《武汉大学学报》(人文社科版)2017年第1期;张亚光:《"一带一路":从历史到现实的逻辑》,《东南学术》2016年第3期。

学者认为,"一带一路"所体现的全世界国家合作、发展、共赢的理念,正是中国式"大同"思想向世界延伸的表现,其外延已经突破了传统士大夫的"家国"边界,而延展到世界舞台。这种"天下大同"的思想是人类共同信仰的东方式表达,媒体通过"一带一路"话语的生产、维系、调整和转变将这种"共同信仰"诉诸一种理念、一种愿景,希冀建立起一种普世价值和利益共同体。因此,"一带一路"既是民族的,又是世界的,它被中国媒体不遗余力地楔入世界话语体系中,使"一带一路"似乎已经延伸至能够为全世界国家谋利,为全世界人民造福的高度。① 总之,"一带一路"在不同的话语之下内容是大相径庭的,甚至有的话语可能并不利于推进"一带一路"。因此,推进"一带一路"建设必须要有健康的话语,并用健康的话语在"一带一路"上形成国内共识,进而形成沿线国家的共识。

## 二、什么是"一带一路"的健康话语?

话语确实能够影响政策和行动的实际效果。因此,一项政策、倡议和行动都需要健康的话语。然而,从学术界既有的研究来看,关于"一带一路"倡议的不健康话语似乎不少,其"不健康"的表现在:其一,过于抬高"一带一路"的国际重要性,特别是把"一带一路"倡议视为与美国进行战略竞争的"战略",从而使用这样的话语构建了一个中美竞争的框架。特别是由于美国是现有国际体系的守成大国、霸权国,在中美竞争的框架之中,那就必然意味着中国要争夺美国主导地位,甚至是与美国争夺霸权国地位。那么,中国提出"一带一路"的倡议是否真的是要与美国争夺霸权,对美国主导的国际体系进行重塑呢?无论是主观上还是客观事实上,中国都不会与美国争夺霸权。如果把中国置于与美国争夺霸权的框架之

① 孙发友、陈旭光:《"一带一路"话语的媒介生产与国家形象建构》,《新闻与传播》2016年第11期。

中,那么就意味着中国是一个"不满现状的挑战者",因而也很容易把中国提出的"一带一路"倡议视为对美国主导的国际体系的不满而制造的一种威胁,而作为力量上升的"不满现状者"的中国就必然与美国爆发冲突。① 那么,中国就真的会陷入"修昔底德陷阱"之中。其二,扩大"一带一路"的范围,甚至延伸到军事领域。"一带一路"倡议的核心内容是经济上的共赢发展,围绕这个核心内容而开展包括教育、文化、科技等领域的合作。但是,有学者提出,从保护"一带一路"战略的军事安全来看,要增加先进侦察卫星数量,弄清楚沿线的各种军事安全威胁;增加天基对地攻击武器和中远程导弹,实施快速军事反应。② 如果是这样,那么"一带一路"倡议就带有非常浓厚的军事色彩。这显然与"一带一路"倡议的初衷是相悖的。其三,有学者提出要打造"一带一路"的"战略支点"或"战略支点国家"。不过,不同的学者对"战略支点"内容的理解是不一样的。一种观点认为,"战略支点"就是结合互联互通、基础设施投资、港口建设的布局,分类型、按步骤地将重点港口打造为本国的战略支点③。不过,大多数学者是把"战略支点"作为国家或地区来看待的,即"战略支点是指在次区域的、区域的、跨区域的或全球的多边合作框架下,通过战略性的双边互动、交流与合作,能有效发挥全局的或关键的支撑作用,并能对多边合作其他各方产生积极的示范、引导和激励效应,从而切实保证多边合作进程稳定、和谐、有序的国家或地区"④。由于"一带一路"沿线国家

---

① 关于"不满现状者"行为的分析,参见朱峰、〔美〕罗伯特·罗斯:《中国崛起:理论与政策的视角》,上海人民出版社 2008 年版,第 3—35 页。

② 何奇松:《"天基丝路"助推"一带一路"战略实施:军事安全保障的视角》,《国际安全研究》2016 年第 3 期。

③ 张洁:《海上通道安全与中国战略支点的构建——兼谈 21 世纪海上丝绸之路建设的安全考量》,《国际安全研究》2015 年第 2 期。

④ 周方冶:《21 世纪海上丝绸之路战略支点建设的几点看法》,《新视野》2015 年第 2 期。

较多,因此,需要"精选战略支点国家"以便"高效有序地推进'一带一路'"①。此外,关于"一带一路"对外宣传的话语,或者是"片面追求外宣目标,注重单向灌输,回避问题,高唱赞歌,报道行文中充满外交辞令,不接地气";或者是"把国际媒体的涉华歪曲报道归结为西方国家的阴谋论,斥之为'西方国家亡我之心不死'"②,笼统地将这种报道归结为意识形态斗争的范畴,而不是用中国的理论在国际舆论界去构建一种客观实际的话语。

"一带一路"倡议提出来的时间不长,沿线各国对它并不一定了解,也有可能还会产生误解、曲解。因此,当前迫切需要为"一带一路"倡议构建健康的话语,以消除对"一带一路"的各种误解、曲解。那么,什么是健康的话语呢?

第一,健康的话语应该有利于推进"一带一路"建设。当前,关于"一带一路"的话语或者是纯政治宣传的话语,把"一带一路"的政治功能无限拔高,甚至把其经济发展的作用也从政治的角度来刻意拔高。这样的结果很有可能真的把中国与国际体系的守成国美国对立起来。把中国与美国对立起来,中国又如何避免陷入"修昔底德陷阱"呢?"一带一路"倡议,首先是一个经济发展的话题,由于中国和大多数欧亚大陆国家都是发展中国家,有的还是尚未完成从计划经济向市场经济转型使命的国家,经济发展是包括中国在内的所有沿线国家共同的目标,即便是西欧发达国家也因长期以来无法摆脱金融危机的困境而导致经济发展乏力,由此可见,经济发展是世界所有国家共同的目标。而当今困扰各国经济发展的问题已经无法靠单个国家独立解决,不少跨国性的问题需要跨国性的合

---

① 杜正艾:《精选"一带一路"战略支点国家的意义与建议》,《行政管理改革》2016年第6期。

② 王秋彬、崔庭赫:《关于"一带一路"国际话语权构建的思考》,《公共外交季刊》2015年第4期。

作。也正因为如此,中国提出的"一带一路"倡议才具有世界性的意义。如果说"一带一路"倡议需要政治宣传,那么我们更需要从"一带一路"倡议的这种世界意义来进行宣传,而不是单独从"一带一路"倡议的中国意义来进行宣传。过多地强调其中国意义,那么"一带一路"倡议就很有可能被视为对美国主导的国际体系的挑战,甚至是对美国霸权地位的直接挑战。美国是既有国际体系的守成大国,中国虽然不会慑于美国的既有地位和势力,但中国在既有国际体系自身的行动最重要的还是要处理好与美国的关系;中国作为世界上最大的社会主义国家,美国从苏联当年国际角色扮演历史中来构塑当今中国的国际角色扮演,从而形成一种有关中国的"美国意象"①。这种"美国意象"往往是存在着偏见的,也由于这种偏见而认为中国的崛起必然是对美国的威胁。在这种情况下,美国就不可能不对"一带一路"进行实质性的搅局。因此,不要在政治宣传中过多强调"一带一路"的中国意义,以避免刺激美国而乱了中国的大局,这样才能够有利于推进"一带一路"建设。

第二,健康的话语必须有利于推进中国与沿线国家相互关系。"一带一路"倡议不是中国单独推进的,而是需要沿线各国共同来推进。正如前文述及,"一带一路"倡议并非中国的一揽子经济援助计划,完全是一个开放性的经济发展倡议。因此,要推进"一带一路",必须要处理好与沿线国家的关系。与此相应的是,中国所构建"一带一路"话语应该是沿线各国都能接受的话语,而且所有的话语都不能建立在中国对沿线国家的战略资源的争夺和利用之上,也不能建立在对沿线国家的战略不平等的权力框架之上。如果如前文所说的把某些国家视为"战略支点",而"支点"就意味着是被利用的工具,利用者与被利用者显然是不平等的。"支点"一旦被利用完毕或者失去"支点"的作用后就会失去意义,就有可

---

① 胡键:《角色·责任·成长路径:中国在21世纪的基础性战略问题》,上海人民出版社2010年版,第46—57页。

能会被抛弃。如果上述国家知道它们在中国的"一带一路"倡议中是这种角色定位,那么他们不可能积极参与到"一带一路"倡议之中来。不仅如此,这些国家会因此断定中国在"一带一路"倡议中有自己特殊的地缘战略企图。① 在这种情形下,这些国家不仅会反对"一带一路",甚至还会对中国进行地缘政治的围堵。

第三,健康的话语要有利于消除相互之间的隔阂和误会。"一带一路"倡议的话语不是中国一国的话语,应该是沿线国家共同的话语。因此,构建"一带一路"倡议的话语应当考虑沿线各国的历史传统和文化习俗。沿线各国历史传统和文化习俗非常复杂,仅从中国一国的历史传统和文化习俗来构建"一带一路"倡议的话语,很有可能造成一些国家在历史传统的对抗和文化上的冲突。在这方面实际上东西方的交往是有深刻教训的。最为典型的就是,马嘎尔尼率大英帝国使团来拜访清朝的情形。马嘎尔尼原本是到清朝来提议进行交往和贸易的,但清朝仍然以中央帝国的名义和基于农耕文明的封闭性来对待大英帝国的使团。结果,开放的工业文明遭遇到封闭的农业文明,导致两个帝国先是因礼仪、习俗等的冲突,进而因这种冲突上升为两个帝国的对抗。由此可见,鸦片战争并非偶然爆发的,从事件来看源于马嘎尔尼拒跪事件,而从文化来看,这两个帝国冲突的起点时间可能会更早。前文述及,"没有比违反他人的习俗礼仪更得罪人的事了。因为这是蔑视他人的一种标志"。② 那么,如何对历史传统和文化习俗等因素来加以考虑呢?最重要的还是要加强对各国历史传统和文化习俗的深入研究,特别是加强不同文化之间的交流和融合,使"一带一路"倡议的话语建立在多元文化、多种宗教、多样习俗的基

---

① 林民旺:《印度对"一带一路"的认知及中国的政策选择》,《世界经济与政治》2015年第5期。此外,还有不少学者从沿线具体国家的角度来认识"一带一路"的研究,相关国家也有类似的看法,这里不一一列举。

② [法]佩雷菲特:《停滞的帝国——两个世界的撞击》,王国卿等译,生活·读书·新知三联书店2013年版,第3页。

础上。

第四,健康的话语有利于促进沿线国家的项目合作。任何的合作都在于利益,"一带一路"的话语不能只从中国获利的角度来构建,而要从共同受益的角度来构建。不少人往往会强调在"一带一路"建设过程中,中国在沿线各国的投资情况,很少甚至不会谈到沿线各国在中国的投资情况。这会给人一种错觉:为什么都是中国对别国的投资?这种投资肯定是有利于中国的,而且也是中国"过剩产能对外转移的战略",等等。实际上,在"一带一路"既有合作的项目中,既有中国对外投资的项目,也有中国从其他国家引进的项目。尤其是在中国对外投资的项目更多的是中国的高科技项目,如高铁合作、核电技术合作、卫星导航系统的合作;相反,那些低端产业的合作非常少。然而,我们很少看到这方面的文章对这些内容进行研究,而看到的大多数是关于中国对一些国家的资源型产业的投资。这在相当大程度上误导了世界舆论。实际上,中国与沿线国家的所有项目合作,秉承着共赢的原则,并与沿线国家共同构建利益共同体、责任共同体、命运共同体,目的是在欧亚大陆乃至整个世界构建一个合作共赢的新棋局,不是充满了竞争的零和博弈的大棋局,而是一个和平、发展、合作、共赢的"新棋局"。

## 三、哪些因素影响构建"一带一路"的健康话语?

话语并不是孤立存在的,话语是与理论、知识体系以及社会实践紧密结合在一起的。从既有的研究成果来看,很少有学者对话语进行分类,但笔者认为从话语的来源来看可以分为理论话语和实践(行动)话语。不同来源的话语,影响话语构建的因素是不一样的。

从理论上来看,话语是以理论和知识谱系为基础的,而理论又必须依赖于人的创造,人对社会现实的认识、理解以及相应的价值取向等,都会对理论的创造和知识谱系的构建产生直接的影响。据此,笔者认为,影响"一带一路"话语构建的主要因素有:

一是没有梳理"一带一路"的知识谱系。由于"一带一路"倡议是2013 年提出来的,于是,学术界、媒体界对"一带一路"的解读,一方面是局限于其提出的时间而纯粹从当前的形势来理解,从而认为"一带一路"倡议仅仅是经济发展的一种政策。另一方面,一些人就会把历史上文化、历史现象十分牵强地与"一带一路"倡议扯上关系,并且冠以现实政治的话语的某些词汇,给人以政治正确性地对"一带一路"倡议进行解读。这两方面都是对"一带一路"的错误理解,要么是在知识谱系上犯"历史虚无主义"的错误,要么就是错误地套上历史,把"一带一路"与历史现象进行"拉郎配"。实际上,"一带一路"的提出是以非常系统的知识谱系为基础。首先是历史文化知识即古丝绸之路,始于中国穿过中亚地区经西亚并连接地中海沿岸地区的古代商路,这条商路成就了欧亚内陆地区的繁荣;而海上丝绸之路则是中国与外国商贸往来的海上通道,也造就了中国与相关国家的紧密的经济联系。尽管民族冲突和战争多次导致古丝绸之路中断,但古人的这种合作精神和谋求发展的愿望为当今社会所接受,为欧亚大陆在 21 世纪的经济发展提供了智慧。其次,中国改革开放和现代化建设的知识。其一,事实存在开放格局的"二元现象"。改革开放以来,我们已经形成了"经济特区、沿海开放城市、沿海经济开放开发区、沿江开放城市、内陆开放城市"的全方位开放格局。但是,这样的开放格局主要是通过"筑巢引凤"的方式即引进外资形成的,开放型经济体制并没有真正建立起来。其二,体制、机制和发展水平的"二元现象"非常明显。过去 40 多年的发展,主要是集中于东部沿海地区并通过政策的优惠来促进经济开放与发展。但是,东部沿海地区的发展并没有相应地带动中西部地区的发展,相反东西部的经济差距随着改革开放的推进反而越来越大了。东部沿海地区与国际市场对接比较成功,开放程度比较高,因而市场化程度较高;而中西部地区的市场化程度相对比较低,传统计划经济体制的烙印也比较深,所以,尽管在同一个国家内部,但市场体制、机制并不是一样的。这种体制、机制、发展水平的二元现象,使得中国经济事实上存在着地区间的隔离,也是中国现代化的重要障碍。其三,40多年来,城市的发展依赖于农村剩余劳动力向城市的转移,不仅把农村优秀的人才(指来自农村但通过大学教育进入城市主流社会的农村)吸纳到城市中,而且把农村的青壮年(指到城市打工的农村剩余劳动力)吸收到城市,同时还把农村有限的稀缺资源通过市场的方式吸引到城市。这样才造就了城市的繁荣。而随之而来的是农村在中国现代化进程中的落后局面,农业发展不平衡、不充分。因此,从整体的发展战略来看,中国需要真正意义的西部大开发,中国需要通过资金流、信息流、人才流、货物流等,把东部沿海地区与中西部地区连城一体,把城市与农村连成一片,从根本上消除中国现代化进程中的各种二元现象。[1]

二是缺乏理论支撑。话语不仅需要有知识谱系的基础,而且更需要有理论支撑。正如前文述及,"一带一路"倡议提出来时间不长,大多数研究者主要是从政策上去理解,而政策往往具有针对性,其针对的对象主要是中国以及周边国家的经济发展,尤其是在改革开放初期,中国从周边国家获得了经济发展的动力,而且中国用自己的实践开创了一条走向现代化的成功道路。因此,中国的目的就是要通过自己和平发展来带动中国周边国家的经济发展。也就是当年邓小平所说的"中国的发展离不开世界"[2]以及改革开放以来中国所倡导的一贯主张:"和平、开放、合作、和谐、共赢是我们的主张、我们的理念、我们的原则、我们的追求。走和平发

---

① 胡键:《"一带一路"战略构想及其实践研究》,时事出版社2016年版,第14—19页。

② 《邓小平文选》第3卷,人民出版社1993年版,第78页。

展道路,就是要把中国国内发展与对外开放统一起来,把中国的发展与世界的发展联系起来,把中国人民的根本利益与世界人民的共同利益结合起来。"①简而言之,就是要让中国的发展惠及世界各国人民。然而,一些学者和媒体界人士却把"一带一路"倡议视为中国针对美国主导的国际体系和美国的霸权地位,甚至不断从这方面进行解读。这显然是违背"一带一路"倡议初衷的,也忽视了其理论支撑。"一带一路"倡议从理论上来看,它实际上是 20 世纪 50 年代和平共处五项基本原则在当今的新发展。和平共处五项基本原则提出来后就成为国际关系的基本准则。改革开放以后,中国逐渐融入国际体系,中国倡导"以和平共处五项原则为准则建立国际新秩序"②的主张。而随着中国经济的迅速崛起,中国的国际地位也迅速提高,中国的国际责任也相应地被国际社会反复提及。中国究竟承担怎样的国际责任的问题,实际上中国自己早就在思考,邓小平早在 1982 年与时任联合国秘书长的德奎利亚尔的谈话就指出:"中国是联合国安全理事会的常任理事国,中国理解自己的责任。有两条大家是信得过的,一条是坚持原则,一条是讲话算数。"③所谓"算数",从中国的外交实践来看,我们可以理解为就是发展起来的中国将主动承担更大的国际责任。这个国际责任就是追求世界各国的共赢发展。因此,党的十八大提出"树立全球命运共同体意识",就是以世界各国的共赢发展为目标的。中国与周边国家都建立了信任机制,并在此基础上形成了"上海五国"机制,提出了建立亚洲相互信任的设想,以及在互信的基础上试图在古丝绸之路穿过的亚洲腹地打造新的繁荣。在此基础上,合作的相关各方逐渐形成了"互信、互利、平等、协商、尊重多样文明、谋求共同发展"

---

① 中华人民共和国国务院新闻办公室:《中国的和平发展道路》,中国政府网,2005 年 12 月 22 日。

② 《邓小平文选》第 3 卷,人民出版社 1993 年版,第 281—283 页。

③ 《邓小平文选》第 2 卷,人民出版社 1994 年版,第 415 页。

的理念,也就是学界常说的上海合作组织的价值理念"上海精神"。虽然不能说"一带一路"的初衷来自"上海精神",但"这些理念的确是上海合作组织关于建立国际新秩序在地区上的一种尝试"①。此外,"一带一路"倡议的理论支撑还来自中国传统"义利合一"的价值伦理。这种价值伦理主张个人在追求私利时要考虑其行为是否有损社会公利和道德。而关于这个问题邓小平当年就指出:"应当把发展问题提到全人类的高度来认识,要从这个高度去观察问题和解决问题。只有这样,才会明了发展问题既是发展中国家自己的责任,也是发达国家的责任。"②邓小平另外还指出:"中国不能把自己搞乱,这当然是对中国自己负责,同时也是对全世界全人类负责。"③这些都体现了"义利合一"的传统价值伦理。

此外,国内对"一带一路"倡议急于求成的心态和好大喜功的功利之心,也是影响"一带一路"倡议健康话语构建的重要因素。根据国家发展改革委、外交部、商务部联合发布的《推动共建丝绸之路经济带和21世纪海上丝绸之路的愿景与行动》,"一带一路"倡议的推进和实施是一个分步骤、有重点、有机制的计划,因而,不能急于求成,更不能贪求功利之心。尤其是在具体项目的推进上,一定要得到相关各国的认同和共识,切不可强行实施,这样很可能适得其反。然而,一些研究者却为了推进所谓的"国家战略"而呼吁全策全力来推进实施。这种舆论在理论上就会对"一带一路"形成一种压力话语,并转化为外部的"中国威胁论"的话语,或者是"一带一路"常常被以为是"只对中国有利"的话语,从而导致有关国家不仅反对加入而且还会采取一些反制。④

---

① 胡键:《"一带一路"战略构想及其实践研究》,时事出版社2016年版,第6页。
② 《邓小平文选》第3卷,人民出版社1993年版,第282页。
③ 《邓小平文选》第3卷,人民出版社1993年版,第361页。
④ 林民旺:《印度对"一带一路"的认知及中国的政策选择》,《世界经济与政治》2015年第5期。

从实践(行动)话语构建来看,行动是话语的实际表现,是话语构建的具体行为,外界可以通过行动者的行为来构建某种话语。从这个方面来看,有以下因素影响"一带一路"倡议的话语构建:

一是国家行为。"一带一路"倡议本来是共建共享的发展倡议,但国家的行为首先是从国家利益尤其是主权和安全出发的。邓小平曾经就指出:"国家的主权、国家的安全要始终放在第一位……"①毫无疑问,"一带一路"倡议首先是从国家利益考虑的。也正因为如此,一些学者在构建"一带一路"话语的时候往往强调中国在"一带一路"中的主导地位,特别是强调这是中国提出的、中国主导推进的"中国的战略",这种话语投射到外界就必然产生另外一种关于"一带一路"倡议的"问题话语"。另外,"一带一路"倡议是中国提出来的,在具体实施过程中,中国政府扮演着重要作用。例如,从党的十八届三中全会开始,国务院及各部委也出台了推进"一带一路"的相关文件。政府搭台后,企业就是直接的"演员",是"一带一路"倡议的直接执行者;同时又由于基础设施、核电、能源等重大项目的实施者都是国有企业,而国有企业的行为无疑是国家行为的代表者。国家这种大规模推进的行为,很容易引起外界的猜疑,尤其是上述项目都具有战略意义,一些国家会因中国政府的强势推进而产生疑虑,从而通过这样的政府行为来构建"一带一路"不健康的话语。

二是地方政府行为。"一带一路"倡议本来是不论起点和终点的开放性发展倡议,但地方政府为了争夺"一带一路"的经济发展概念,都从本省、本市、本地区的利益出发,争夺"一带一路"的起点。特别是,有的地方政府不惜想方设法挖掘历史资源来证明本地就是"一带一路"的起点。"一带一路"倡议的提出,给地方政府的经济发展计划提供了重要动力,但如何利用好"一带一路"这个概念却是一个问题。大多数地方政

---

① 《邓小平文选》第 3 卷,人民出版社 1993 年版,第 348 页。

府以为这是一个关于经济发展的重要"概念股",首先要抢夺这个"概念股",用历史来为现实说话以证明本地区就是"一带一路"的起点。如果没有这种历史渊源,那么地方政府就想方设法把自己的经济发展规划向"一带一路"靠,有的计划是非常牵强的。地方政府之所以会在争夺"一带一路"过程中乱象繁生,就是因为试图通过"一带一路"来获得国家的政策资源,甚至直接就是庞大的项目资金投入。地方政府的这种行为就容易引起外界认为对内是政策资源的争夺,对外则是战略资源的争夺。简而言之,外界关于"一带一路"倡议的话语就是中国对外的战略资源掠夺,这与早些年流行的"中国的新殖民主义"有颇多相似之处。

三是企业行为。企业行为对"一带一路"话语构建的影响当前学术界基本上是空白,但确实是非常重要。中国企业在沿线国家的企业行为主要有:其一,暴发户行为。国有大企业在国内处于垄断地位,走出国门之后,这种暴发户行为在国内法律制度难以规制的情况下时有发生。其二,腐败之风从国内走向国际。这主要是以权谋私,行贿受贿,损害国家利益,进而损害企业形象和国家形象。过去在国内,由于国内市场经济制度发育不完善,一些国有企业的领导以权谋私的现象非常突出,造成大量国有资产的流失;或者通过行贿受贿的方式来中饱私囊。这些情形同样也带到了国外,尤其是在那些市场经济相对不成熟的国家中,中资企业的经营者为了获得项目优先权,也采取了一些非市场经济的方式包括行贿等潜规则手段。其三,那些资源型中资企业在东道国进行资源开发的时候缺乏社会责任感,包括环境保护、用工方面都存在着问题。这显然会危害东道国的市场秩序和社会秩序。这些行为都有可能把一本好经念歪,或者说,这些情况成为外界对"一带一路"倡议形成"问题话语"的重要因素。

## 四、怎样构建"一带一路"的健康话语？

"一带一路"倡议提出来以后,在一定程度上形成了中国自己的对外话语,这些话语在一定程度上促进了"一带一路"的实践。这些话语的形成有赖于中国学术界和媒体人士的传播。也就是说,"一带一路"倡议的话语构建的确需要中国人自己来讲述"一带一路"的故事。但是,仅仅是讲述这个故事是不够的,可能需要针对上述问题和具体的影响因素来构建"一带一路"倡议话语,有针对性才能够使话语构建富有成效,才能够使话语在沿线国家具有认同感和可接受性。

第一,加强理论研究,为"一带一路"倡议话语构建提供理论支撑。"一带一路"反映的是中国崛起进程中的重要对外行为,崛起进程中的中国迫切需要理论支撑和理论解释。然而,中国恰恰缺乏这种理论准备。改革开放以后,中国与国际社会打交道的理论支撑,要么是继承了和平共处五项基本原则的理论传统,虽然在某些方面对五项基本原则有所突破,但没有形成理论概念,更没有构建相关的理论体系;要么就是大量引进西方国际关系理论,用"速成法"从这些理论著作中获取了一些与国际社会打交道的方法,主要是取其实用性,但并没有也很难有所创新,毕竟这些理论与中国的实际情况相去甚远。也正因为如此,国际关系理论始终面临着如何"中国化"的问题,也就是如何构建中国学派的问题。此外,更直接的原因是,中国现代化的实践发展非常迅速,理论研究根本无法赶上实践的发展,以至于理论研究长期落后于现实生活。因此,加强理论研究以创建理论体系的任务非常艰巨。

第二,加快中国特色哲学社会科学学科体系建设,为当今中国的对内对外行为的政策提供学科体系支撑。中国特色哲学社会科学学科体系主要有两大来源,一是苏联,二是欧美。前者为中国的计划经济体制提供了理论支撑,但问题也是非常突出的;后者为中国特色社会主义市场经济提供了智力支持,但随着中国经济开放度越来越高以及中国逐渐进入国际体系的中心区域,从外部移植的学科体系和相应的理论越来越暴露出支撑中国国际地位的理论的严重短板,从中国自身的实践和传统文化来进行哲学社会科学学科体系创新越来越迫切。构建"一带一路"倡议的健康话语尤其需要中国自己的智慧和基于中国智慧之上的哲学社会科学学科体系。当然,在中国特色哲学社会科学学科体系建设中,一是要正确对待中国传统文化,既不能对传统文化产生自负感,也不能有自卑之心。二是要正确对待现代文明成果。恪守传统固然重要,但这并非对文化唯一正确的态度。传统是基础,文化更要发展,而现代文明的成果代表了文化的最新发展状况。因此,一个民族、一个国家必须在坚守传统的同时吸纳现代文明成果,这样的民族、这样的国家才具有可持续的成长力。既要善于吐故纳新,也要善于以新破旧,切不可抱残守缺。三是要正确对待世界各国的文明成果。世界各民族的文化发展都是在与其他民族的文化交流融合之中而走到今天的,任何孤立的文化必然逐渐被淘汰。文化、文明发展的传承实际上是一个不断淘汰的过程。一个国家只有不断汲取本民族及其他民族创造的优秀成果,才能够真正崛起为大国。

第三,正确定位政府角色。各级领导干部的行动也是建构话语的一个重要因素,而且行动还是话语投射到他者之后而产生话语"反射"的主体。各级领导干部的积极"落实""一带一路"倡议的行动,一方面,通过此类行动构筑了一种中国积极推动的"行动话语",而这种"行动话语"以及各地方政府争夺"一带一路"起点的做法,投射到外界就会成为"一带一路"是"只有利于中国的计划"的话语。"一带一路"的实施主体本应该是企业等市场主体,然而政府如此积极的行动甚至有时候政府还直接参与到具体的项目之中,这就很难避免外界对"一带一路"产生不利的各种"问题话语"。因此,政府角色定位非常重要,不要越位更不能错位。"一带一路"倡议核心是关于经济发展的倡议,它依托于经济项目,因此,在对外经济合作之中必须按照国际经济规则办事,不能以政府的名义强制推行。

此外,要加强企业形象的塑造。企业是"一带一路"的具体实践者,中国企业的形象不仅直接影响"一带一路"的项目合作,而且也是"一带一路"倡议话语的构建者和"行动话语"的对外投射者。企业形象塑造包括两方面的因素,一是企业自身,二是企业经营者及其员工。从企业本身来看,影响企业形象的因素包括:(1)企业的业绩。虽然企业形象是软实力,但软实力是建立在硬实力基础之上的。企业的硬实力最重要的就是企业的业绩,企业业绩是企业形象的物质支撑。(2)企业的社会责任。虽然企业追求利润,追求业绩,但绝不能以利润和业绩作为唯一的追求目标。企业在追求业绩的过程中毕竟消耗了社会资源,因而要承担应有的社会责任。(3)企业文化,也就是企业持什么样的价值观,以什么为信念,以及企业的处事方式。企业文化是在一定的条件下,企业生产经营和管理活动中所创造的具有该企业特色的精神财富和物质形态。它包括文化观念、价值观念、企业精神、道德规范、行为准则、历史传统、企业制度、文化环境、企业产品等。企业文化是企业的灵魂,是推动企业发展的不竭动力。从经营者及其员工来看,影响企业形象的因素有:(1)企业经营者的言行。企业经营者的举止优雅,待人和气,处事果断,那么,这样的经营者就会为企业塑造好的形象。(2)经营者的企业家精神。这主要是指经营者是否具有诚实守信、遵纪守法等精神。(3)企业员工的素质,包括文化素质、道德品质、市场规则意识、法纪意识、行为素质等,这同样是为企业塑造良好形象的基本素质。因此,要塑造好企业的良好形象,就必须加强对企业家的相关教育。一是要加强企业经营者的社会责任感教育。无论是在国内还是在国外,企业的社会担当是不可缺少的企业责任。中国外交倡导构建责任共同体、利益共同体和命运共同体。企业家虽然在国外从事商务活动和生产经营活动,但绝不能因为是在国外,企业就不考虑社会责任。社会责任是广义的,不仅包括当地的环境保护,也包括就业、社会发展等,都要囊括在企业的总体发展之中。二是要加强企业经营者的市场规则教育。市场经济是竞争性经济,也是法治经济。在资本主义时代,市场经济是不择手段的竞争性经济。但在今天,全球性的市场经济更加需要一个良好的环境,因而世界各国都主张在法治的轨道下维护市场经济的正常运行。"一带一路"倡议本质上就是政策沟通、设施联通、贸易畅通、资金融通、民心相通,但其前提是企业家的法治意识和规则意识。三是要加强对企业经营者的诚信教育。商道酬信,诚信才是企业的最大财富,也是一个民族的最大财富。四是要加强对企业经营者遵守东道国法律和自觉维护社会秩序的教育。教育企业家们自觉遵守东道国的法律和维护东道国的社会秩序,促进社会可持续发展,也促进企业自身的可持续发展。

# 第五章 "一带一路"的价值与中国对全球治理的价值贡献

全球治理主体主要是主权国家,全球治理的制度实际上就是协调主权国家之间的相互关系。全球治理的制度是国际公共产品,但并不意味着此类国际公共产品完全是"公有"的,而是从一开始就出现大国将公共产品"私物化"的倾向。大国是怎样将公共产品"私物化"的呢?最关键的就是对全球治理的制度进行价值赋能,把自己的价值附加在这些制度上,使之成为成员国的"共有价值",进而使国际公共产品在"共有价值"之上、在相当大程度上却在为提供这种国际制度的大国国家利益服务。而一旦大国实现了这个目标,就意味着大国将自身的价值"植入"国际制度之中而转化为国际公共产品的价值,于是这种价值就成为该国的重要软实力。

## 一、全球治理是价值支配下的全球协调行为

全球治理不是自然的过程,而是人为主导下的全球性行为,而人始终是有价值取向的。所以全球治理是价值支配下的全球行为。马克思、恩格斯所揭示的资本主义时代的全球治理,更是在资本主导下的全球行为。资本开拓了世界市场,也开创了世界历史进程。而随着资本走向世界,资

本追逐利润的本性也促使资本要对资本主义市场体系进行必要的管理。这就是资本主义时代的全球治理。在这个过程中,资本始终是主导者。而资本家是资本的人格化,所以资本主导下的全球治理就必然是在资本的价值取向支撑下的全球行为。

资本的价值是什么呢?资本的本性是唯利是图,资本的价值也就是资本的利己主义。资本的利己主义价值取向决定了资本的目的"不是取得一次利润,而是谋取利润的无休止的运动"①。因此,在利己主义的驱使之下,资本不断地积累和集中,为资本主义生产方式全球化提供源源不断的动力。资本就是在满足利润的欲望过程中不断增殖、不断推动生产力的发展。为了这个目的,"资本的趋势是(1)不断扩大流通范围;(2)在一切地点把生产变成由资本推动的生产"。② 但是,贪得无厌地追求剩余价值的本性促使资本主义条件下的激烈竞争,更驱使着资产阶级不断突破本地的、民族的和地域的藩篱与局限,突破国家的界限,逐渐形成了资本主义的全球性经济。然而,追逐超额的利润导致资本之间的竞争日益恶化,资本主义体系的全球治理就是在这种价值基础上对资本追逐利润而展开的一种行动。实际上,资本的"原罪"就决定了资本主义条件下全球治理的价值是非道德的。马克思揭示了资本的"原罪",即:"资本来到世间,从头到脚,每个毛孔都滴着血和肮脏的东西。"③资本要实行全球治理,首先是把自己作为资本主义生产方式的核心纽带。在资本主义生产方式中,不是单个的资本家和单个的工人,而是两大直接对立的阶级:资本家阶级和工人阶级。表面上看,工人是自由的,即出卖给哪个资本家由工人自己决定,但资本家一旦雇用了工人即把自己的一部分资本转化为劳动力,资本家就增殖了自己的总资本。因此,资本主义再生产过程是这

---

① 《马克思恩格斯文集》第5卷,人民出版社2009年版,第179页。
② 《马克思恩格斯文集》第8卷,人民出版社2009年版,第89页。
③ 《资本论》第1卷,人民出版社2004年版,第871页。

样一个过程,"不仅生产商品,不仅生产剩余价值,而且还生产和再生产资本关系本身:一方面是资本家,另一方面是雇佣工人"。① 资本把资本家阶级和工人阶级紧紧地捆绑在一起,目的是使资本获得最大的增殖。资本的利己主义还表现为资本的殖民掠夺。通过圈地运动,西欧资产阶级把农民的土地全部掌控在自己的手中,使原来的自由农转变为雇佣工人,于是自由农被资本化了。但是,资产阶级的资本积累并不到此结束,而是为了资本迅速增大而对外进行殖民扩张。"殖民制度宣布,赚钱是人类最终的和惟一的目的。"②为了这一目的,西欧资产阶级开辟了一条殖民增值的血腥之路:残杀土著居民、在非洲与美洲之间贩卖黑人、在爪哇推行盗人制度等等。所以说,西欧殖民主义所展示的历史,"展示出一幅背信弃义、贿赂、残杀和卑鄙行为的绝妙图画"。③ 不过,资本的野蛮性并不否定资本的文明化趋势。马克思在《1857—1858 年经济学手稿》中明确指出:"在资本的简单概念中必然自在地包含着资本的文明化趋势等等,这种趋势并非像迄今为止的经济学著作中所说的那样,只表现为外部的结果。同样必须指出,在资本的简单概念中已经潜在地包含着以后才暴露出来的那些矛盾。"④资本简单的概念之所以自在地包含着资本的文明化趋势,是因为资本内在地要求自然(nature)变成文化(culture)的一部分。这里的"自然"既包括外部自然,即我们通常所说的"自然界",也包括人的自然(human nature),也就是我们通常所说的"人性"。⑤ 资本的文明化趋势就是指在资本的驱动下,人化的自然越来越替代纯粹的自然,而人的"历史地形成的需要"越来越代替"自然的需要"。⑥ 但是,

---

① 《资本论》第 1 卷,人民出版社 2004 年版,第 666—667 页。
② 《资本论》第 1 卷,人民出版社 2004 年版,第 864 页。
③ 《资本论》第 1 卷,人民出版社 2004 年版,第 861—862 页。
④ 《马克思恩格斯全集》第 30 卷,人民出版社 1995 年版,第 395 页。
⑤ 童世骏:《资本的"文明化趋势"及其内在限制》,《学术月刊》2006 年第 10 期。
⑥ 《马克思恩格斯全集》第 30 卷,人民出版社 1995 年版,第 286 页。

资本的文明化趋势并不意味着资本的利己主义价值取向。这是因为,资本的本性是驱使雇佣劳动在必要劳动时间以外用剩余劳动时间创造剩余价值,这种本性也决定了资本在全球范围内只追求"经济效益"不讲"社会道德"。因此,马克思指出:"资本不可遏止地追求的普遍性,在资本本身的性质上遇到了限制。这些限制在资本发展到一定阶段时,会使人们认识到资本本身就是这种趋势的最大限制,因而驱使人们利用资本本身来消灭资本。"①换言之,资本的利己主义价值观决定了资本主义的全球治理是十分脆弱的,也是不可持续的。

那么,当今的全球治理是否有一种支撑它的价值呢?这是毫无疑问的。蔡拓等认为,"全球治理体系规则与一定价值取向的社会公共观念、文化、价值观具有一致性,而后者往往是前者获得合法性的基础"②。也就是说,如果没有一定的价值作为支撑,那么全球治理体系的规则就丧失了它的合法性。我们可以从国际组织的建立和发展情况得到验证。联合国的价值在于维护世界和平,尽管在冷战结束以后联合国的权威性受到严重的挑战,但由于基于世界和平的价值而获得国际社会的认同和接受,因此,联合国至今仍然在国际事务中发挥着主导性作用,作为全球治理最重要的制度设计迄今为止是不可替代的。七国集团在全球治理中的作用为什么也会越来越式微呢?有一种观点认为,是因为七国集团缺乏合法性、代表性和透明度。那么,七国集团缺乏合法性的原因是什么呢?就在代表性和透明度的问题上。七国集团本身是要否定联合国的"一国一票"制度,从而建立大国主导下的国际经济秩序和全球经济治理制度。然而,当今世界几乎所有的问题都需要世界各国的参与,而不可能仅仅依赖于几个大国就能解决。比如,生态问题、气候变化问题、恐怖主义等,这些都是需要跨国治理的。因此,七国集团所倡导的大国主导原则是不符

---

① 《马克思恩格斯全集》第 30 卷,人民出版社 1995 年版,第 390—391 页。
② 蔡拓、吴娟:《试析全球治理的合法性》,《教学与研究》2005 年第 4 期。

合当今全球治理的现实的。既然是大国主导的,那么就存在着小范围的暗箱操作的空间。因此,七国集团机制的透明度受到外界的质疑。然而,归根到底在于七国集团缺乏价值支撑,或者说缺乏价值共识。正是由于没有价值共识、缺乏价值支撑,这不仅使七国集团内部难以协调,而且也使七国集团与南方国家集团的合作难以有大的突破。

相比之下,一些新兴的国际组织一开始就是在一种共识的价值支撑之下的,所以,发展进程中始终保持着强劲的势头。例如,上海合作组织的前身是"上海五国"机制,最初主要是为了解决军事互信和边界问题,但从一开始就倡导"相互信任、裁军与合作"的新安全观。在此基础上,中国与俄罗斯和中亚其他三个国家(哈、吉、塔)构筑了相互信任,并以"上海五国"为基础发展成为上海合作组织。就在2001年正式成立上海合作组织时,成员国都一致赞同"上海精神",即互信、互利、平等、协商,尊重多样文明,谋求共同发展,这是上海合作组织的价值支撑。正是在这种价值支撑之下,上海合作组织不仅在安全合作、经济合作上在中亚地区发挥着不可替代的作用,而且在中亚地区治理(地区治理是全球治理的重要层次)中也发挥着重要作用。因此,像金砖国家峰会、二十国集团等要在全球治理中发挥作用,也要构建其价值基础。否则,机制的发展动力和生命力就会受到制约。

关于全球治理机制的价值问题的研究,布坎南(Allen Buchanan)和基欧汉(Robert O.Keohane)进行了非常有益的探索。他们不仅认为全球治理机制是有价值的,而且还从规范的角度阐述了全球治理机制合法性的公共标准。他们认为,"全球治理机制之所以有价值,是因为它们创造了使成员国及其他行为体以互利的方式协调彼此行为的准则和信息。它们能减少交易成本,创造成员国及其他行为体展示可信度的机会,克服背叛承诺问题,同时提供包括原则性的、和平解决冲突方法在内的公共产品"。而关于全球治理机制合法性的公共标准,他们提出了三种独立性的合法性标准,包括国家同意、民主国家的一致同意以及全球性民主。他们还认为,在价值目标的保证之下,全球治理机制能提供并维护国家无法供给的收益,这会进一步增强全球治理机制的合法性。不仅全球治理(包括全球治理各个层次的治理机制)而且国内治理机制也是有价值支撑的。例如,俞可平从国内治理的角度探讨了"善治"的价值取向,并从合法性、法治、透明性、责任性、回应、有效性、参与、稳定、廉洁和公正十个方面揭示了"善治"的价值构成。这也是国内学者比较早地涉及治理的价值问题的研究。

价值的功能在于导向。如果没有价值的导向,那么任何治理都会丧失其目标。全球治理的目标是由其价值决定的。资本主义时代的价值内涵在于获得最大的利润,所以那个时代全球治理的价值就是一种利己主义的价值取向。那个时代虽然开始了全球化的进程,但全球化的广度和深度都是非常有限的,加上传播技术十分落后,基于技术的信息传播效应也非常弱,因此利己主义的价值取向能够在短期内使全球治理获得短暂的有效性,但显然治理是无法持续的。事实上,资本主义全球治理体系最终在无产阶级的革命洪流中土崩瓦解。当今的全球治理即便仍然是在资本的主导下,但今天资本的性质和内涵发生了根本性的变化,其价值也发生了巨大变化。价值发生变化以后,在这种价值支撑之下的全球治理机制无疑也将发生变化。

## 二、支撑全球治理的价值

全球治理是有价值支撑的,全球治理体系是以一定的价值共识为基础的体系。然而,民族—国家的价值多样性是一个不容怀疑的现实。任何一个民族、国家在国际社会中都有自己的特殊利益,而如何追逐这种特殊利益都是由其自身文化所包含的价值所决定的。因为只有价值才具有对行动方式导向性的作用。而民族—国家的价值取向并非总是与全球治理的价值取向是一致的,甚至在大多数情况下,二者的价值取向是不一致的。因此,尽管全球治理已经是当今世界的一种现实,但全球治理的价值远未形成。

正如前文所述,虽然学术界都承认全球治理是有价值支撑的,但究竟什么是全球治理的价值存在着相当大的分歧,甚至在这个问题上也陷入东西方意识形态的争论之中。罗西瑙(James Rosenau)是最早提出"全球治理"的学者之一,他虽然没有具体提出全球治理的价值究竟是什么,但他指出"要对治理的时间向度的重视程度不亚于空间向度,要把权威向亚国家、跨国、非政府的层次转移看作正常变化,而且要在治理的所有层次上突出边界的渗透性"①。这实际上就是对原有治理体系的变革与重组。② 通过权力的分散来重组全球治理体系,这在某种意义上就是主张建立一个分散化的全球治理体系。这无疑是在消解和稀释大国的主导权。而另一位从事全球治理研究的学者英国伦敦经济学院全球治理研究中心主任赫尔德(David Held)则秉承罗尔斯(John Rowls)的正义原则,并且把罗尔斯关于国内公平分配的原则运用于国际社会权力分配,从而提出了全球治理的正义价值。③ 另外,赫尔德还提出了与正义联系在一起的另一种价值民主。他认为:"民主赋予现代政治生活以合法性的曙光:法律、规则和政策只要是'民主的'便具备了正当性"。④ 民主的价值就意味着现实大国主导的全球治理结构必须要进行改革,使个人作为平等

---

① 俞可平:《全球化:全球治理》,社会科学文献出版社 2003 年版,第 56 页。

② [美]詹姆斯·罗西瑙:《没有政府的治理——世界政治的秩序与变革》,张胜军、刘小林等译,江西人民出版社 2001 年版。

③ 李刚:《论戴维·赫尔德的全球治理思想》,《东北大学学报》(社会科学版)2008 年第 3 期。

④ [英]戴维·赫尔德:《民主与全球秩序》,胡伟译,上海人民出版社 2003 年版,第 3 页。

的行为体有机会参与到全球治理的进程之中。由此可见,尽管赫尔德认为全球治理的价值主要是全球正义,但赫尔德主张通过改革来建立一个民主的全球治理体系,在价值上与罗西瑙的变革与重组的主张是相似的。当然,赫尔德所倡导的全球治理的民主可能与托尼·麦克格鲁(Tony Mcgrew)所倡导的全球治理的民主价值更为接近。麦克格鲁认为,全球不平等的分配影响和制造了新的政治分歧和分裂,国家间与国家内部不断加深的不平等削弱了真正民主的发展基础,而大国和全球性国际组织权威的扩展,不仅模糊了权力的定位,而且也分散了政治责任。在这种情形下,领土民主(territorial democracy)出现了空心化。当然,领土民主的空心化也激发了新的民主活力,特别是跨国公民社会即公民与私人利益集团超越国界而合作,成为一种新现象,并成为新的全球治理结构中的重要元素。① 麦克格鲁还认为,限制了人们更高水平的全球社会正义和人类安全,就是"扭曲的全球治理"。因此,人权和民主就是作为支撑全球治理的价值大厦的核心价值。此外,还有学者认为人权也是全球治理的重要价值。这是因为,所谓的全球治理"指的是通过有约束力的国际规制解决全球性的冲突、生态、人权、移民、毒品、走私、传染病等问题,以维持正常的国际政治解决秩序"②。罗西瑙在这方面的视野更加广阔,他不仅看到了全球性问题导致了人权问题和环境问题,"艾滋病的挑战,一些社会的碎片化和另一些社会的一体化,毒品交易,国际犯罪集团,金融危机以及臭氧层空洞等只不过是构成人们今天生存条件中心特征的一些更加明显的事例而已";而且,罗西瑙还认为,"全球电视网络的继续扩展和许多其他远未结束的微电子技术革命极大地便利了人们对这些必须掌握的新变化的了解"③。这为个人参与全球治理和实现更大的人权利益提

---

① 俞可平:《全球化:全球治理》,社会科学文献出版社2003年版,第148—149页。
② 俞可平:《全球化:全球治理》,社会科学文献出版社2003年版,第13页。
③ 俞可平:《全球化:全球治理》,社会科学文献出版社2003年版,第59页。

供了可能。从这些情况来看,尽管全球治理主要是应对全球性问题的,但几乎所有的全球性问题都关系到人权问题特别是人的发展问题。所以,全球治理的价值无疑包含了人权。

如果忽略不同学者观点的细微差别,那么我们综合起来可以这样认为,支撑全球治理的价值,简而言之,就是人权、民主、正义。但是,实际的情况与理论上的判断是存在着巨大差距的。这是因为,尽管全球治理把人权、民主、正义作为追求的普遍价值,但不同国家对这些概念的理解是不一样的,价值的标准也大相径庭。从人权来看,西方的人权观更加强调个体权利,但过分注重个体权利往往会导致个体之间的紧张和冲突。关于这一点,马克思、恩格斯的著作早就有详细的论述。随着资产阶级对世界历史进程的开辟,与此同时,以资本为手段和工具的资本主义时代的全球治理也被提上了日程,但由于资本的本性是追求最大的剩余价值,资本的全球治理建立的是一种畸形、非道德的全球秩序,它带来的全球性的危机,不仅有周期性的资本主义经济危机,而且由于资本的掠夺还会产生危及人类生存和阻碍人的全面发展的环境危机、生态危机、资源性危机等。[①] 与此不同,中国和众多发展中国家的人权观更加强调作为整体的人的发展权、生存权。从这里可以看出,一种是个人主义的价值观,一种是整体主义的价值观,二者的分歧与矛盾,即便是在全球治理的进程中也难以消弭。关于民主的价值,西方大国尤其是美国在国内和国际层面的表现是完全不一样的。在国内,它们主张所谓的选举民主、竞争政治,但在国际层面、全球层面,西方大国由于掌握了更多的国际权力因而特别强调大国主导,结果全球治理中的民主反而成为其推行自己价值观和政治发展模式(即所谓"民主化改造")的一种最适宜的理由。这实际上是其内部价值的对外推广。相反,中国等发展中国家由于是国际体系和全球

---

① 胡键:《马克思世界历史理论视野下的全球治理》,《世界经济与政治》2012 年第11 期。

治理的参与者,在国际社会中所拥有的国际权力非常有限,因而更加强调"国际关系民主化"。一种是"内部价值外溢式"的民主,一种是国际权力的公平分配方式的民主。这完全是两种不同指向的民主,因而在全球治理的层面上难以趋同。关于正义,西方的正义观是基于个体权利之上的,或者说其正义观是以其人权观为基础的。个体权利是西方正义观的根本诉求。因此,当个体权利受到威胁时或者说国际社会中出现人道主义危机时,国际人道主义的干预也会被视为全球治理正义价值的内容。这就是西方长期以来一直所宣扬的"人权高于主权"。中国的正义观更强调公正,在中国文化中,"判断是否公正,往往是以'理'作为衡量的标准,而'理的核心就是秩序'"①。从实际的国际行为来看,中国总是充当着强权政治的反对者。因为强权政治总是力图用自己的强权来打破某种秩序包括颠覆某个政权等。由此可见,两种不同的正义价值取向也很难形成共识。

国内学者对支撑全球治理的价值问题也进行了相关的研究。全球治理体系的规则本身就是民主、正义、平等等普遍认同的价值观的一种再现。尽管在当今的全球治理体系中这也不是一种事实存在,但全球治理体系的规则客观上要求全球治理的过程要体现民主、正义与平等。它为全球治理提供了一种价值目标,这也正是人类社会所追求的理想秩序。但是,国内学者在这个问题上同样是存在分歧的。一种观点是反对所谓"全球共同价值观"。吴兴唐认为,"自由、民主、人权固然是人类文明的共同财富,但社会制度、发展水平不同的国家和民族,价值标准各不相同。从'全球治理'主张者对人权、民主、自由的论述来看,则完全是西方标准。这就是说,'全球治理'的论述者要把西方式的民主、自由和人权价值观作为'全球共同价值观'"。② 这种观点政策性比较强,也比较主流。

---

① 朱贻庭:《与孔子对话:儒家的公正与民生思想》,上海辞书出版社 2012 年版,第 9 页。

② 吴兴唐:《"全球治理"的置疑性解读》,《当代世界》2007 年第 12 期。

另一种观点则认为中国不仅不应该排斥这种共同价值观,还应该参与其中,为己所用;想要在全球治理过程中消解中西方价值冲突,就要确立全球治理过程中的全球共同价值观,中国要参与其中使"我国的主流价值观成为全球共同价值观的重要来源……我国在参与全球治理过程中,尊重全球共同的价值观,由此我国日益减少与其他国家及非政府组织的价值冲突"。"中国目前已经到了从根本上调整总体经济社会发展战略的关键时期,绝不能做与全球公益背道而驰的消极力量。"[1]

从上面的分析我们可以看出,在全球治理价值问题上,从表面上来看,人权、民主、正义是全球治理的价值共识是没有异议的,但人权、民主、正义的内涵无论是在国内还是在全球治理的框架里,都存在着巨大的认知差距。这些认知差距至少在可预见的将来是难以弥合的。因而,有学者指出:"从全球治理的价值基础所显现的实际状态来看,全球治理价值远远还没有建立起与之相适应的价值共识。"[2]没有价值共识,当前所说的全球治理也就只是一个空壳而已,在一定价值支撑下的全球治理体系可能尚未形成。在这种情形下,中国加入全球治理这个空壳就没有任何意义。因此,"如何在各民族—国家自有渊源的文化价值基础上达成全球治理的价值共识,也就相应地成为支持或瓦解全球治理的关键问题"[3]。

## 三、构建全球治理的价值共识

既然全球治理是有价值共识的,那么如何来构建价值共识呢? 有学者指出,若是私人事务的价值争端,没有必要判定是非,达成共识;公共事

---

[1] 刘小林:《全球治理理论的价值观研究》,《世界经济与政治论坛》2007 年第 3 期。

[2] 任剑涛:《在一致与歧见之间——全球治理的价值共识问题》,《厦门大学学报》(哲学社会科学版)2004 年第 4 期。

[3] 任剑涛:《在一致与歧见之间——全球治理的价值共识问题》,《厦门大学学报》(哲学社会科学版)2004 年第 4 期。

务则相反,因其事关众人利益,只能用政治化的方式化解。可先用公开化理性讨论与民主抉择相结合的方法,确立有关社会终极价值的共识,此后也就基本上可以逻辑地推出关于各种具体公共事务的价值共识。① 当然这是从一国内部公共事务来讲的。全球治理层面是否能够仅仅通过公开化的理性讨论达成价值共识呢?

在国际层面展开公开化的讨论,其必然结果将会是全球层面的价值论战,甚至直接表现为意识形态的论战。在这个问题上,是有先例或者是有教训的。冷战结束时正值全球治理兴起之时,但亨廷顿(Samuel P. Huntington)在冷战结束后提出了"文明冲突论",指出意识形态的冲突被文明的冲突所取代,而且具体是儒家文明、伊斯兰文明与基督教文明之间的冲突。意识形态的冷战结束给全球治理提供了一个价值共识的基础,但亨廷顿却又用文明的冲突来消解全球价值共识的基础。实际上他这种观点就是用国际层面的公开讨论来引发全球价值争论,也就是新的意识形态争论。这是因为,这看似科学的理论的确是存在着严重的缺陷和明显的漏洞的。诚然,文明之间的确存在着冲突,但并非如亨廷顿所说的那样是儒家文明、伊斯兰文明与基督教文明之间的冲突。

第一,文明的冲突是存在的,但把这种冲突固定在某两种文明之间,实际上是把意识形态的分解作为文明分解的标准。这显然是用一种冷战思维来看待文化,甚至本身就是在挑起文明之间的冷战。无论是基督教文明,还是伊斯兰文明、儒家文明等,它们发展到今天,都很难说是纯粹的单质文明,都已经吸纳和被嵌入了其他文明的要素。单质文明不可能有这样强大的生命力。正是各种文明的交融和相互渗透、相互嵌入,文明才发展到今天的。美国的强大,正是因为美国不只是民族的"熔炉",也是文明的"熔炉"。伊斯兰文明、儒家文明发展到今天,与它们诞生之初相比,内

---

① 韩东屏:《如何达成价值共识》,《河北学刊》2010 年第 1 期。

涵已经有相当大的不同。究其原因就在于,这些文明都在相互交融,都在不断地吸收其他文明的某些要素。虽然我们还称某种文明是该文明,是因为它的主体因素仍然是它本身。但是,其构成要素已经大相径庭。因此,说儒家文明、伊斯兰文明与基督教文明之间的冲突,显然是有问题的。

第二,亨廷顿的理论实际上就是用意识形态的界线作为文明的界线,其必然会导致这样一个结果:某种文明就被想当然地视为一种敌对文明。而事实上,文明没有敌友之分,如果把某种文明视为敌对文明,就有可能把这种文明之中的民族视为敌对的民族。任何文明、任何民族实际上都爱好和平,并没有一种文明、一个民族天然就是主张恐怖暴力的。世界三大宗教的教义都主张和平、友善。只是教义中的某些内容被一些极端分子进行了重新阐释,并使之成为自己发动恐怖暴力或"圣战"的意识形态。

第三,世俗政权的意识形态是执政党的意识形态,这种意识形态是不能在不同政党和不同国家之间进行分享的。但是,文明是可以在人类社会各个民族、各个政党之间进行分享的。执政党的意识形态是为既定的政党和国家利益服务的,因此,这种意识形态只能是作为执政党并以执政党的名义上升为国家的意识形态,但它绝不能成为所有民族、所有国家的意识形态。但是,任何一种文明以及由它形成的文明成果,可以分享到任何国家、任何民族。因此,用意识形态的方式来划定文明的界限是不科学的。

第四,文明的冲突并非同时代、同水平文明的冲突。也就是说,不是文明的横向冲突,而是发生在文明的纵向冲突更为普遍。横向冲突就是不同文明的冲突,纵向冲突则是文明处于不同发展水平而发生的冲突。这种冲突既有处于不同发展水平的异质文明之间的冲突,也有处于不同发展水平的同质文明之间的冲突,但绝不是异质文明之间意识形态化的冲突,这种情形即便有,那也是人为因素所致。处于不同发展水平的异质文明之间的冲突有时候表现为异质文明之间的价值冲突,也就是亨廷顿所说的"文明冲突",但这只是文明冲突非常小的一部分,不过,亨廷顿却把它放大了,甚至作为文明冲突的全部。处于不同发展水平的同质文明之间的冲突,则是文明冲突的主要形式。比如说,同样是伊斯兰文明,但不同的国家、不同的民族现代化水平不一样,会表现为对同一文明的价值有不同的阐释,从而产生同一文明之中的民族国家之间的冲突。又如,同样是基督教文明,俄罗斯的东正教文明与欧洲的天主教文明之间的冲突,也属于同质文明之间的冲突。

第五,同一文明之下存在着各种亚文明,在亚文明环境下会产生各种非正式政治力量。这些非正式政治力量由于没有跟上整体文明发展的进程,表现为其目标诉求发生畸形并对整个文明体产生对抗性的情绪,甚至直接表现为暴力行动。这种冲突也是文明的冲突,但不算是异质文明之间的冲突,而是同质文明内部的冲突。

必须要指出的是,亨廷顿的"文明冲突论"客观上破坏了冷战后可能形成的价值共识的基础。当然,没有"文明冲突论",全球治理的价值共识同样也很难形成。不过,这并不意味着全球治理的价值共识不能形成。人类社会存在的状态客观上为全球治理的价值共识提供了可能。人类社会也即当今的全球社会处于一种"共生"的状态,共生不只是自然界的常态,也是人类社会、全球社会的一种常态,是"不以人的主观意志为转移的""国际社会的基本存在方式",因为"'共生'不仅是国际社会的客观存在,而且是国际社会发展的基本途径"①。国际社会的共生现实为全球治理提供了一种共生伦理。从自然界来看,共生是指两种不同生物之间所形成的紧密互利关系。在共生关系中,一方为另一方提供有利于生存的帮助,同时也获得对方的帮助。简而言之,共生就是相互成为利益攸关方。不仅是在自然界,而且人类社会也普遍存在着共生现象。当今世界既不同于中世纪到近代历史的社会体系,也不同于冷战时代的国际体系,

---

① 金应忠:《国际社会的共生论——和平发展时代的国际关系理论》,《社会科学》2011 年第 10 期。

冷战结束以后,世界格局发生了重大变化。这些变化从时间发生的先后来看大致包括:第一,世界从两大阵营的冷战分裂转变为冷战后的大国合作。即便大国之间有一定程度的对抗,但都在理性和可控的范围内,在双方或多方的协调下,大国之间很快又走上合作的轨道。因此,冷战结束以后,大国已经进入一个合作的长周期。第二,世界从冷战初期形式上的合作发展到利益上的相互依存。在冷战结束初期,大国之间的合作基本上还是在形式上,缺少实质性的内容。主要是因为相互间的隔阂并没有立刻消除,而且双方主要的成员继续在欧亚大陆上保持着地缘博弈的态势,因此,双方有合作但更多的仍然是竞争。然而,随着全球市场体系的不断发展和主权国家市场的不断开放,各主权国家的利益通过市场的方式越来越捆绑在一起。特别是大国之间的利益交织、叠加和一致,因此,利益上的相互依存度就越来越高,各国在利益上的相互嵌入程度也越来越深。① 第三,世界从利益依存到命运攸关。随着传统安全问题的逐渐退潮,非传统安全问题越来越成为各国利益的最大危害。例如,环境保护、气候、技术异化(黑客)、恐怖主义、重大灾难(如地震、海啸、核危机、生化

① 中国提出的"一带一路"战略构想,就是用经济的手段来重塑欧亚地区秩序,目标就是通过区域经济合作来共同促进欧亚大陆各国的繁荣和发展。其主要方式大致有:一是利益嵌入式,也就是以一国为主导把自己的利益通过经济合作嵌入有关各国的利益之中,从而形成利益共同体和责任共同体。二是市场对接式,即把一国的国内市场通过经济合作特别是贸易和投资与其他国家的市场对接在一起,同时也包括使一国的市场机制与其他国家的市场机制在具体的合作中相互接纳,从而形成一体化性质的统一市场,最后各国则会为维护这个市场的正常运作而形成一种责任共同体和命运共同体。上述两种方式在"一带一路"战略设想中并不是相对割裂的,而是同一个手段之下相互补充且同时发挥作用的方式。一方面,中国提出"一带一路"的战略设想,就是把中国的经济发展利益嵌入沿线所有国家的经济发展利益之中,与这些国家构筑一个欧亚大陆内部的利益共同体和命运共同体;另一方面,中国推进"一带一路"并非要改变沿线国家的市场体制和机制,而是通过最主要的基础设施建设,把欧亚大陆打造成为首先是基础设施的互联互通,最终实现市场体制机制的互联互通,构筑起一个欧亚大陆的统一大市场。这样,中国就与沿线国家形成了一个责任共同体和命运共同体。参见胡键:《"一带一路"战略构想与欧亚大陆秩序的重塑》,《当代世界与社会主义》2015年第4期。

危机、流行性疾病)的应对等问题。而这些问题最大的特点是跨国性、不可预测性。如果在某个国家发生,不及时治理就会很快遍及其他国家乃至更大的范围。在这种情形之下,相互依存的利益各方就成为命运攸关方。全球问题要求全球进行跨国治理、合作治理和综合治理。上述三大变化体现了全球共生的伦理。

既然如此,构建全球治理的价值就需要树立全球共同体意识。从全球来看,这种全球共同体意识至少应该包括:第一,摒弃狭隘的国家利益观。毫无疑问,对于主权国家而言,国家利益始终要放在首位。但在当今世界,国家利益越来越成为构建全球治理机制的最大束缚。因为,狭隘的国家利益纵容民族主义情绪,而民族主义情绪一旦发展为极端民族主义,那么它就促使国家背离人类共同体的共同利益。结果,利益攸关方的利益格局将整体性地受到危害。贸易保护主义问题、领土争端问题、资源争夺问题等,都是狭隘的国家利益观在作祟。因此,要处理好国家利益与人类共同利益的辩证关系。第二,摒弃狭隘的国家安全观。从历史上来看,传统的国家安全观都是以牺牲他国的安全来追求本国安全的。这是受传统的国家利益观影响的必然结果。传统的政治学是权力政治学,权力政治学就是追求绝对的安全。然而,在非传统安全威胁之下,根本就难以追求狭隘的国家安全。只有合作追求共同的安全,才能实现自己的安全。也就是说,在当今世界格局之中,尤其是在非传统安全领域中,安全则是一种可以共享的公共品。第三,摒弃文化、宗教、民族的原教旨主义倾向。文化的原教旨主义表现为对自己文化有一种强烈的自负感,认为只有自己的文化才是拯救世界的唯一文化。历史上的西方流行的欧洲文化中心主义就是一种文化原教旨主义。亨廷顿提出的"文明冲突论"实际上也是继马克斯·韦伯在20世纪初所倡导的西方文化中心论而在20世纪末所流行的另一种文化原教旨主义。宗教原教旨主义虽然在国家的层面上不会存在,但宗教团体在当今世界中已经成为一种非常重要的行为体,宗教团体的主张有时在相当大的程度上影响国家决策,从而导致某种倾向的宗教原教旨主义国家政策。民族原教旨主义则是指各种极端民族主义情绪,这种情绪会假借爱国主义的旗号在国际社会排斥和打击异族。众所周知,任何民族、任何文化都有其可取之处,各民族应该在吸收其他民族优秀文化的基础上来谋求自身的发展。因此,要摒弃文化、宗教、民族原教旨主义倾向。第四,要摒弃强权政治和霸权主义。强权政治和霸权主义就是以大欺小、以强欺弱,随意践踏国际法等行为。但是,弱肉强食不是人类共存之道。因此,人类命运共同体意识就是要在国际社会关系中弘扬平等互信、包容互鉴、合作共赢的精神,共同维护国际社会公平正义。

## 四、从"共生"到"一带一路"的共同价值

既然国际社会是"共生"的,那么国际社会就必然要进行共治;既然要共治也就是要实行全球治理,那么就能够建立一种全球治理的价值共识。全球治理的价值共识应该以和平、开放、合作、共赢为价值基础。和平是共生的前提性基础。共生是一种互利关系,这种互利关系建立的前提必然是和平而不是战争。战争与冲突是你死我活,不可能建立共生关系。世界的和平发展绝非由几个国家来决定的,必须靠国际社会一起来维护。同样,所谓树立人类命运共同体意识也是要求所有国际行为体都有这种意识,而不是单靠某个或几个国家就能够树立起人类命运共同体意识。简而言之,中国走和平发展道路,其他国家也应该走和平发展道路。开放是共生系统的生命之源。世界的共生系统不是某两个行为体之间的共生,而是整个世界的共生系统。即便是某两个行为体建立的系统,那么整个世界将会有众多的共生系统。这些不同的共生系统又会在不同层面上建立新的更大的共生系统,从而构成整个世界的共生现象。如果

仅仅是两者之间的共生系统,则是一个封闭的共生系统;那么,不同共生系统之间就会因封闭而产生不信任(没有实现能量交换),因不信任而产生对立和冲突。因此,共生系统一定是一个开放的系统。合作是共生的条件。共生就是共生的各方相互以其他方的生存为条件和前提。鉴于此,相互之间的合作就显得尤为重要。如果一方选择不合作即拒绝为另一方提供生存条件时,那么另一方也同样不会为前者提供生存条件,结果将因不合作导致利益冲突。而冲突的结果,要么是以一方的失败告终,要么是两败俱伤,让旁观者获益。因此,在共生系统中,只有合作才能实现双方的共同生存。共赢就是在共生系统中相互从对方获得(营养)利益。假若只有一方获益的利益格局,那么这就不是共生系统,而是寄生系统。在寄生系统中,只有一方获益,甚至获益的一方是靠攫取另一方而生存的,也就是以牺牲另一方的利益为其生存的前提。当牺牲利益的一方的膏脂被掏尽时,获益的一方最终也会因营养枯竭而死。因此,一方所得就是另一方所失的利益格局是难以维系的。只有在共赢的利益格局中才能实现持久的和平。

"一带一路"强调"共商共建共享",体现了国际关系的普遍性价值和原则。"一带一路"既然是经济发展的战略合作倡议,那么就应该构建一种沿线国家关于在"一带一路"框架内长期有效合作的共同价值。这实际上是国际跨国战略合作和国际组织的一条基本经验。在这里,笔者将以两个案例为证,一个是欧盟,一个是上合组织。

欧洲一体化的重要成果就是建立欧洲联盟,而欧洲联盟能够建立起来并非只是为一体化而一体化,而是基于共同价值而建立起来的一体化组织。关于欧盟的共同价值的研究,国内学者关注很少,更多的是关注欧洲一体化的发展进程及其对世界的影响,尤其是关注欧盟作为一种全新的"规范性力量"能否成为地区治理乃至全球治理的一种新模式。① 有的甚至担心欧盟这种"规范性力量"会运用其规则、价值观及观念来规范世界政治和经济,从而演变为对世界的一种"规范性强权"。② 不过,也有学者对欧盟的共同价值进行了认真研究,认为欧洲一体化是建立在"和平"与"安全"两大基本价值之上的。③ 如果回顾欧洲一体化的进程,那么我们不难发现欧盟内部所蕴含的共同价值。欧洲之所以走上一体化,就是因为欧洲长期以来受到战乱的折磨,以至于欧洲的思想家们长期以来就在思考如何避免欧洲陷于战乱的问题。早在 1625 年格劳秀斯(Hugo Grotius)在《战争与和平法》中就提出,国家之间的矛盾避免诉诸武力解决的可能性问题。进入 18 世纪以后的欧洲,已经是被战争折腾得千疮百孔了,在这种情形下,一些思想家如圣-皮埃尔提出了"永久和平方案",第一次将"永久和平"视为一种崇高的理念甚至提升到价值的层面。1795 年,康德在《永久和平论》一书中进一步提出了建立世界联邦以实现永久和平的设想。所不同的是,不同的思想家对欧洲一体化的设计是不同的。早期的思想家们既有邦联主义的设计方案,也有联邦主义的理想。而冷战结束以后,一些思想家如哈贝马斯(Jürgen Habermas)则是把欧洲一体化置于超越民族国家即"后民族结构"的语境下来设计的。他认为,"后民族结构"意味着必须用超越民族公共领域的交往关系来建立欧洲的一体化。一体化本来就是民族国家发展进程中的历史成就,但在一体化的过程中,民族国家正在失去力量,特别是在国家的调节功能、国家的古典组织功能等方面,国家已经失去了它的"优先性",而代之而来的则

---

① 洪邮生:《"规范性力量欧洲"与欧盟对华外交》,《世界经济与政治》2010 年第 1 期;张茗:《"规范性力量欧洲":理论、现实或"欧托邦"?》,《欧洲研究》2008 年第 5 期。

② 崔宏伟:《"规范性强权"欧盟与中欧关系的和谐发展》,《社会科学》2007 年第 11 期。

③ 杨逢珉:《和平与安全:欧盟对外政策的基本价值理念》,《欧洲研究》2008 年第 3 期。

是"超越民族国家的治理"。① 但实际上,从圣-皮埃尔的邦联主义理论到康德的"永久和平论",从库登霍夫-卡勒吉(Kudenhoff-Kareski)的"泛欧运动"到白里安(Aristide Briand)的"欧洲联盟计划",等等,几乎所有关于欧洲一体化的理论和实践都是为了在欧洲避免战争,建立一个在合作基础上的永久和平的欧洲。② 因此,"和平"与"合作"才是构筑欧洲一体化共同价值的两大精神支柱。"和平"与"合作"的共同价值包含着两种不同的价值取向,即"更加统一,更加多样化"(more unity and more diversity)。"更加统一"反映的是欧洲一体化的政治开放性,这体现的是"合作"的价值;而"更加多样化"彰显的是欧洲一体化的文化包容性,体现的是"和平"的价值。因此,文化的包容性和政治的开放性就构成了欧洲一体化即欧盟的共同价值理念的基本内容。尽管欧洲一体化遭遇英国的脱离欧盟等诸多困境,但欧盟依然还在正常运行。

再来看上合组织,这是一个全新的地区多边机构。前身是"上海五国"会晤机制,主要是为了解决苏联解体后中国与俄罗斯、哈萨克斯坦、吉尔吉斯斯坦、塔吉克斯坦之间的边界问题和军事互信问题。经过五年的发展,"上海五国"基本上完成了其历史使命,但由于冷战结束,传统安全在20世纪90年代的地位逐渐下降,随之而起的是恐怖主义、分裂主义、极端主义在中亚地区呈现出合流的趋势,并直接威胁到相关国家和整个中亚地区的安全与稳定。面对这种复杂的新情况,"上海五国"于2001年在上海正式升格为一个地区多边组织即上合组织。除了上述五个国家外,乌兹别克斯坦也成为创始国。最初,上合组织并没有一个共同价值,但在实践中逐渐形成了以"和平、合作、平等、协商,尊重多样文明,谋求

① [德]尤尔根·哈贝马斯:《后民族结构》,曹卫东译,上海人民出版社2002年版,第84页。
② 胡键:《欧洲的"后现代性"及其对中国国际角色的认知》,《毛泽东邓小平理论研究》2009年第6期。

共同发展"为内容的"上海精神",这也就是上合组织的共同价值。正因为在这种共同价值的支撑之下,上合组织才获得了强劲的发展动力。① 因此,20多年来,上合组织的发展引起了世界的关注。未来的上合组织,不仅能够为地区各国树立起牢固的安全屏障,架起经济、文化交往的桥梁,而且能够开辟一条区域合作的新路径,促进成员国的包容发展、绿色发展、创新发展和可持续发展。②

欧盟和上合组织的发展历史对"一带一路"倡议的实践发展有重要的启示。第一,建立在共同价值基础上的合作才是具有持久性的合作。前文述及,欧盟虽然目前遭遇一些困境,但几个世纪以来的思想家们的艰辛探索为当今欧盟的深入持久的合作构建了一套共同价值。因此,欧盟绝对不会因英国的"出走"而解体。上合组织的发展不仅因为其新功能(最初合作的两大轮子:非传统安全合作和经济合作)、新机制(平等、开放、不针对第三方)、新理念(即"上海精神"),而且因为在"上海精神"的共同价值支撑下内部合作机制不断完善,合作的功能不断外溢(从非传统安全合作、经济合作到其他各个领域的深度且有效的合作)。第二,价值的功能在于导向。如果没有价值的导向,那么任何治理就会丧失其目标。③ "一带一路"倡议虽然从主观目的上来看不是为了构建一种地区治理的方案或模式,但它通过促进沿线国家尤其是欧亚大陆各国的经济发展而在客观上发挥了用经济发展的方式塑造欧亚大陆秩序的作用。④ 既然如此,"一带一路"就需要一种共同价值作为导向,以避免盲目塑造相应的地区秩序。第三,沿线国家不仅社会制度不同,而且宗教、文化、民主结构等差异非常大,同时不同的国家所追求的目标不一样,所持的价值理

① 胡键:《论上海合作组织的发展动力》,《社会科学》2005年第6期。
② 孙壮志:《新时代上合组织的新作为》,《人民论坛》2018年第10期。
③ 胡键:《全球治理的价值问题研究》,《社会科学》2016年第10期。
④ 胡键:《"一带一路"战略构想与欧亚大陆秩序的重构》,《当代世界与社会主义》2015年第4期。

念也是大相径庭。如果没有基本的共同价值,那么就很难进行有效的合作。而共同价值就相当于从不同文化、宗教、民族、社会制度等提取出来的最大公约数,是共同认同的价值,这样的价值才能够推进"一带一路"倡议在实践中深度、有效发展。

共同价值无疑是以多样性、多元性、复杂性为前提的,单一性、一元性和简单性就无所谓"共同价值",而是"自有"价值。既然是"共同价值",那么就意味着在共同价值之外还有不同的价值。因此,在寻找"一带一路"共同价值的时候,必须承认沿线国家各民族价值存在的差异性。这也就给寻找"一带一路"共同价值增加了困难。但是,既然是跨国、跨地区的合作,要使这种跨国、跨地区的合作具有长期的实际成效,必须要寻找到一种沿线各国所接受的共同价值。当然,"一带一路"的共同价值不是重新构建,而是在各国既有的文化中去寻找、抽取和提炼。那么,如何去寻找、抽取和提炼"一带一路"的共同价值呢?

第一,一个前提是要明白"一带一路"倡议的内容和目标究竟是什么。从最初提出的设想来看,"一带一路"并没有承载如此多的功能,最主要还是通过基础设施的互联互通来提高中国的对外开放水平和完善中国对外开放格局。众所周知,中国过去的对外开放开始主要是在东南沿海地区的开放,也就是从四个经济特区、十四个沿海开放城市到沿海经济开发开放区的对外开放格局。而中西部的开放程度还是十分有限的。但是,即便是这样并不完善的开放格局,也使中国真正融入了国际体系,也是这种开放格局使中国在既有的全球化体系中实现崛起。不过另一方面,这种开放格局也导致中国经济发展出现了非常严重的地区二元现象,即东岸沿海地区发展迅速,而中西部地区发展缓慢。这种情形已经越来越明显地成为实现中国现代化发展战略的最大障碍。因此,中国需要一个全方位的对外开放格局,以促进社会经济和现代化的协调发展。中国既然是在融入国际体系而实现崛起的,那就意味着中国的发展的确得到了世界各国人民的支持。同样,发展起来的中国必须要为世界的发展作出更大的贡献,也就是反哺世界。因此,"一带一路"既是促进中国内部平衡发展的经济计划,也是把中国发展的势头延伸到世界各国首先是中国周边国家的经济发展设想。它从而发挥了"一举两得"的功能。不过,要充分发挥这种功能,需要沿线国家的友好合作,这绝对不能单独靠中国一国完成这种跨国、跨地区的合作使命。

第二,一个重要的现实是,要明白"一带一路"穿越了复杂多样的文明形态,沿线各国的民族、宗教也十分复杂,因为各族民众所持的价值也各异。从地缘经济来看,"一带一路"的核心区域在中国周边肯定是中亚—南亚地区和东南亚地区(东盟国家)。这里以中亚—南亚地区为例。需要强调的是,这里笔者把中亚与南亚视为一个地缘结构内的不同部分,原因在于:其一,历史上,中亚、南亚实际上是一个整体,统治印度300多年之久的莫卧儿王朝,是突厥化的蒙古人帖木儿的后裔巴卑尔在印度建立的,但王朝的政治中心长期在阿富汗的喀布尔。喀布尔从地缘上来说就是连接中亚与南亚的枢纽,喀布尔的形势从某种角度来看就是中亚、南亚形势的风向标,在地区稳定与反恐问题上尤其如此。[①] 其二,中亚与南亚在地缘上的分割时间并不太长,也就是苏联存在的70多年,苏联解体后,中亚各国成为独立的主权国家,而为了寻找出海口和从经济上融入国际体系,中亚各国在外交上实行多向化的平衡外交,其中一个方向无疑要选择南亚,因为这里对中亚国家来说,既涉及安全问题,也是它们能源的主要消费国。其三,南亚的两个大国印度、巴基斯坦已经正式加入上合组织,而该组织曾经主要是为了维护中亚地区稳定和促进中亚各国经济发展。当然,印度、巴基斯坦在没有成为上合组织成员国之前就已经是该组

---

① 林太:《印度通史》,上海社会科学院出版社2012年版,第四、十章。

织的观察员国。就历史渊源而言,它们与中亚各国的联系非常紧密。再看中亚—南亚地区的宗教、文化及民族构成,这里是民主、宗教、文化最为复杂的地区,由于历史上被不同的外来势力征服,征服者不仅带来了屠杀,同样也带来了文化。因此,中亚—南亚地区最初都是以本土文化为主,在此基础上诞生了本土化的宗教,如印度教、佛教、萨满教、祆教、道教、摩尼教、景教等。这一格局一直维持到伊斯兰教传入,历时千年之久。后来,佛教从印度向西北方向发展,逐渐成为中亚—南亚地区的主导性宗教,到公元4、5世纪时,佛教已成为中亚地区和中国新疆的主要宗教,并且与其他宗教一起在中亚地区呈现出多元并存的"教缘"格局。这种情形大致延续了300年,随着7世纪阿拉伯帝国的兴起,伊斯兰教随着阿拉伯帝国的领土扩张而通过宗教战争迅速征服中亚地区。大约在16世纪初,伊斯兰教在东察合台汗国的强制推行下,最终取代佛教成为新疆的主要宗教。也就是说,伊斯兰教经过几个世纪的宗教战争而彻底征服了中亚和中国新疆地区。① 不仅宗教复杂,民族构成也非常复杂。中亚地区民族、种族构成十分复杂。"中亚五国"都是多民族国家。民族数量最多的是哈萨克斯坦,境内有131个民族,民族数量最少的塔吉克斯坦也有80多个。② 实际上,由于历史原因,南亚的阿富汗、巴基斯坦、印度的民族构成也是非常复杂的。民族构成的复杂性给中亚—南亚地区的稳定带来了巨大的挑战。宗教、民族的复杂性反映的是文化的复杂性。从历史来看,中亚—南亚地区是突厥文化、佛教文化、波斯文化、伊斯兰文化、斯拉夫文化、道教文化、西方基督教文化等,既有长期并存的情况,也有不同文化此消彼长的格局。这就是亨廷顿所说的"文明断层线地带",如果"文明断层线地带"强调排他性的文化个性特征,那么就如亨廷顿所说的,

---

① 陈新奇:《八世纪前后中亚地区的宗教演变》,《新疆地方志》1992年第2期;[美]胡曼·佩马尼:《虎视中亚》,王振西译,新华出版社2002年版,第34—39页。
② 赵常庆:《十年巨变·中亚和外高加索卷》,东方出版社2003年版,第117页。

"最危险的文化冲突是沿着文明的断层线发生的那些冲突"①;如果把"文明断层线地带"转化为"文明的交汇地带",那么就意味着文化是在交流、对话中不断融合的。

第三,一个重要的任务就是要在价值上寻找不同文明形态的最大公约数,也就是要厘清哪些价值是不同文明形态、不同文化类型、不同宗教、不同国家的民族在价值上的最大公约数。当然,我们不能像大海捞针一样来寻找"一带一路"的共同价值,需要在已经提炼出来的某些价值基础上进行升华。"一带一路"所穿越的地区民族、宗教、文化都非常复杂,国家众多,社会制度差异很大,但"一带一路"倡议强调的是经济发展的现代化目标,在一些已经开展成熟合作的地区实际上已经提炼出一些价值被合作的该地区的人们所接受,那么"一带一路"的共同价值就会吸收此类价值。我们简单梳理一下可能为"一带一路"倡议提供价值源的合作机制有:联合国、亚信会议、上海合作组织、中国—东盟合作机制、二十国集团、金砖国家等。首先,"一带一路"倡议不能违背联合国的精神,而是更进一步弘扬联合国关于"安全、发展、人权、正义"的价值精神。也正因为如此,"一带一路"才被写入联合国的决议之中。其次,亚信会议倡导的"互信、协作、和平、安全、发展"也为"一带一路"贡献了价值源。再次,上海合作组织以"互信、互利、平等、协商、尊重多样文明、谋求共同发展"的"上海精神"直接就可以转化为"一带一路"倡议的价值,当然"一带一路"的实践将进一步使"上海精神"升华。最后,中国—东盟合作机制倡导的"相互尊重、互信、包容、合作、共赢"的价值,金砖国家倡导的"天人合一""和而不同""义利相兼"的价值,等等,都蕴含了人类共同和共通的价值目标,因而为"一带一路"提供了相应的价值源。而这些价值都指向

---

① [美]塞缪尔·亨廷顿:《文明的冲突与世界秩序的重建》,周琪等译,新华出版社2002年版,第7页。

一个共同价值目标就是"人类命运共同体"价值。因此,从"一带一路"沿线国家、宗教、文化等提取出来的价值最大公约数就是"人类命运共同体"价值。

# 五、提取"一带一路"价值的最大公约数

寻找最大的价值公约数是一回事,提取最大的价值公约数则是另外一回事。毕竟不是数学上的数字符号,价值公约数的提取涉及的是人的问题、民族的问题、国家的问题,简而言之就是文化的问题。因此,提取最大价值公约数必须从民族、国家和文化现实出发,切不可以主观的名义进行"一刀切"或"一厢愿"地想当然而为之。在文化和价值方面,最容易陷入"以我为主"的文化自负感。特别是"一带一路"倡议是中国提出来的,于是就有人往往从中国的文化、价值的角度来思考问题,认为必须是中国的价值才可以成为"一带一路"倡议的共同价值,必须是中国的文化才可以成为"一带一路"的文化,等等。这样的结果就是"中国文化输出论""中国文化主导论""中国价值优先论""中国价值引导论"等。这种情形显然既不利于推进"一带一路"也不符合现实情况。因此,必须从"一带一路"沿线国家和地区的现实出发来提取沿线国家的最大价值公约数。当然,中国的价值当然要作为其中的一种重要元素而成为"一带一路"倡议的价值构成。例如,儒家倡导的"先义后利、以义为上",墨家强调以"国家百姓之大利"为义等价值都转化为当代中国外交新的价值取向,即一方面秉承中国传统哲学中的"义利合一"的价值理念;另一方面,在新的形势下,当前中国的外交实践也对中国传统的义利观进行了新的发展。其一,坚持和平发展的世界大义,坚持合作共赢的世界大利。其二,坚持"和为贵"的理念。"和"即"协调",就是处理各个利益主体之间的矛盾,以实现组织目标;"和"又意味着"团结合作",将个体优势合并成团体优势,提高效率与创造更大价值。其三,坚持"以人为本",就是强调

必须尊重人的价值。这些价值主张都无疑会成为"一带一路"倡议价值的组成部分。不过,"一带一路"的价值绝对不是中国一家的价值构筑起来的,而是沿线国家价值的最大公约数。

第一,和平与安全是人类共同追求的目标。当今,人类对和平与安全的渴望超越了任何一种其他的价值的需求。"和平"这种价值实际上是当今世界最基本的价值,没有和平与安全,其他任何的价值追求都是假的,也都难以实现。正如前文所述,欧洲几个世纪以来的一体化诉求归根到底就是对和平的追求。而和平与安全对那些曾经遭受过和正在遭受战乱的地区的人们来说尤其显得稀缺而弥足珍贵。中亚—南亚、中东地区是冷战结束以来最动荡的地区。其中既有大国力量的地缘政治博弈,也有包括恐怖主义等在内的非传统安全的因素。动荡不安不仅影响了社会经济发展,而且直接造成了人道主义危机,特别是源自中东地区的难民危机已经成为危及周边地区尤其是欧盟的一个重要政治因素。因此,和平与安全这种价值对"一带一路"沿线国家具有至高无上的意义。

第二,诚信合作是"一带一路"沿线国家和地区共同的价值需求。沿线国家尤其是中亚国家对合作的愿望超出其他任何国家。一方面,在中亚国家成为独立主权国家后,民族主义的洪流并没有因中亚的独立而静下来,相反,这股洪流一方面继续在揭开民族与民族之间仇恨的外衣而使之演化为民族纷争与民族冲突;另一方面,民族主义走向极端化后与恐怖主义、极端主义合流,形成一种对中亚主流社会产生巨大消解作用的反建制力量。这两种情形都会导致中亚地区乃至整个欧亚地区地缘政治的碎片化。在这种情形下,中亚民族主义的价值取向出现了逆转,从解构联盟走向区域合作。① 正是在这种强烈的愿望之下,不仅建立了上合组织、欧

---

① 胡键:《从解构联盟到区域合作:中亚民族主义价值取向的嬗变》,《世界民族》2008 年第 5 期。

亚经济联盟等合作机制,而且 2013 年 9 月习近平总书记首次在哈萨克斯坦纳扎尔巴耶夫大学提出共同建设丝绸之路经济带倡议的时候,中亚国家都持积极的态度。"一带一路"倡议的具体实践不只是中国与沿线其他国家之间的合作,更是相关国家企业具体项目的合作。"一带一路"的内容是互联互通,而互联互通的目的是推动相关国家、相关企业的深度合作、有效合作。无论是相关国家之间的合作还是企业的项目合作,都必须以诚信为基础。鉴于此,不少学者提出加强"一带一路"沿线国家的信用评价体系建设,努力构建"一带一路"的信用评价体系。① 实际上,诚信在沿线各国的文化传统中都占据着十分重要的文化位置。

第三,"一带一路"的合作并不是强制性合作,各类项目也不是强制推行的项目。最初,一些学者缺乏正确理解,把中国提出"一带一路"倡议认为是中国建设"一带一路"。这完全是一种误读。"一带一路"是中国提出的倡议但需要与沿线各国共同来推进,鉴于此,一方面,中国首先是与相关国家协商签署"一带一路"的框架协议;另一方面,在具体的合作项目中也同样是本着平等的原则进行友好协商,而不是硬性推行。因此,境外一些媒体认为中国在一些国家制造了债务危机等说法,实际上就是错误地认为"一带一路"的项目合作是中国单方面推进的。即便在某些国家存在所谓的"债务危机",也只能说是合作开始的时候由于对合作的具体情况缺乏足够的了解而没有协商好相应的合作机制。况且这种债务危机也并非单方面的,而是合作双方都面临的。总之,平等协商的价值贯穿"一带一路"项目合作的始终。

第四,"一带一路"穿越的国家和地区都是社会经济发展相对落后的国家和地区,都有经济发展和现代化的强烈愿望。与此同时,中国自 20 世纪 80 年代以来的经济发展所开创的发展道路和所创造的发展奇迹,对

---

① 谭文君、崔凡、董桂才等:《"一带一路"背景下国别信用评价体系的研究》,《宏观经济研究》2018 年第 4 期。

沿线国家尤其是中国周边国家产生了巨大的溢出效应。而正如前文所述,中国也试图努力把自己的发展势头向周边和更远的地区延展,让相关国家搭乘中国发展的东风。当然,中国内部的发展依然不平衡,在东南沿海地区与中西部地区之间存在着地区二元现象,这种地区性的二元现象已经成为中国实现现代化的重要障碍。因此,中国要继续加快内部经济发展和继续全面对外开放,目的就是要促进中国内部的平衡发展。与当年中国的发展离不开世界一样,促进中国内部的平衡发展同样离不开世界。因此,一方面,中国加强内部的互联互通,不断改善中西部的基础设施和宏观经济环境,既引导中国东南沿海地区的资金投向中西部地区,也要通过改善中西部投资环境吸引外部资金;另一方面,在内部互联互通的基础上,加快中国与外部的互联互通,在统筹国内与国际两个大局的基础上,促进国内市场要素与国际市场要素在中国内部市场与外部市场的顺畅流通,以促进中国与相关国家的共同发展和共赢发展。

第五,"一带一路"穿越不同国家和地区、不同文化、不同社会制度,尤其是文化的陌生感往往会导致对抗与冲突。"一带一路"的"五通",基础是民心相通,也就是要加强跨文化交流。既然是跨文化交流,就不是中国文化"走出去"那么简单。"一带一路"的实践尤其强调文化上的对话与交流,最终达到相互接纳和相互融合。这样才能够促进民心相通。古丝绸之路最初是因战争而起,却是因文化而兴。而在文化交流上,在古丝绸之路上不是中国将东方文化强制向西域和更远的地区输出,而是中国主动"拿来"外来文化。自魏晋时期到唐宋时期,中国对佛教文化也是主动"请进来"的,并一度还成为"国教"。当然,中国也会对外来的文化进行创新并且返回去影响其来源国,尤其是佛教,在中国被革新后又返回去影响印度。[①] 上述情况表明,古丝绸之路上的文化交流不是单向性的,而

---

① 季羡林:《中印文化交流史》,中国社会科学出版社2008年版,第156页。

是双向互动的,因而才在陌生、对峙、交流中不断融合产生新的文化元素,推进中华文化与其他文化之间的不断发展。当今,"一带一路"的民心相通更需要在包容互鉴中来进行跨文化交流。任何国家在"一带一路"实践中单方面地输出本国、本民族的文化和价值,都将注定是失败的。

# 第六章 "一带一路"实践与新型全球化的开拓[①]

　　全球化是一个老话题,但每一次世界出现重大事件的时候,全球化都会成为一个焦点性的话题。从"西雅图抗议"引发的反全球化现象以来,学术界几乎把每一次国际重大事件都与国际秩序、国际格局、全球化联系在一起,认为这些事件改变了世界,尤其是对国际秩序、国际格局和全球化都产生了巨大冲击。这次新冠疫情在世界各地的肆虐,也同样引发了学术界的激辩:全球化是否全面停止? 中美关系将何去何从? 等等。诸如此类的问题充斥着世界各国的主流媒体和各种自媒体。全球化的未来究竟走向何处? 笔者认为,我们不能仅仅以想象的知识和有限的感性认识来进行推导,而应该从历史中去寻找答案。历史虽然不会重演,但历史对现实乃至未来往往具有昭示作用。任何以想象来推导出某种结论,都无助于进行客观判断。如果用这种方式推导出的所谓的结论来引导决策,那更是有百害无一益。理解当前的全球化,非常有必要从全球化的时间深度和空间广度来观察,这样才能体现学者对社会、对世界乃至对人类负责任的科学精神。当今,受新冠疫情的冲击,一方面,全球化未来究竟走向何处,这无疑是世界各国所关注的问题;另一方面,"一带一路"实践

--------

　　① 本章内容单篇刊于《国外社会科学》2021 年第 3 期。

客观上又冲破了新冠疫情笼罩的阴霾,而给全球化带来了新的曙光,为新型全球化在时间维度上开拓了新的空间。

## 一、全球化在时间轴上的滥觞

马克思、恩格斯在《共产党宣言》中揭示了全球化的实际情况:"资产阶级,由于开拓了世界市场,使一切国家的生产和消费都成为世界性的了……物质的生产是如此,精神的生产也是如此。各民族的精神产品成了公共的财产。民族的片面性和局限性日益成为不可能,于是由许多种民族的和地方的文学形成了一种世界的文学。"①这就是滥觞于资本扩张而形成的经济全球化。但是,全球化在马克思、恩格斯之前就已经开始了,《共产党宣言》只是告诉了人们资本主导下的全球化的客观事实。当然,他们的确论及了全球化的原因是资本的对外扩张,也阐述了资本唯利是图的本性是对外扩张的原动力。但是,全球化的内涵远远比马克思、恩格斯所揭示的内容要丰富和复杂,其丰富性和复杂性都隐藏在此前的历史之中。而历史则蕴含了人类所历经的饥荒、瘟疫和技术发展等因素的内在逻辑关系。

中世纪的中期(公元 1000—1300 年),是欧洲发展的关键时期,在主流的历史学家看来,中世纪是最黑暗的时代,然而美国学者本内特(Judith M.Bennett)和霍利斯特(Warren Hollister)指出,中世纪中期的欧洲,"人口逐渐增长,财富得以汇聚,城市得到发展,教育得到振兴,疆域也在扩张"②。塔纳斯(Richard Tarnas)也认为,"公元 1000 年前后,由于欧洲经受数世纪的外来入侵和社会混乱之后终于获得了一定程度的政治安全,西方的文化活动开始在许多方面有了日益加快的进程:人口增长了,农业

---

① 《马克思恩格斯文集》第 2 卷,人民出版社 2009 年版,第 35 页。
② [美]朱迪斯·M.本内特、C.沃伦·霍利斯特:《欧洲中世纪史》,杨宁、李韵译,上海社会科学院出版社 2007 年版,第 2 页。

改善了,欧洲大陆内外的贸易有了发展,与邻近的伊斯兰教文化和拜占庭帝国文化的接触变得更为频繁,城市和市镇与一个有文化修养的上流阶级一起出现,工匠们的行会产生了,学习愿望的普遍性增强导致了大学的创建。具有古老封建秩序固定不变的世界正让位于一个新世界"①。就经济、人口的增长而言,这在相当大程度上得益于这段时期内因气候好和耕地扩展所带来的农业发展、城镇繁荣和商业兴起(11世纪前后)。但是,到了14世纪初期,此前数个世纪的人口剧增终于达到了顶点,欧洲面临着人口过剩的局面。以英格兰为例,1300年,定居在英格兰的人口数达到了600万人左右,这一数据几乎是1066年人口数的三倍,而实际的数字比这更大。这实际上已经超过了当时英格兰所能承载的人口数量。从整个欧洲来看,这时候的人口数量已经使欧洲的土地和农民不堪重负。与此相反的是,生产力却在下降,原因是国王和地主不断在横征暴敛。因此,14世纪初欧洲的经济面临着这样一种处境:有更多的人需要养活,有更多的地租,有更多新的赋税,有更严重的资源稀缺。到了1315年终于爆发了大饥荒,大饥荒一直延续到1322年,欧洲人口因饥荒死亡的人数达到了欧洲总人数的一成。② 此外,各种动物尤其是牛、羊等大规模死亡,欧洲到了举步维艰的境地。

不仅如此,14世纪前半叶,欧洲从大饥荒喘过气来后,本可以有更大的发展,但1347年欧洲开始了一场旷日持久的大瘟疫即"黑死病"。高峰大概在1349年得到了控制,但病毒忽隐忽现地在欧洲飘荡了四个世纪,根据有的史家所研究的结果,一直到1721年才正式得到了控制。③

① [美]理查德·塔纳斯:《西方思想史》,吴象婴、晏可佳、张光勇译,上海社会科学院出版社2011年版,第197页。

② [美]理查德·塔纳斯:《西方思想史》,吴象婴、晏可佳、张光勇译,上海社会科学院出版社2011年版,第357—358页。

③ [英]安格斯·麦迪森:《世界经济千年史》,伍晓鹰等译,北京大学出版社2003年版,第21页。

"黑死病"肆虐高峰期夺走了欧洲大约三分之一的人口,在部分人口密集的城镇,死亡率甚至超过了 50%。① 从历史来看,瘟疫似乎是缓和人类战争的一种"润滑剂"。公元前 431 年,伯罗奔尼撒战争爆发,然而第二年夏天瘟疫就在雅典爆发了,根据修昔底德的描述,"在人们的记忆中从来没有哪个地方的瘟疫像雅典的瘟疫这样严重,或者伤害过这么多的人命","所有攫食人类尸体的鸟兽,或者远离尸体(尽管有许多尸体横陈在地上,没有被埋葬),或者由于啄食尸肉而死亡",以至于入侵雅典的伯罗奔尼撒人"因为害怕瘟疫而匆匆撤离";而围攻波提狄亚的雅典军队也同样感染了瘟疫,结果,"哈格浓率领其舰队回雅典去了,他原有重装步兵4000 名,大约 40 天之内,染疫身亡的就有 1050 人"。② 这场瘟疫导致了雅典人的愤怒,甚至把这场灾难全都归咎于伯里克利的战争行为,并以雅典式的民主方式解除其职务。然而,当没有人能代替伯里克利的时候,雅典人又以雅典式民主选举伯里克利为将军。瘟疫爆发的时候,伯里克利告诫雅典人只要能静待时机,则是会赢得这场战争的。然而,公元前 429年,伯里克利因感染瘟疫而身亡,其继任者"靠牺牲这个城邦的利益来迎合民众的心血来潮"③。这就注定了雅典最后的失败。瘟疫从某种角度来看,是对雅典咄咄逼人而四处征战的一种惩罚。另外,始于 1337 年的英法百年战争,在经历了十年之后,正是由于 1347 年爆发的"黑死病"而使战争停歇了近十年。④

那场"黑死病"爆发的原因究竟是什么,当时争论颇多。有人认为是

---

① [美]朱迪斯·M.本内特、C.沃伦·霍利斯特:《欧洲中世纪史》,杨宁、李韵译,上海社会科学院出版社 2007 年版,第 360 页;[英]安格斯·麦迪森:《世界经济千年史》,伍晓鹰等译,北京大学出版社 2003 年版,第 20 页。

② [古希腊]修昔底德:《伯罗奔尼撒战争史》,徐松岩译,上海人民出版社 2017 年版,第 203、207、210 页。

③ [古希腊]修昔底德:《伯罗奔尼撒战争史》,徐松岩译,上海人民出版社 2017 年版,第 216—217 页。

④ 钱乘旦、许洁明:《英国通史》,上海社会科学院出版社 2012 年版,第 77 页。

星宿的力量,有人认为是地震和烟雾,还有人认为是犹太人下毒。但是,由于欧洲人有宗教信仰,大多数人认为是因"上帝的愤怒",所以,不少地方神职人员组织了大型的宗教游行队伍,通过自我惩罚来祈求上帝原谅,以至于有的人残酷地鞭打自己直到血流如注才停下来。① 上帝如果是存在的,那么只能存在于人们的心中,通过对自己的惩罚来祈求上帝的原谅,不过是对自己乃至对人类自己在发展中所犯下的过错的自我反思。那么,是否存在某种超自然的力量来"控制"人类呢?根据现有的科学技术所揭示的客观世界来看,超然的力量的确存在,但地球是一个生命体,是用自己的生命承载着人类及地球上的其他一切生命。生命体都是有自我调节能力的,但地球上最具智慧的人类的活动所产生的结果,在一定时期内超出了地球承载能力的时候,不排除地球会"启动"某种机制来对自我内部系统进行调节。否则,地球的生命系统会受到人类一定时期内过度行为的威胁。卢梭(Jean-Jacques Rousseau)就指出,人类的过度行为是一个深渊,这恰恰是人类的灾难。② 因此,我们可以进行推导(当然只是推导而不是一个科学的结论),欧洲因人口超载且大饥荒依然不能有效调节的时候,瘟疫未必不是地球生命系统的一种自我调节手段。

饥荒与瘟疫促使欧洲人到远方去寻找新的"流着奶和蜜的迦南地",从而有了迪亚士(Bartholmeu Dias,1487)、达·伽马(Vasco da Gama,1497—1498)、哥伦布(Cristóbal Colón,1492、1519—1522)的海上探险,实现了穿越大西洋、太平洋和印度洋并返回欧洲的环球航行。由于新航路的开辟和此前已经出现的商业的结合,商业贸易的规模和对外辐射力都大大提升。加之一些革新技术的成果已经应用到生产实践之中。也就是

---

① [美]朱迪斯·M.本内特、C.沃伦·霍利斯特:《欧洲中世纪史》,杨宁、李韵译,上海社会科学院出版社2007年版,第360页。

② [法]让-雅克·卢梭:《论人类不平等的起源》,邓冰艳译,浙江文艺出版社2015年版,第46页。

说,欧洲不仅是在复苏发展中走出中世纪的,而且是在从西欧走向世界的过程中告别中世纪的。我们可以看到欧洲中世纪这样一种历史进程:人口过剩—饥荒与瘟疫—新航路开辟—经济发展与人口增长。所以说饥荒和瘟疫不仅没有使世界隔绝开来,反而正是饥荒和瘟疫在一定程度上促使人们寻找新的生存空间和创新生存技术。关于这一点,我们还可从 17 世纪上半叶英国所遭受的瘟疫的情况进一步得到证明。17 世纪欧洲的瘟疫实际上是 14 世纪中期瘟疫的"后遗症",那一场"黑死病"在欧洲断断续续延续了三百多年,到 17 世纪上半叶,英伦三岛所受影响最深。1603—1604 年,英国死亡 5 万多人,仅伦敦就死亡 3 万多人;1625 年,瘟疫又夺走了英国 4 万人的生命,伦敦死亡再次超过 3 万人;1636 年,伦敦又有 1 万多人死于鼠疫。17 世纪中期的 1664—1665 年,伦敦爆发了空前规模的大鼠疫,当时就被称为"伦敦大鼠疫",又有 7.5 万人丧生。[1] 在当时医疗条件下,除了隔离的确没有别的更好的办法,而不少人受宗教观念的影响,以及对隔离措施的不满而强行出走,结果导致更多的感染者,或者是相互之间的械斗。[2]

然而,正是这样一个悲惨的事实促发人们去思考:如何拯救人类自身? 14 世纪的"黑死病"促使人们寻找新的大陆,这一次瘟疫则促使人们思考从技术上如何控制瘟疫,从当时所获得的文艺复兴的知识人们得知,新的大陆是有限的,但技术一旦突破则可以发挥长久的功效。一是体温计的发明,这要感谢意大利生理学家圣托里奥(Santorio,1561—1636),他根据伽利略(Galileo Galilei,1564—1642)的相关技术成果设计了体温计和一种比较脉搏快慢的脉动计。[3] 体温计的发明对了解人体因外界原因

---

① 王旭东、孟庆龙:《世界瘟疫史:流行性疾病、应对措施及其对人类社会的影响》,中国社会科学出版社 2005 年版,第 122—123 页。
② 邹翔:《16—17 世纪英国的瘟疫及其应对》,《中华医史杂志》2008 年第 2 期。
③ 程之范:《西方 17 世纪的医学》,《中华医史杂志》1994 年第 4 期。

包括病毒的影响而发生的变化具有重要作用。二是英国生理学家哈雷（William Harvey, 1578—1657）发现了血液循环，他应用活体解剖的实验方法，直接观察动物机体的活动；同时，他还精密地算出自左心室流入总动脉，和自右心室流入肺动脉的血量。三是英国生理学家罗伯特·胡克（Robert Hooke, 1635—1703）、意大利生物学家马尔皮基（Marcello Malpighi, 1628—1694）、荷兰微生物学的开创者雷文胡克（Antony Van Leeuwenhoek, 1632—1723）等发明了用于观察微观世界的显微镜。① 显微镜的发明是人类对包括各种病毒在内的微生物世界进行科学认识的开始，从而把人类带到一个新的认识水平。也就是说，科学革命远早于工业革命。② 进入18世纪以后，人类的医学水平整体上得到提升，相继诞生了包括病理解剖学、临床医学、预防医学，以及战地医疗学③等。

　　大凡研究工业革命的学者以及几乎所有的史学家都承认，工业革命始于18世纪60年代的英国。那时的英国已经是欧洲最发达的国家，是"世界工厂"。正如霍布斯鲍姆（Eric Hobsbawn）对1750年的英国所描述的，"这是一个富裕的国家，主要因贸易和经营而致富；这是一个强大又可畏的国家，不过这种实力主要建立在那种商业性最强、贸易气最重的武器——海军之上；这是一个拥有非凡自由和宽容的国度，而这种自由和宽容又与贸易和中产阶级紧密地联系在一起"④。工业革命正是在这样的

---

① 程之范：《西方17世纪的医学》，《中华医史杂志》1994年第4期。

② ［美］斯塔夫里阿诺斯：《全球通史：1500年以后的世界》，吴象婴、梁赤民译，上海社会科学院出版社1992年版，第243页。

③ 因为战争足够导致流行性疾病，例如，在1853—1855年的克里米亚战争期间就爆发了霍乱，不仅大批士兵因霍乱丧生，而且俄罗斯诸多著名学者如基列耶夫斯基（Ivan Kiryevsky）、霍米亚科夫（Alex Khomiakov）等先后死于那场霍乱。参见［英］奥兰多·费吉斯：《克里米亚战争：被遗忘的帝国博弈》，吕品、朱珠译，南京大学出版社2018年版，第231—232页；［俄］洛斯基：《俄国哲学史》，贾泽林等译，浙江人民出版社1999年版，第9、28页。

④ ［英］埃里克·霍布斯鲍姆：《工业与帝国：英国的现代化历程》，梅俊杰译，中央编译出版社2016年版，第16页。

"甜美时光"中开始的,按照史学界的观点,这个过程是以蒸汽机、纺纱机为内容从而导致经济增长和社会转型的。保罗·肯尼迪(Paul Kennedy)也认为,"18世纪50年代至19世纪30年代期间,英国纺纱的机械化,使单个生产力就提高了300至400倍,所以英国在总的世界制造业中所占的份额就激增……随着它使自己成为'第一工业国',其份额继续增加"①。在他们之前,恩格斯在1844年撰写的《英国状况》一文中就列举了18世纪中期英国的一系列发明如1763年的蒸汽机、1764年的珍妮纺纱机、1768年的翼锭纺纱机、1776年的走锭精仿纺机、1787年的机械织机等。"这些发明使社会的运动活跃起来。它们的最直接的结果就是英国工业的兴起,首先是棉纺织业的兴起。"而正是"由于工业革命,产生了无产阶级。新的工业总是需要大批常备的工人来供给无数新的劳动部门,而且需要的是以前未曾有过的工人"②,因此,作为"世界工厂"的英国就成为"农业世界的伟大的工业中心,是工业太阳,日益增多的生产谷物和棉花的卫星都围绕着它运转。"③于是,马克思、恩格斯认识到:"不断扩大产品销路的需要,驱使资产阶级奔走于全球各地。它必须到处落户,到处开发,到处建立联系。"④

从上面的情况来看,似乎工业革命仅仅是生产工具意义上的革命,但实际上,由于遭受一次又一次瘟疫的肆虐,在此之前的科学技术尤其是医学及医疗技术的发明创造更早于生产技术的发明创造,甚至可以说科学技术的发明创造是工业革命的先导。当然,马克思、恩格斯使用的是阶级—资本逻辑分析,主要是为了揭示资本的本性和资本主义的内在矛盾,所以即便他们关注到科学技术包括医疗技术上的发明创造,也因它们与

---

① [美]保罗·肯尼迪:《大国的兴衰:1500—2000年的经济变迁与军事冲突》,陈景彪等译,国际文化出版社2006年版,第145页。
② 《马克思恩格斯文集》第1卷,人民出版社2009年版,第98、107页。
③ 《马克思恩格斯文集》第1卷,人民出版社2009年版,第372—373页。
④ 《马克思恩格斯文集》第2卷,人民出版社2009年版,第35页。

他们所要分析的对象关系不大而刻意回避了。同时,马克思、恩格斯所揭示的全球化内涵主要是经济意义上的全球化,是资本为了满足其唯利是图的本性而对外扩张的全球化。然而,回溯欧洲中世纪中后期的历史,我们发现全球化的内涵似乎远远超过经济的含义,饥荒与瘟疫促使欧洲人寻找新的生存空间,这个过程不仅开辟了新航路,而且也的确发现了新大陆。这为后来的商业资本进行商业扩张提供了可能。15—17世纪的两百年中,瘟疫断断续续地与人类纠缠,虽然开辟了新航路,但并非所有的欧洲人都可以迁移到新大陆,人类作为高智商动物总是会想办法战胜瘟疫的。于是,针对瘟疫即提高人类身体素质的医学技术也就在17—18世纪迎来了一个高潮。技术发明一方面得益于"轴心时代"人类的第一次"觉醒"①,另一方面也由于文艺复兴时期思想所产生的"正外部性"②。因而,技术发明不仅具有纵向的长波效应,而且具有横向的示范效应。于是,除医疗技术的发明外,其他领域的技术发明也纷纷出现,特别是大饥荒时代作为欧洲的一种集体记忆的时候,生产技术又直接与经济发展相关,因此,生产工具的革新也就成为最受关注的技术革命成果。生产工具的革新则大大刺激了资本的欲望,所以马克思、恩格斯才揭示了经济意义的全球化的内容:"资产阶级,由于一切生产工具的迅速改进,由于交通极其便利,把一切民族甚至最野蛮的民族都卷到文明中来了。"③由此可见,欧洲走出中世纪固然与文艺复兴的人文主义有关,但同时也是由于人文主义所引发的技术创新。由于技术创新,欧洲一方面在历史的时间轴上走出了中世纪,也在空间上走出了欧洲,寻找到新大陆。

----

① 雅斯贝斯(Karl Jaspers)认为,轴心期是人类哲学的第一次突破,"人类一直靠轴心期所产生、思考和创造的一切而生存"。参见[德]卡尔·雅斯贝斯:《历史的起源与目标》,魏楚雄、俞新天译,华夏出版社1989年版,第14页。

② 胡键:《哲学社会科学创新、技术革命与国家命运》,《当代世界与社会主义》2020年第2期。

③ 《马克思恩格斯文集》第2卷,人民出版社2009年版,第35页。

## 二、全球化在时间轴上的嬗变

全球化开启之后,其性质并非是一成不变的,当今学术界在全球化问题上的争辩在相当大程度上是源于对全球化性质认识上的窄化和固化。窄化的观点表现为把全球化视为一个纯粹经济意义上的趋势,但客观上来看,全球化的内涵远远超出经济本身,后面专门有论述,这里暂不赘述;而固化则是认为全球化进程也就是一个普遍化、同质化、一体化的过程。但是,全球化客观上是一个二律背反,即普遍性与特殊性,或者说单一化与多样性的统一(universalization/particularization);整合和分裂,或者说一体化和分裂化的统一(integration/fragmentation);集中化与分散化的统一(centralization/decentralization);国际化与本土化的统一(internationalization/domestication)。① 由此可见,全球化的性质在时间轴上是不断变化的。如果看不到这种变化,那么就不可能真正认识全球化;如果没有把握全球化的历史变化,那么所有的争论就都是没有意义的。除上述的二律背反外,我们对全球化做历史考察还会发现更多的也是实际发生的具体变化。

首先,全球化从目的上来看是欧洲人为摆脱饥荒、瘟疫以求生存为目的而走出欧洲大陆的过程,并逐渐转变为在全球追求利润的过程。这一点恰恰是后来人们对全球化认识窄化、固化的原因。欧洲中世纪中期的发展对欧洲人来说充满了发展的机遇。当然传统的史家认为中世纪的1000年里是人类走过的最黑暗、最愚蠢、最贫穷的黑暗时代。可是,一种全新的史家观点认为,上述观点"最早是由中世纪末期文艺复兴人文主义者和新教徒们提出来的。人文主义者希望回到古罗马的盛世,而新教

---

① 俞可平、黄卫平:《全球化的悖论》,中央编译出版社 1998 年版,第 20—24 页。

徒则希望恢复基督教最初的传统。对这两类人来说,中世纪这 1000 年是一个障碍,是过去的荣光和当前的希望之间沉睡的荒原"①。美国史学家斯塔夫里阿诺斯(Leften Stavros Stavrianos)也认为:"从 900 至 1300 年,经济稳步增长,但 14 世纪时,出现衰退,这由多种因素结合所致。"②而正如前文所述,大量的统计数据也的确为这种新史家观点提供了非常重要的佐证。然而,中世纪中期的发展毕竟是畸形的,在缺乏科学规划的情况下,人口的猛增大大超出了当时经济所能够承载的人口规模。所以,大饥荒的悲剧以及随后的瘟疫才促使人们努力寻找新的生路。欧洲人努力走出欧洲正好又受到了问世于 1298 年的《马可·波罗游记》的诱惑。这本书对东方中国的高度赞誉,在前后大约 200 年的时间里对欧洲认识东方中国产生了重要的影响。特别是 1428 年,威尼斯市政府将这本书作为礼品送给来访的葡萄牙彼得罗王子,他的兄弟亨利,以"航海家亨利"之名载入史册③,正组织葡萄牙水手向西非海岸探索前往东方的新航路。④当然,《马可·波罗游记》所制造的"东方传奇"并非都是传奇,客观的历史也的确是给处于饥荒与瘟疫之中的欧洲人以美好的向往。因为,东方帝国正好处于农耕文明的鼎盛时期,宋朝虽然被蒙古帝国灭亡,但蒙古帝国依然"凭借着汉族的历史与传统,把知识权力、宗教权力和政治权力集于一身,确立了自己的合法性,同时也无异于承认了汉族文明的合理性"⑤,因而也通过大规模使用汉人来管理国家而延续了中原各族的定居

---

① [美]朱迪斯·M.本内特、C.沃伦·霍利斯特:《欧洲中世纪史》,杨宁、李韵译,上海社会科学院出版社 2007 年版,第 31 页。

② [美]斯塔夫里阿诺斯:《全球通史:1500 年以后的世界》,吴象婴、梁赤民译,上海社会科学院出版社 1992 年版,第 18 页。

③ [美]肯·沃尔夫:《大历史视野》,包慧怡、李韵译,上海社会科学院出版社 2022 年版,第 125 页。

④ 周宁:《天朝遥远:西方的中国形象研究》(上),北京大学出版社 2006 年版,第 39 页。

⑤ 葛兆光:《中国思想史》第二卷,复旦大学出版社 2019 年版,第 252 页。

农耕文明。至于到了16世纪,东方帝国在明朝时期农耕文明又有了新的发展,这一时期出版的《大中华帝国志》,更是把东方帝国描述成为一个尽善尽美的国家,"这个强大的王国是世界上迄今为止已知的统治最为完善的国家……"①所以,西方对东方产生了400多年的传奇想象,使得越来越多的欧洲人不断从欧洲来到了中国。

求生存的欲望与早期商业资本的发展而骚动于心的欲望,从一开始就结合在一起了。只是因生存的威胁暂时掩盖了资本的欲望而已,但资本的欲望从来就没有被克制住,始终有一种向外扩张的冲动。这就是马克思所揭示的资本主义生产始终无法克服利润率趋向下降的规律。早期商业由于并不存在资本过剩即"利润率的下降不能由利润量的增加来抵消的那种资本——新形成的资本嫩芽总是这样——的过剩,或者是指那种自己不能独立行动而以信用形式交给大经营部门的指挥者去支配的资本的过剩。"②后来随着经济形势的复苏和发展,资本集中垄断的情形也越来越严重,资本过剩的情况也就日益突出。在这种情形下,解决利润率下降的唯一手段就是资本输往国外,"因为它在国外能够按更高的利润率来使用"③。这就是资本扩张的过程,而在1400年以后,欧洲经济发展的趋势总体是向上的,加之造船、航海术和海军装备方面的进步,资本对外扩张就更加便利了,而且资本也超出了经济的职能逐渐具有了政治的职能。资本扩张不仅有"剑",而且还附上了基督教的"灵魂",也就是说,资本逐利的对外扩张过程也是一个西方文化扩张的行为。文艺复兴以后,在西方看来,"第一,西学先进,西方天文学、地理学、数学、化学、医学这类学问,都比中国的同类学问先进,中国人应该接受这些先进的东西;第

---

① 转引自周宁:《天朝遥远:西方的中国形象研究》(上),北京大学出版社2006年版,第54—55页。

② 《马克思恩格斯文集》第7卷,人民出版社2009年版,第279页。

③ 《马克思恩格斯文集》第7卷,人民出版社2009年版,第285页。

二,西学有用,通过传播西学,可以在中国人面前树立西方文化的优势地位,获得中国人的好感与信任,从而为传教打开通道,或提供支持"①。这就引出了全球化另一个变化:宗教的分割。

其次,全球化在文化上是一个分为"基督教世界"与"非基督教世界"的过程。有一种说法,资本的对外扩张源于基督教的扩张主义,而且"为了使异端和不信教的人皈依基督教,基督教会总是毫不犹豫地使用武力"②。当然,欧洲在民族大迁移时期受到来自欧亚大陆边远地区的印欧人、日耳曼人、匈奴人、维京人、马扎尔人和阿拉伯人的蹂躏,因此有史家认为基督教世界的好战也是对这种情形的一种反应。③ 不过,这只是一种推测,事实究竟是基督教的扩张促使了欧洲资本的扩张,还是资本的扩张附加了基督教传播"福音"的内容,这二者之间的关系并无可靠的证据。不过,基督教会的确是在 11 至 13 世纪的近 200 年里发动了一系列大规模的宗教军事行动即十字军东征,目的就是要收复阿拉伯穆斯林入侵占领的土地尤其是"圣城"耶路撒冷。十字军东征被史家认为"聚合了当时三大时代热潮:宗教、战争和贪欲。这三者缺一不可。如果没有基督教的理想主义,那就不会有十字军了;然而,从异教徒手中解放耶路撒冷,使其重新对基督教朝圣者安全开放的梦想,若没有新土地上滚滚财富的诱惑,也不会如此诱人"④。也就是说,基督教的战争扩张不仅始终是与财富、贪欲联系在一起的,而且其矛头主要就是针对"非基督教世界"。

不过,全球化开启以后,始终伴随着两个过程:一是欧洲化过程,二是

① 熊月之:《晚清西学东渐中的价值取向》,《社会科学》2010 年第 4 期。
② [美]斯塔夫里阿诺斯:《全球通史:1500 年以后的世界》,吴象婴、梁赤民译,上海社会科学院出版社 1992 年版,第 11 页。
③ [美]斯塔夫里阿诺斯:《全球通史:1500 年以后的世界》,吴象婴、梁赤民译,上海社会科学院出版社 1992 年版,第 12 页。
④ [美]朱迪斯·M.本内特、C.沃伦·霍利斯特:《欧洲中世纪史》,杨宁、李韵译,上海社会科学院出版社 2007 年版,第 226 页。

基督教改造。这两个过程不是分开的,而是同一个过程的两个方面。欧洲化的过程是指欧洲内部的同质化过程,所谓文化同质化就是要求欧洲人皈依基督教,所谓基督教化则是欧洲人在资本殖民扩张的过程中也必须用基督教"教化"东方野蛮民族。欧洲内部的欧洲化是非常成功的,几乎入侵并最终定居在欧洲的所有边缘民族最终都皈依了基督教。但是,基督教化过程则并不顺利,因为基督教首先在13世纪遭遇更具扩张性的伊斯兰教,结果基督教世界在1453年惨败,彻底失去了君士坦丁堡,千年帝国拜占庭帝国也土崩瓦解。在东方中国,鸦片战争之前,欧洲传教士先于资本来到中国,如利玛窦(Matteo Ricci,万历年间来中国)、汤若望(Johann Adam Schall von Bell,在中国生活47年之久,跨越了中国明清两代)、南怀仁(Ferdinand Verbiest,康熙皇帝的科学启蒙老师)等,他们来中国最初也许是传播西方工业革命以来的科学知识,例如利玛窦把星期制度引入中国,还与中国的徐光启共同翻译了《几何原本》;汤若望在明清沿用的农历基础上修订了中国农历。而南怀仁作为康熙皇帝的科学启蒙老师更是影响了康熙皇帝对西方文化的看法,以至于"康熙皇帝极力提倡欧洲文化,亲自学习拉丁文及代数,大量欢迎明末以来挟其科学技术而来华传教的、智德俱高的教士。一时中国吸收西洋文明、呈蓬勃之概,至少不在彼得时代的俄国之下"[1]。但这只是其中一方面的内容,更重要的是,这些传教士来中国是为了传播所谓的"上帝的福音",实现对"非基督教世界"的"基督教化"改造,这种情况在鸦片战争以后就更加突出。结果是,各种西方科学知识,诸如天体理论和与此相关的历法知识很受当时中国士人的欢迎,而"天""天主""天堂"等的天主教思想则与中国佛教、道教、儒教的思想有着直接的冲突而受到拒斥。[2] 所以,后来在洋务运动

---

① 吴其昌:《梁启超传》,天津人民出版社2015年版,第84页;陈旭麓:《近代中国社会的新陈代谢》,上海人民出版社1992年版,第33页。

② 葛兆光:《中国思想史》第二卷,复旦大学出版社2019年版,第305页。

中推行的"中体西用"也表明,中国社会对西方的文化接受是警惕且有选择性的。

再次,全球化在地域上是一个将世界分割为"东方与西方"的过程。毫无疑问,全球化是西方向东方扩张的过程。东方进入近代历史的一个重要标志是东方民族意识觉醒,而东方民族意识的觉醒恰恰是西方向东扩张的结果。中国的民族意识觉醒正是因为鸦片战争,此前只有"华夏"与"蛮夷",而无民族主义之说,如果存在着民族意识,那也是在"夷夏"观念的框架之下的对视,而不是现代政治框架中的民族主义。① 于是,在东西方对视与比较之下,东方才知道自己的落后,特别是面对西方的坚船利炮和曾经的泱泱大国,东方帝国内部一些士大夫意识到向西方学习的重要性,从而有了林则徐的放眼看世界、魏源的"师夷长技以制夷"等主张。这种主张为中国的现代化点燃了星星之火,这星星之火历经了洋务运动、维新变法、辛亥革命、五四运动、新文化运动等,也历经了器物文化的变革向制度的变革再向观念层面的变革的转化和突进②,但是一直都没有在中国成为一种燎原之势。五四之后,现代化的命题在文化走向的讨论中成为时代的强音,但现代化究竟是什么却长期存在着争论,但在当时,中国报刊上所讨论的现代化就是"西化"与"欧化"。③ 中国知识界的这种主张又恰恰与西方对东方的诉求是一致的,尽管最终的目标不一样。中国知识界的目的无疑是民族复兴,而西方的目的则恰恰相反,是要"使东方从属于西方"④;或者说,这个全球化进程最终"演变成一个没有东方的

---

① 胡键:《中国崛起的价值基础:从民族主义到新世界主义》,《社会科学研究》2020年第1期。

② 童世骏:《西学在中国:五四运动90周年的思考》,生活·读书·新知三联书店2010年版,第2页。

③ 罗荣渠:《现代化新论——世界与中国的现代化进程》(增订本),商务印书馆2009年版,第8页。

④ 《马克思恩格斯文集》第2卷,人民出版社2009年版,第36页。

全新的'全球西方',而它本来是必须面对东方来证明自身合法性的"①。换言之,全球化首先是把东方与西方分割开来之后再对东方进行西方化的过程。

最后,全球化在人群上是一个区分为"我们"与"他们"的过程。正是由于有"东方与西方""基督教世界与非基督教世界"等区别,从而最终要落到"我们"与"他们"的区别之上。而中国因其独特的文化和文明而自然地成为西方眼里的"他们",尽管利玛窦也曾经敢冒宗教之大不韪而力图证明基督教教义与儒家学说是相容的,包括在他后面来到中国的一些传教士也有人试图沿着利玛窦的观点继续向前走,但耶稣教会对儒家学说的迁就,还是导致了它与天主教其他教会之间的矛盾与论争,最后罗马教廷裁决耶稣教会的失败。② 这看起来是基督教内部的争论,但却是因中国问题而起,最后的结果不只是耶稣教会的失败,而是表明基督教世界对中国的态度,基督教建构起来的中国是作为一个"他者"即与基督教世界的"我们"不同的"他们"而存在的。耶稣教会的做法实际上是迁就了一个"他者",这对基督教世界来说是绝对不能容忍的。这种认知即便是在冷战结束以后也依然是十分刻板与固化的,以至于亨廷顿(Samuel Huntington)提出了"儒教—伊斯兰教联系"的概念,并认为这二者在一系列重大国际问题上联合起来对抗西方。这就是他关于"文明断层线"上的"文明冲突论"的重要依据。③ 如果再联系亨廷顿《我们是谁?》一书的思想的话,我们完全可以看出他的"文明冲突"最终归结在"我们"盎格鲁—新教文化的白种人与"他们"非基督教世界的有色人种之间的冲突,

---

① [德]乌·贝克、哈贝马斯等:《全球化与政治》,王学东、柴方国等译,中央编译出版社2000年版,第43页。
② [美]斯塔夫里阿诺斯:《全球通史:1500年以后的世界》,吴象婴、梁赤民译,上海社会科学院出版社1992年版,第78—79页。
③ [美]塞缪尔·亨廷顿:《文明的冲突与世界秩序的重建》,周琪等译,新华出版社2002年版,第7、202页。

因而表现为一种强烈的"盎格鲁—撒克逊的种族民族主义"。① 这虽然是说美国内部的文化问题,难道不也正是关于全球化问题上"我们"与"他们"分割开来的一种情形吗?

## 三、全球化在空间域中的内涵

这里我们尝试将全球化进行两方面的"横截",一是将全球化在时间轴上进行横截,以剖析全球化"年轮"上的"质地";二是将全球化在空间上的进程进行横截,以剖析全球化"空域"上的"要素"。但两方面的"横截"目的都是为了更好地理解全球化的内涵。

全球化究竟是什么? 自这个概念提出以来,学术界在这一问题上的争论就已经开始了,迄今也没有达成共识。根据马克思的观点,全球化与世界历史是两个并行不悖的过程,从特殊劳动向抽象劳动的转变过程是劳动的异化过程,这个过程是生产使用价值的特殊劳动,是形成资本的过程;而生产交换价值的抽象劳动则是开拓世界历史的过程。② 从这方面来看,马克思虽然没有直接使用"全球化"这个概念,但马克思指出,"创造**世界市场**的趋势已经直接包含在资本的概念本身中"③,也就是说,马克思的思想中所包含的全球化意蕴主要是指一种资本对外扩张的现象。后来的大多数全球化论者尤其是经济学家、社会学家也都持这样一种观点,认为全球化是市场的全球整合,是市场要素的全球性流动。但是,这种老套的观点直接用来分析经济本身是可以的,但绝对不是全球化的全

---

① 郝时远:《民族认同危机还是民族主义宣示——亨廷顿〈我们是谁〉一书中的族际政治理论困境》,《世界民族》2005年第3期。

② 胡键:《马克思世界历史理论视野下的全球治理》,《世界经济与政治》2012年第11期。

③ 《马克思恩格斯文集》第8卷,人民出版社2009年版,第88页。

面理解。因此,这种观点实际上在 20 世纪 90 年代全球化正方兴未艾的时候就已经被否定了。吉登斯(Anthony Giddens)指出:"全球化……它的内容无论如何也不仅仅是、甚至不主要是关于经济的相互依存,而是我们生活中时—空的巨变。"①吉登斯在其著作中进一步从政治、经济、社会、通信技术、民族国家权力、个人消费等方面阐释了"时—空巨变"的具体内涵。② 或许是受到了吉登斯的影响,赫尔德(David Held)等继续沿用了"时空"观念来解释全球化,认为全球化是这样一种情形:"在经济力量和技术力量的推动下,世界正在被塑造成一个共享的社会空间;在全球一个地区的发展能够对另一个地方的个人和社群的生活机会产生深远的影响。"③为了剖析这样一个定义,赫尔德等用了一个大部头的著作将全球化分为前现代、现代早期、现代和当今的全球化四个阶段来进行详细且深入的研究,认为前现代的帝国是"全球化即为有限的形态","但公元 6 世纪出现的伊斯兰教是一个例外:可能应该把它看过第一个全球化的世界宗教";现代早期的全球化在欧洲出现了民主主权国家,但"全球化的基础设施——交通和信息所依靠的技术与前一个时代没有太大的区别",因而是一个过渡阶段;现代化全球化阶段,是以经济为主要内容的,"在全球政治和军事急剧扩大的背景下,经济全球化的广度、强度以及社会影响不断增强",但最重要的标志则是"更高水平的制度化";战后以来的全球化表现为,"更加严格的多边经济监督和区域监督机制建立起来";"全球移民模式的转变";全球通信网络跨越了民族国家的边界,构筑起了一

---

① [英]安东尼·吉登斯:《第三条道路:社会民主主义的复兴》,郑戈译,北京大学出版社 2000 年版,第 33 页。

② [英]安东尼·吉登斯:《第三条道路:社会民主主义的复兴》,郑戈译,北京大学出版社 2000 年版,第 33—36 页。

③ [英]戴维·赫尔德等:《全球大变革:全球化时代的政治、经济与文化》,杨雪冬等译,社会科学文选出版社 2001 年版,第 1 页。

个完全不同的形态。① 对诸如此类的观点我们可以简单地归纳为这样一种陈述:其一,全球化首先是建立在对民族性、地方性、相互隔绝性批判基础上的一种趋势,而不是仅仅意味着经济的跨国行为。其二,全球化的内涵的确包含着资本的对外扩张,但这不是全球化的全部,全球化所覆盖的领域大大超出我们的想象,可是后来人们把全球化简单地理解为一种经济现象,显然全球化被人为地且严重地窄化了。以上可说是对全球化在时间轴上的"横截"所呈现出来的全球化的"质地",当然这依然不是其全貌。

下面我们再从全球化空间上的进程进行横截,来剖析全球化"空域"上的"要素"。首先我们要重新理解"文明"这个概念的内涵。学界的共识是,文明是有史以来沉淀下来的,有益于增强人类对客观世界的适应和认知、符合人类精神追求、能被绝大多数人认可和接受的人文精神、发明创造以及公序良俗的总和。简言之,文明与文化一样,与人类结合在一起的才是文明,没有人类活动痕迹的一切都不是文明。然而,从"文明"一词的起源来看,"文明"最初并非是这种用法。根据《说文解字》:"文,错画也。象交文。"②也就是说,"文"是象形文字,源于甲骨文的纹理纵横交错之形。"明,照也。从月从囧。凡明之属皆从明。"③《尚书·虞书·尧典》中有"钦明文思"四个字,唐代孔颖达所疏的《尚书正义》中分别对"文明"进行了解释:"临照四方谓之明,经天纬地谓之文。"④而"文"与"明"合在一起作为一个词出现的时候,最早的见于《尚书》:"濬哲文明,

---

① [英]戴维·赫尔德等:《全球大变革:全球化时代的政治、经济与文化》,杨雪冬等译,社会科学文献出版社 2001 年版,第 576、582、584、585、587、591、592、596 页。
② (东汉)许慎:《说文解字新订》,臧克和、王平校订,中华书局 2002 年版,第 592 页。
③ (东汉)许慎:《说文解字新订》,臧克和、王平校订,中华书局 2002 年版,第 450 页。
④ (汉)孔安国传、(唐)孔颖达疏:《尚书正义·尧典》卷第三,上海古籍出版社 2007 年版,第 34 页。

温恭允塞。"①这句话是用来形容舜:智慧深远且文德辉耀,温和恭敬的美德充满于天地间。可以说这一形容恰恰是借用了"文""明"二字的意思而引申出来的意思。比《尚书》晚一些成书的《周易·文言》中也用了"文明"一词,即"'见龙在田',天下文明。"意思就是"见龙在田",天下万物就得到光明普照而神采奕奕。② 以上这几段文字表明,文明最初与人类的活动并没有什么关系,而是一种自然状态,后来人们借用这个词来表达人类所创造的一切的总和。既然如此,那么我们可以把自然界一切生物体的活动在地球所留下的痕迹——由于它标识着该生活的进化、发展——而称其为该类生物体的"文明"。当然,因此类"文明"完全不同于人类文明,这里我们称之为"异类文明"。

于是,我们不难发现,全球化的"空域"之中,不只有人类不同民族、种族文明的全球拓展,而且也有"异类文明"的全球"蔓延",其中就包括各种病毒(半生物体)、病菌(微生物体)。病毒、病菌等作为"异类文明"存在于地球上的时间甚至远远早于人类文明。人类史书关于病毒、病菌的记载不会早于公元前2400年,大概是古代埃及的纸书中的"Set"一词,据推测极有可能是麻风。③ 此后,关于疾病、瘟疫的记载就成为人类史书的一种常见性内容。但是,这并不意味着病毒、病菌的"异类文明"就始于那时,而是人类对它们与人类文明交集的认识始于那个时候,在此之前,它们早就自然地存在于地球上。当然,病毒作为半生物体的"文明"现象存在,它需要寄宿于生命体中,在人类出现在地球上之前,它们寄宿于其他动物身上。也就是说,这种"异类文明"与其他非人类文明的交集

---

① (汉)孔安国传、(唐)孔颖达疏:《尚书正义·舜典》卷第三,上海古籍出版社2007年版,第72页。

② 郭彧译注:《周易》,中华书局2006年版,第347页。

③ 王旭东、孟庆龙:《世界瘟疫史:疾病流行、应对措施及其对人类社会的影响》,中国社会科学出版社2005年版,第18—19页。

也同样要早于与人类文明的交集,也早于人类文明与其他非人类文明的交集。病毒"异类文明"与其他非人类文明交集的时候,即病毒寄宿于其他动物体内时,二者之间相安无事,两种"异类文明"达到了和谐共处、和谐共生的状况。这可以说是不同的"异类文明""自然拓展"的全球化现象。

人类文明与其他动物类的"异类文明"的交集,大致有这样一些手段:驯养、食用。除此之外,人类文明与其他动物的"异类文明"是在平行空间中相安无事的。然而,人类无节制的欲望行为往往会打乱这种平行空间,导致人类文明与病菌之类的"异类文明"产生了交集与相互嵌入,进而导致各种病菌在人类社会流行肆虐。"整个近代史人类的主要杀手是天花、流行性感冒、肺结核、疟疾、瘟疫、麻疹和霍乱,它们都是从动物的疾病演化而来的传染病,虽然奇怪的是引起我们人类的流行性疾病的大多数病菌如今几乎只局限于在人类中流行。"①那么,究竟是什么使得人类文明与"异类文明"之间发生交集甚至是嵌入呢?

一是战争。人类文明的全球扩展最初主要是基于战争。远古的人类战争往往是人类早期全球化最重要的开拓手段,古代欧亚大陆上的民族迁移,都历经了血与火的战争考验,包括张骞出使西域也是为了战争即联合大月氏共同对付匈奴,可没有想到的是,他的两次出使西域竟然"凿空"了欧亚大陆最重要的通道,成为古丝绸之路的缘起。因此,梁启超先生在张骞的传记中说:"沟而通之者,实始博望。博望实世界史开幕一伟人也。"②因此,这种方式的全球化后来被定义为"地区间以及文明间的相遇","主要表现为军事和文化强权的征服以及人口的迁移——特别是帝

---

① [美]贾雷德·戴蒙德:《枪炮、病毒与钢铁:人类社会的命运》,谢延光译,上海译文出版社2016年版,第192—193页。

② 梁启超:《梁启超全集》(第三集),汤志钧、汤仁译编,中国人民大学出版社2018年版,第415页。

国的统治、世界宗教、游牧部落的入侵、农业的扩张,以及与它们相伴的人类疾病传播"①。战争也是扰乱人类文明与"异类文明"关系的因素。战争把病菌从一个地方带到了战乱的地方,而战争中的环境更进一步助长了病菌的繁殖与传播。例如,修昔底德(Thucydides)在《伯罗奔尼撒战争史》中就描述过,发生在雅典的瘟疫,"起源于埃及上方的埃塞俄比亚的一些地方,由那里传播到埃及和利比亚,以及波斯国王的大部分领土的"②。希波战争后,瘟疫也就成功地从北非进入了希腊地区。同样,14世纪中期的鼠疫也因战争而起,1346年金帐汗国的蒙古军队围攻克里米亚地峡的加法城时,把寄宿于亚洲腹地的野生啮齿类动物身上的病毒带到了那里,从而导致瘟疫愈演愈烈,结果在加法城里侥幸活下来的意大利商人又通过商船带到了欧洲各地。③ 梅毒的传播同样是因战争而起,1494年,法国国王查理八世率军攻占了那不勒斯,年轻而好色的国王在取得胜利后,与其手下很快被美女、佳肴所陶醉,结果许多法国将士染上了梅毒这种性病,并且带回到法国。此病迅速在法国蔓延,因而被人们称为"法国病"。④

　　二是经济开发和贸易。人类的经济活动既是人类欲望扩张的行为表现,更是人类利用自然资源以追逐利益的开发行为。而在这个行为之中

---

① ［英］戴维·赫尔德等:《全球大变革:全球化时代的政治、经济与文化》,杨雪冬等译,社会科学文献出版社2001年版,第577页。

② ［古希腊］修昔底德:《伯罗奔尼撒战争史》,徐松岩译,上海人民出版社2017年版,第204页。

③ ［美］朱迪斯·M.本内特、C.沃伦·霍利斯特:《欧洲中世纪史》,杨宁、李韵译,上海社会科学院出版社2007年版,第359页;王旭东、孟庆龙:《世界瘟疫史:疾病流行、应对措施及其对人类社会的影响》,中国社会科学出版社2005年版,第119—120页。

④ 吕一民:《法国通史》,上海社会科学院出版社2012年版,第52—53页。也有一种说法,当时交战双方交换随军妇女乃平常之事,所以梅毒通过性行为感染了双方的士兵。撤军之后,来自各国的雇佣兵返回自己家乡,梅毒也同样被带回去了,因此梅毒随后在法国、德国、瑞士、希腊、荷兰,以及英格兰、苏格兰、匈牙利、波兰、俄国等迅速传播。参见王旭东、孟庆龙:《世界瘟疫史:疾病流行、应对措施及其对人类社会的影响》,中国社会科学出版社2005年版,第45页。

对利益的追逐是充满了竞争甚至是冲突的,一些拥有能力禀赋的人会获得相应的资源优势,另外的人则会对自然资源进行破坏性开发。无论是对自然进行过度性开发还是破坏性利用,人类在利益面前都会沾沾自喜。然后,人类的悲剧也正是因为从不善待自然开始的。恩格斯就警示过:"我们不要过分陶醉于我们人类对自然界的胜利。对于每一次这样的胜利,自然界都对我们进行报复。"①自然界对人类的报复方式有许多,人类经济行为对自然环境的破坏,进而引发"自然状态"的病菌等"异类文明"在人类的粗暴干预之下而被动地嵌入人类文明之中。因此,人类不当的且充满了贪欲的经济行为正是病毒蔓延肆虐全球的根源。这就正如人类打开了自然界的"潘多拉盒子"一样,各类病菌从自己的"文明"空间中走了出来。与此同时,资本的对外扩张还有一种重要的手段就是对外贸易。虽然马克思说过,"在整个十八世纪期间,由印度流入英国的财富,主要不是通过比较次要的贸易弄到手的,而是通过对印度的直接搜刮,通过掠夺巨额财富然后转运英国的办法弄到手的"②。但贸易的确是资本开启现代全球化的重要手段。马克思另外在《俄国的对华贸易》的文章中也指出:"在对华贸易和交往方面,帕麦斯顿勋爵和路易-拿破仑采用武力来进行扩展,而俄国所处的地位却显然令人大为羡慕。"马克思所说的"令人羡慕"是指俄国人"享有在北京派驻使节的特权"和对中国"独享内地陆路贸易"的垄断权。③ 当然,绝对不能认为,这种贸易是公平的,也不能相信所有贸易都是合法的。不过,无论是哪种贸易,在当时的技术条件下,都需要通过各种交通运输工具从一个地方运输到另外一个地方。因此,走出"潘多拉盒子"的病菌又通过各种交通工具带到了各个殖民地,或者从各个殖民地带到欧洲。因此,人类的经济开发和贸易活动使人类文明在全

---

① 《马克思恩格斯文集》第9卷,人民出版社2009年版,第559—560页。
② 《马克思恩格斯全集》第9卷,人民出版社1961年版,第173—174页。
③ 《马克思恩格斯文集》第2卷,人民出版社2009年版,第615页。

球拓展的同时,也开启了人类之外的"异类文明"的全球化进程。

三是食用,也就是人类把野生动物作为食物来食用。人类食用野生动物的行为就是人类文明以错误的方式嵌入"异类文明"的行为。于是,各类病毒从过去的宿主(各类野生动物)而进入人体,把人类的个体作为新的宿主。结果,病菌的"异类文明"从被动地进入人类文明之中转变为积极地嵌入人类文明之中,人类文明的全球拓展同时也是病菌"异类文明"的全球化。

因此,在空域上来看,以利益诉求为特征的人类文明的全球化因其失调而告一段落,但病菌等"异类文明"的全球化正狂飙突进,正如市场的发展往往忽略人与人之间的社会和文化区别,对国与国之间的区别同样不感兴趣;与此一样,"异类文明"的全球化进程也同样是忽略了人类文明的个体、社会、文化等区别,也超越了人类文明最高的主权国家的边界,而"附着于"人类身上。换言之,"异类文明"对人类文明的全面嵌入,决定了人类不再以肤色、民族、国家等为壑,而是全面加强人类全球性的合作。否则,人类在一次又一次遭受"异类文明"的袭击以后,却一次又一次都迅速忘却。这就正如黑格尔(Georg Wilhelm Friedrich Hegel)所说的那样,"经验和历史所昭示我们的,却是各民族和各政府没有从历史方面学到什么,也没有依据历史演绎出来的法则行事"①。如果是这样,那么人类白白地浪费了一次次调适的机会。所幸的是,人类对"异类文明"的风险意识,无疑会在下一轮的不可逆转的全球经济和另一种全球化进程中打下深深的烙印。

## 四、全球化在空间域中被赋能

根据上述分析,从时间轴上来看,当"异类文明"嵌入人类文明之后,

---

① [德]黑格尔:《历史哲学》,王造时译,上海书店出版社1999年版,第6页。

会导致人类个体的大规模死亡,但人类文明的全球化在人类自救的过程中不是停滞了反而加速了;从空间域上来看,"异类文明"与人类文明的相互嵌入所带来的灾难,促使人类反思,尤其是对充满了贪欲的战争、资源掠夺等行为进行反思和调适,也促使人类文明内部要加强合作以防范"异类文明"发动的新的攻袭。但不管怎样,全球化内部的各种要素依然在以独特的形式流动,同时全球化在当今已经不再是一个客观的趋势,也不再是一种在时间轴的具体时间点上的空间分享,而是一个被人类现代性力量所扭曲且被赋能的过程。

第一是资本的赋能。尽管资本在现代早期和现代的全球化进程中发挥了关键性的拓展作用,但那时候的资本也只是一种拓展全球化的工具而已,资本的规模及其流动方向都无法对全球化进程进行赋能。因为,一方面,当时的资本规模小,没有主动对全球化进程赋能的能力,实际上是因追逐利益而对全球化进程施加了一种历史不自觉的功能。另一方面,那时候的资本流向是单向性的,即从西欧流向东方殖民地、附属国地区,而全球化表面上来看是西方向东方扩张的过程,但实际上最初意义上的全球化"主要的、但不是唯一的特征是欧亚大陆上的地区间和文明间的相遇"①,是"地球上不同地区的各部族、各民族之间的人们要求相互交往",是"东方和西方的进一步融合而成"的过程。② 然而当今,一方面全球跨国资本的成长速度和成长规模超乎想象,几乎是以指数级的速度成长为超大规模的全球资本。另一方面,当今资本的流动方向是多向性的,既有的全球化进程因为资本的流向特征相同,使得全球化进程成为超大规模资本流动的"河床",不同地区的资本规模大小、品质等构成了资本

① [英]戴维·赫尔德等:《全球大变革:全球化时代的政治、经济与文化》,杨雪冬等译,社会科学文选出版社 2001 年版,第 575 页。
② 王列、杨雪冬:《全球化与世界》,中央编译出版社 1998 年版,第 19 页;俞可平、黄卫平:《全球化的悖论》,中央编译出版社 1998 年版,第 1 页。

"位势差"。这是资本流动的重要原因。反过来,由于不同资本的资源、能力、品质禀赋不同,成长的速度差异非常大,这决定了资本流动的"初速度"非常大。加之现代通信技术的巨大推动力,资本的多向性流动速度就更大。在这个层面上,资本为当今的全球化进行了主动的赋能,大大促进了全球化进程。从另一方面来看,由于资本逐利的本性没有改变,资本在世界上几乎没有限制的流动所产生的负面效应,也会因信息技术的助推而在资本链上形成强大的传导效应,并有可能导致资本链、利润链的整体瘫痪,而资本则会因慑于崩溃而主动承担全球经济治理的责任。这不能不说也是一种全球化现象,甚至体现了马克思所说的"资本的文明化趋势"①在当今全球化进程中的一种新现象。

第二是现代传媒技术的赋能。传媒技术与全球化从一开始就存在着一种互动,印刷报纸出现在西方就是在 15 世纪 50 年代,而报道哥伦布发现新大陆消息的报纸产生于 1493 年,是罗马第一张印制的报纸。也就是说,现代西方报纸是伴随着全球化进程而产生的。19 世纪 30 年代诞生的电报技术就是为了给走向全球化的人类传递信息,但通信技术发展之迅速超乎人们的想象,特别是战后新技术革命催生的互联网技术,在大约 30 年的时间里就把人类社会带入互联网时代,全球化过去的一切范式如战争范式、文化范式、资本范式等,都迅速被互联网信息技术范式所取代。最关键的是,互联网以自己的信息技术范式对全球化的时间、空间进行转化或者重组。一是使全球化在时间轴上表现为两种形式,一种方式叫做"同时性"(simultaneity),另一种方式叫做"无时间的时间"(timeless time),也成为"无时间性"(timelessness)。② 这两种表现方式都是互联网

---

① 《马克思恩格斯全集》第 30 卷,人民出版社 1995 年版,第 395 页。

② 所谓"无时间的时间"就是指互联网对时间的重塑,同一信息在过去、现在和未来都可以被预先设定而彼此互动,因而时间也就在这个互动的系统里被消除了。[美]曼纽尔·卡斯特:《网络社会的崛起》,夏铸九、王志弘等译,社会科学文献出版社 2001 年版,第 465、561 页。

技术对时间进行"压缩"(compress)处理的结果。二是使全球化在空间域上表现为空间的流动性(flusility)。这与时间上的"无时间的时间"有内在的逻辑关系,因为信息的"无时间"共享,总是在空间的支持下,所以,卡斯特(Manuel Castells)指出:"空间是共享时间之社会实践之物质基础","空间把在同一时间里并存的实践聚合起来"[1]。仅仅这样认识空间的话,这个空间是传统意义的空间,信息化社会的空间之所以不同于传统意义上的空间,就在于空间的流动性。卡斯特还指出,这种流动空间是通过三个层次构筑起来的[2]:其一,电子交换的回路即通信网络,是流动空间最基本的基础设施。其二,由节点(node)与核心(hub)构成的网络互动空间。不同的节点通过一个个不同的 hub 将不同的地域与整个网络连接起来,从而构成了一个互联网的全球性网络与地域性(locality)互动的空间;而且,这个空间一定是基于具体的地域性而构筑起全球性(globality)的。其三,流动空间并不是一个"自然空间",而是一个被支配的空间,流动空间的顺畅性取决于占支配地位的管理精英(而非阶级)的空间组织。这样的空间组织虽然是寰宇主义的(cosmopolitan),但对维护流动空间的顺畅性又占据支配性的地位。由此可见,现代传媒技术对全球化的赋能主要是通过技术对时间的"压缩"和促进空间的流动来实现的。也就是说,全球化无论是时间轴还是空间域都被技术进行了重构,从而使全球化获得了史无前例的"加速度"。

第三是政府的赋能。从全球化的时间轴上来考察,我们会发现,政府在全球化中的作用是由强变弱的,即帝国的扩张推进全球化进程,全球化

---

① [美]曼纽尔·卡斯特:《网络社会的崛起》,夏铸九、王志弘等译,社会科学文献出版社 2001 年版,第 505 页。

② [美]曼纽尔·卡斯特:《网络社会的崛起》,夏铸九、王志弘等译,社会科学文献出版社 2001 年版,第 506、509—510 页。

最初强化了帝国的力量,后来又瓦解了帝国,帝国走向主权国家;再后来是资本、技术及其所赋能的全球化。"它们提升了我们的生产力、文化创造力及传播潜能。同时,它们也削弱了社会组织的权威。"①这自然也包括削弱了主权国家政府的权威。在这种情形下,政府总是从维护主权国家利益的角度来重塑自身在全球化进程中的合法性,其最重要的手段就是试图用国家的价值和意识形态来"训导"(displine)全球化。因此,在冷战结束以来的全球化进程中,我们经常发现不同国家把本国的价值附加在全球化上,试图借助于全球化的力量,把本国的价值和意识形态变成一种普适性的价值和意识形态。这似乎又让我们回忆起殖民时代的传教士对西方文化的传播情形。不过,文化的确具有可分享性,"任何民族所创造的文化成果,一方面为整个人类文化的多重复合体增添了色彩,另一方面也为其他民族的成员贡献了可分享的精神财富"②。但是,价值和意识形态不一样,它们在不同国家、政党、民族之间通常不都具有可分享性。尽管约瑟夫·奈(Joseph S.Nye Jr.)认为文化、政治价值观及对外政策是软实力的重要资源③,但若一个国家真的在世界范围内去推行自己认为是普适性的政治价值的时候,那么该国所得到的不是敬佩和敬仰,而是厌恶、反感甚至是抵制。尽管社会科学家在不断反思现代性,但他们没人认识到政府对全球化赋权,尝试用某种政治价值或意识形态来"改造"全球化的概貌,甚至要对其他一些主权国家进行价值改造的情况,这对全球化产生的不是积极的推动作用,而是客观上的阻碍作用,即便不排除政治价值的提供国主观上是推进全球化——一种仅仅出于本国利益的全球化。

---

① [美]曼纽尔·卡斯特:《认同的力量》,夏铸九、黄丽玲等译,社会科学文献出版社2003年版,第79页。

② 童世骏:《文化软实力》,重庆出版社2008年版,第17页。

③ [美]约瑟夫·奈:《软力量:世界政坛成功之道》,吴晓辉、钱程译,东方出版社2005年版,第11页。

一些学者将它视为一种"逆全球化"现象①。但笔者认为全球化是无法逆转的,只是由于政治所设的阻力,产生了一些震荡而已。因此,政治对全球化的赋能,不应该是用某种价值去"训导"全球化,而是使本国的价值符合全球化的发展要求,以应对全球化的挑战。

第四是跨国倡议网络的赋能。倡议网络的行为主体是复杂的,包括诸如国际和国内的非政府组织;社会运动;基金会、媒体、教会、商会、消费者组织和知识分子等。② 不过,这些行为主体并非都能够为全球化赋能,有的不仅不能赋能,而且是全球化坚定的反对者。因为,在反全球化的行为主体看来,全球化被认为是"一种新的西方帝国主义模式",甚至被理解为"美国化"。③ 因而,全球化加剧了世界的不平衡、不平等发展。此外,还有一些环保主义组织、人权组织等,也是反全球化的重要力量。不过,除跨国公司等资本对全球化进行赋能外,诸如媒体、商会、知识分子等也是全球化的主要支持者,这些行为主体也能够对全球化进行赋能。主要的方式有:一是积极参与全球化和全球治理的具体实践,包括影响与参与制定行业规范、与相关的跨国倡议网络合作共同制定生产经营活动中的人权保护协议、影响或操控某些国际公约,以及对一些国家进行游说参与相应的国际协定以增进全球公益等;④二是加强不同行为主体与政府之间关于全球化议题上的对话,构成关于全球化的跨国倡议网络

---

① 高飞:《"逆全球化"现象与中国的外交效应》,《国际论坛》2017 年第 6 期;陈伟光、蔡宏伟:《逆全球化现象的政治经济学分析——基于"双向运动"的视角》,《国际观察》2017 年第 3 期;杨圣明、王茜:《马克思世界市场理论及其现实意义——兼论"逆全球化"思潮的谬误》,《经济研究》2018 年第 6 期。

② [美]玛格丽特·E.凯克、凯瑟琳·辛金克:《跨越国家的活动家:国际政治中的倡议网络》,韩召颖、孙英丽译,北京大学出版社 2005 年版,第 10 页。

③ [英]戴维·赫尔德、安东尼·麦克格鲁:《全球化与反全球化》,陈志刚译,社会科学文献出版社 2004 年版,第 5 页。

④ 唐更华、姜泽政、蔡春林:《作为全球经济治理的跨国公司》,《2016 年新兴经济体论坛论文集》,第 206 页。

( transnational advocacy networks);三是以实际行动来影响政府,推动政府承担全球化的相应责任。当然,跨国倡议网络总体上对全球化的赋能是非常有限的,这与其手中所掌握的资源有直接关系。

被赋能的全球化产生了两种结果,一种结果是对全球化产生重要的加速作用。如果全球化还依然是一种客观趋势的话,由于被资本、技术等强大力量赋能,全球化这种客观趋势如虎添翼地席卷世界每一个角落。对全球化来说,在空间域上整个世界已经没有任何处女地。另一种结果是全球化因政府、跨国倡议网络的赋能而被政治与社会两种力量掌控,因而这种意义上的全球化彰显的是全球化主观的趋势。然而,这两种结果都分别使全球化的时间轴和空间域产生了严重的扭曲,而扭力正是来自对全球化赋能的主体性因素。对全球化时间轴的扭曲,增加了全球化内部要素,特别是技术、信息等要素对全球化的影响,而这些要素则因缺乏科学伦理的规训而带来全球化的重大风险①。特别是在以人为中心的前提下,技术会在"服务人"的名义下助推资本改变人类文明与"异类文明"共处、共生的环境。因此,雅斯贝斯说:"人类技术给自然造成的面貌,以及这一技术过程又如何作用于人类,形成各条历史线索中的一环,通过这种方式,人类的工作方式、工作组织和环境发展改变了人类自身。"②这句话已经不是社会科学家杞人忧天的忧虑,而是一种客观事实了。众所周知,自工业革命尤其是战后以来,技术的发展日新月异,资本的增长更是速度惊人,而哲学社会科学思想自启蒙运动以来就没有什么创新。因此,资本、技术等强大的力量因缺乏哲学社会科学思想的"规训"而可能成为

---

① 雅斯贝斯就曾指出:"技术是一个科学的人类控制自然的过程,其目的是塑造自己的存在,使自己免于匮乏,并使人类环境具有诸事决定于自己的形式。"[德]卡尔·雅斯贝斯:《历史的起源与目标》,魏楚雄、俞新天译,华夏出版社1989年版,第113页。

② [德]卡尔·雅斯贝斯:《历史的起源与目标》,魏楚雄、俞新天译,华夏出版社1989年版,第113页。

戕害人类的工具。① 对全球化空间域的扭曲,虽然增加了全球化的"质地",使全球化变得更加"丰满",但也使全球化增加了不必要的"赘肉",特别是某些国家政治价值和意识形态方面的强加,全球化就很有可能滑向"不当"管理②且仅仅代表少数人利益的全球政治(cosmocracy)进程。③

## 五、时空转换中的全球化风险及人类的应对

从上面的分析来看,我们看到了全球化时空扭曲的技术风险,也看到了全球化在时空转换中"不当"管理的风险。因此,全球化时代也是一个充满风险的时代。尽管风险并非全球化的产物,但在技术对全球化赋能之后社会风险更高了。尤其是随着战后核时代的到来,人们开始意识到核的使用过程所潜藏的巨大风险,人们的关注点也由原来的环境风险及社会承受风险的能力问题转移到核问题产生的风险,并且风险分析开始渗透到社会科学的各个领域。20 世纪 80 年代,在继 20 世纪 70 年代全球环境问题如公共卫生、水和空气污染问题相继提上议程之后,人们开始对技术带来的风险怀有更多的焦虑。1986 年受苏联切尔诺贝利核电站爆炸的影响,人们开始反思风险所带来的社会冲突和社会代价。正是在这种反思现代性的基础上,贝克(Ulrich Beck)提出了风险社会的理论。

贝克认为,工业社会为绝大多数社会成员造就了舒适安逸的生存环境,同时也带来了生态环境危机、核危机等足以毁灭全人类的巨大风险。这些风险不同于工业化以前人类所遭遇的各种自然灾害,因为那些自然

① 胡键:《哲学社会科学创新、技术革命与国家命运》,《当代世界与社会主义》2020 年第 2 期。

② 实际上也可以成为全球化层面的"全球治理赤字",庞中英:《全球治理赤字及其解决——中国在解决全球治理赤字中的作用》,《社会科学》2016 年第 12 期。

③ [英]戴维·赫尔德、安东尼·麦克格鲁:《全球化与反全球化》,陈志刚译,社会科学文献出版社 2004 年版,第 52 页。

灾害并非是人类的某些决策导致的,而工业社会的风险则源于人们的重大决策。更可怕的是,这些重大决策往往不是由无数个体草率作出的,而是由整个专家组织、经济集团或政治派别权衡利弊得失后所刻意作出的。① 因此,贝克指出,风险正是由"有组织地不负责任"(organized irresponsibility)的决策所致。贝克在《风险社会》一书发表两年之后又发表了《解毒剂》(Counter-Poisons)一书。在书中,他指出,所谓"有组织地不负责任"是指公司、政策制定者和专家结成的联盟联合制造了当代社会中的危险,然后又建立一套话语来推卸责任。这样,普通社会成员长期以来由于缺乏风险意识而对风险一无所知或者是"对恐惧的否认"。最初,人类的确是没有认识到全球化的"恐惧"的,以为全球化都是风花雪月的故事,而对全球化"恐惧"的无知使得"冒险"不是因为勇敢,而是因为求生的本能与对利益的贪婪。这就如卢梭所说的:"野蛮人之所以并不是恶人,是因为他们并不知道善为何物,而阻止他们'作恶'的,既不是理性的发展,也不是法律的约束,而是情欲的平复和对恶的无知。"②

被赋能的全球化,也意味着全球化是"被制造"的现象,因而全球风险社会也是"被制造"的全球风险,风险的真相也常常被掩盖。技术在对全球化赋能的过程中,技术精英组织总会编织一大堆的理由来证明技术赋能的全球化将为人类构造一个美好未来。然而,当人类摆脱了时间、空间的束缚而在瞬间获得技术带来的信息"福祉"的时候,人们却再也摆脱不了个人隐私在全球的传播所带来的烦恼。技术精英明知道这些烦恼存在,可为了推进全球信息共享的技术,他们几乎是不会把真相曝光出来的。技术的"潘多拉魔盒"打开后,技术也同样作为一种"异类文明"以其

---

① [德]乌尔里希·贝克:《世界风险社会》,吴英姿、孙淑敏译,南京大学出版社2004年版,第67—68页。

② [法]让-雅克·卢梭:《人类不平等的起源》,邓冰艳译,浙江文艺出版社2015年版,第61页。

独有的方式嵌入人类文明,甚至是颠覆人类文明的常规秩序。很显然,"技术拜物教"者从来不会告诉人们这一切,而只有伦理学者才会反复不断地提醒人们。贝克指出,现代经济制度、法律制度和政治制度都不仅卷入了风险制造之中,而且也参与了对风险真相的掩盖,主导者总是为社会公众打造一个"未雨绸缪的政府"和一个"采取预防措施的政府",从而导致了各种保险制度的出现,这种情形提供了自主创新的可能性,同时也包含了错误抉择的危险,这种风险将被未雨绸缪的各种治疗原则所遮盖。①同时,信息时代的冷漠也被民主的温和面纱所遮盖,揭开这层面纱的背后则是社会不平等的现实。在这种不平等的社会现实下,被压抑的社会中下层的种种政治反抗运动常常以亚政治(sub-politics)运动的形式表现出来:各种帖子,各种"日记",各种话语,等等。发帖、屏蔽、删帖构成了一场场信息时代全球化了的信息"游击战"。

被人为地赋能的全球化,其结果一定是不公平、不平衡,以及全球的分化。资本对全球化的赋能所导致的是全球范围内的贫富分化,而技术对全球化的赋能则是在贫富分化的基础上更增加了一道深深的数字鸿沟,进而给国际社会增加了更大的社会风险。贝克的风险社会理论也认为,一方面西方工业社会正在向风险社会过渡,在这一过程中,风险在不断被人们所感知,因而风险在不断增多;另一方面,"财富—分配"社会的社会问题和冲突逐渐与"风险—分配"社会的相应因素结合起来,构成了新的分配原则——与财富分配原则相反的风险聚积,即财富在社会上层聚积,风险则在社会的下层聚积。也就是说,风险不是消除了阶级社会的阶层不平等,而是进一步加剧了这种不平等。② 因而,在贝克看来,反思现代性就成为全球化进程中不可或缺的一种逻辑。所谓反思现代性,就

① [德]乌尔里希·贝克:《世界风险社会》,吴英姿、孙淑敏译,南京大学出版社2004年版,第100—101页。

② [德]乌尔里希·贝克:《风险社会》,何博闻译,译林出版社2004年版,第37页。

是指传统工业社会是西方现代化的重要社会发展阶段,在这一阶段,现代化创造了人类所需要的高度发达的物质文明,但同时也给人类制造了种种的不安全因素。"在发达的现代性中,财富的社会生产系统伴随着风险的社会生产";而且,在全球化进程中,"生产力的指数式增长,使危险和潜在威胁的释放达到了一个我们前所未知的程度"①。在西方,相当长时期内,现代化进程的合法性是建立在对物质短缺的争夺的基础之上的,因而人们在现代化的滚滚财富面前,往往对不断增长的"有害副作用"的"玷污"视而不见。结果是,"当危险伴随着政治无为而增长的时候,风险社会就包含着一个固有的成为替罪羊社会(scapegoat society)的倾向:突然间不是危险,而是那些指出危险的人造成了普遍的不安"②。因此,风险就与反思现代性直接相关。尽管风险自古就有,但只有当人们真正意识到了风险并且风险成为政治动员的主要力量的时候,那么,风险社会就来临了,即人类开始从传统现代性向反思现代性过渡。这个过渡过程恰恰彰显了人类文明所面临的风险全球化的过程。

所谓风险全球化,贝克用了"第一现代性"和"第二现代性"两个概念进行了分析。他用"第一现代性"来描述以民族国家社会为基础的现代性,其中社会关系、网络和社区主要是从地域意义上去理解的。但是,"集体的生活方式、进步和控制能力、充分就业和对自然的开发这些典型的第一现代性的东西,如今已经被全球化、个体化、性别革命、不充分就业和全球风险(如生态危机和全球金融市场崩溃)等五个相互关联的过程暗中破坏了。"因此,对第二现代性在理论上和政治上真正的挑战是这样一个事实:社会必须同时对所有这些挑战作出反应。③ 当然,这个社会不

---

① [德]乌尔里希·贝克:《风险社会》,何博闻译,译林出版社2004年版,第15页。
② [德]乌尔里希·贝克:《风险社会》,何博闻译,译林出版社2004年版,第91页。
③ [德]乌尔里希·贝克:《世界风险社会》,吴英姿、孙淑敏译,南京大学出版社2004年版,第2页。

是单独指西方社会,而且也包括非西方社会。"非西方社会与西方社会不仅共享相同的空间和时间——更重要的是——也共同分享第二现代性的基本挑战。"①这是因为,跨国间的相互依存程度的速度、强度和意义与日俱增,以及经济、文化、政治和社会的"全球化"话语的发展,不仅意味着任何关于"第二现代性"的分析都应该包括非西方社会,而且也意味着需要对全球性的折射和反映在这些正在出现的全球化社会的不同方位进行检验。② 因此,随着两极世界的消退,人类正从一个敌对的世界向一个危机和风险的世界迈进。问题的关键是,对病毒等"异类文明"的理解,一方面是对危机与风险的深度认识,而这种理解也强化了当今人们的另类"两极"观念,即面对"异类文明"所带来的灾害,究竟源自何处而形成了一种两极对立的指责和全球性的"甩锅"——"有组织地不负责任"的新的表现形式。

面对风险的全球化或者说全球化的风险,人类到底有怎样的应对之策呢? 正文述及,面对"黑死病"之类的"异类文明"的攻击,当时人类文明走出困境的路径是技术创新即科学革命和技术革命。人类文明绝对不是也不可能消灭"异类文明",而是通过技术创新来增强人类文明的"免疫力",遏制"异类文明"的攻击力。从这两方面来看,15—18世纪的科学革命和技术革命是非常成功的。而在当今,人类文明应对各种"异类文明"的进攻和各种风险的挑战,技术创新固然重要,而且也必需,但更重要的是制度创新和全球化理论创新。这两方面的创新很显然是以全球化从客观趋势(即"不能由于人类社会的某种状况而受到赞扬或者指责的

---

① [德]乌尔里希·贝克:《世界风险社会》,吴英姿、孙淑敏译,南京大学出版社2004年版,第3页。

② [德]乌尔里希·贝克:《世界风险社会》,吴英姿、孙淑敏译,南京大学出版社2004年版,第3—4页。

过程"①)转化为人类掌控下的人类文明扩展过程(即"在经济力量和技术力量的推动下,世界正在被塑造成一个共享的社会空间"的过程②)为前提的。因此,文明扩张需要建立在某种秩序之上,而制度与思想是秩序的维护力量,制度创新就是在思想的引导下来维护全球化"善"的未来。关于制度创新的研究,贝克认为有两种创新范式,一种是自上而下的全球化,如通过国际条约和国际制度来应对;另一种是自下而上的全球化,例如通过超越议会政治体制,并挑战既有政治组织和利益集团的新跨国行动者的亚政治运动。这两种制度创新包括政府通过国际条约、国际组织对全球化的制度性赋能,这是有利于推进全球化和规范全球化的赋能行为。不过,贝克对此提出了怀疑,他甚至认为,全世界许多跨文化运作的壮观的联合抵制运动的兴起清楚地表明,官方政治在全球风险治理方面明显地显得虚弱无力,而自下而上的全球化行动者却显得更加强有力。③也就是说,贝克更加看重"亚政治运动"在全球化制度创新中的重要性。所谓"亚政治"是指"外在于并超越国家—政府政治体制的代表性制度的政治",亚政治运动意味着自下而上的社会形成,亚政治运动通过改变政治活动的规则和边界建立起政治自由,以致它对新的联合变得更为开放和敏感——同时能够被磋商和改造。④ 由自下而上的全球化行动者构成的跨国界的倡议网络,一方面通过回飞镖模式即通过与他国非政府组织取得联系并通过他国非政府组织对他国政府施加影响,然后再通过他国

---

① 〔英〕迈克尔·曼:《社会权力的资源:全球化(1945—2011)》第四卷(上),郭忠华等译,上海人民出版社2015年版,第4页。

② 〔英〕戴维·赫尔德等:《全球大变革:全球化时代的政治、经济与文化》,杨雪冬等译,社会科学文献出版社2001年版,第1页。

③ 〔德〕乌尔里希·贝克:《世界风险社会》,吴英姿、孙淑敏译,南京大学出版社2004年版,第48页。

④ 〔德〕乌尔里希·贝克:《世界风险社会》,吴英姿、孙淑敏译,南京大学出版社2004年版,第50页。

政府影响本国政府的方式来间接发挥全球化和全球治理治理的作用①；另一方面倡议网络也通过信息政治(information politics)、象征政治(symbolic politics)、杠杆政治(leverage politics)和责任政治(accountability politics)②的方式直接对全球化和全球治理发挥作用。

不过，与制度创新相比，当今特别需要全球化的思想理论创新。事实上，当全球化被人为赋能以后，它就越来越多地被认为是一个"技术性"的问题了。如何解决这个"技术性"的问题或许不能仅仅依靠技术创新了，因为技术创新自工业革命以来就一直在进行，尽管技术创新表面上被两次世界大战所中断，但战争迅速催生了先进的技术，并在战后成为新科技革命的重要助推力，甚至可以说连大数据、人工智能等21世纪的最先进技术，也都是因这股助推力而产生的重要技术成果。③ 相反，人类文明中最重要的思想创新除了在轴心时代有一个重要的突破以外，以后几乎再也没有"梅开二度"，即便如雅斯贝斯所说的人类历史的"第二轴心期"的"新普罗米修斯时代"，但似乎"仍十分遥远，隐而不露"。④ 尽管后来出现了文艺复兴和启蒙运动之类的思想涌动，一些思想家曾经尝试努力回溯到轴心时期的思想高度，但终究是人类在技术的助推之下将欲望全

---

① [美]玛格丽特·E.凯克、凯瑟琳·辛金克:《跨越国界的活动家——国际政治中的倡议网络》,韩召颖、孙英丽译,北京大学出版社2005年版,第14页。

② 这四种政治是跨国行动者的策略手段。所谓信息政治就是迅速、可靠地采用政治上的重要信息，并能够使其发挥最大的影响;象征政治就是利用符号、行动或故事让生活在偏远地区的人了解情况;杠杆政治就是利用强大行为体影响网络中较弱成员不可能发挥影响的情况;责任政治就是努力让强大行为体遵循自己以前提出的政策和原则。详见[美]玛格丽特·E.凯克、凯瑟琳·辛金克:《跨越国界的活动家——国际政治中的倡议网络》,韩召颖、孙英丽译,北京大学出版社2005年版,第18—28页。

③ 胡键:《哲学社会科学创新、技术革命与国家命运》,《当代世界与社会主义》2020年第2期。

④ [德]卡尔·雅斯贝斯:《历史的起源与目标》,魏楚雄、俞新天译,华夏出版社1989年版,第33页。

面释放出来,"精神已被贬低到只是为使用功能而认识事实和进行训练"①,道德提升、思想修炼已经成为人类文明中的"奢侈品","夏洛克式"的贪婪彻底阻碍了思想理论的创新。因此,全球化在历经了资本、技术、政治价值等因素的时空扭曲以后,将会在未来进程中继续遭受上述因素的扭曲,而上述因素再附上人类不加约束的欲望的话,全球化依然在不可逆转中充满了风险。而克服风险最关键的是思想理论创新,用创新的思想理论来规训技术、规训资本、规训政治和规训人类的欲望。

## 六、"一带一路"实践与中国应对新型全球化的方案

首先,要明确"一带一路"不是全球化的中国方案,而是中国应对新型全球化的新方案。这是因为,鸦片战争开启了中国的近代史。鸦片战争中国的失败,不仅宣告了古老东方朝贡体系的崩溃,也意味着中国在一步一步沦为半殖民地半封建社会的过程中而成为西方殖民体系天然的革命者和颠覆者。在此之前,世界看中国,既有将中国"乌托邦化"的想象,也有将中国彻底污名化的扭曲。但是,那都不是一个客观中国形象的认知。不过,在资本开启的全球化进程中,中国是被动参与其中的,尤其是在西方中心主义的框架之下,全球化的一切制度框架都是由大国主导的,中国作为一个被动者无疑受到歧视,也很难争得国际权力。只有在中国革命彻底胜利之后,中国与世界的互动才开启了一个新的历史进程。在这个进程中,中国迅速崛起为世界第二大经济体;也正是在这个新的历史进程中,中国获得了和平崛起的新动力,从而使中国的国际地位得到前所未有

---

① [德]卡尔·雅斯贝斯:《历史的起源与目标》,魏楚雄、俞新天译,华夏出版社1989年版,第114页。

的提升。

其次,中国式现代化开启了新型全球化的新进程。全球化本是一个客观的进程,但在战后新科技革命的推动下全球化进程不断深化,并且从20世纪80年代开始迅猛发展,它对世界各国和国际体系产生了巨大的影响,尤其是表现为国际政治经济权力的转移。新科技革命对国家的前途和命运至关重要。中国等一些新兴经济体抓住了战后新科技革命浪潮的衣襟,在新科技革命的浪潮中不断奋起直追,最终成功地融入全球化的进程之中,并进一步推进新型全球化进程不断深化。当前,国际上有一种对中国错误的评价,认为中国是全球化进程中的最大受益者,也是最大的"搭便车者",是"全球化中不负责任的国家"。中国确实是全球化的最大受益者,但中国也是全球化进程的重要贡献者。中国总是以一种负责任的态度来促进世界经济尽快走出危机和全面复苏;中国经济始终是世界经济复苏和发展的最大信心。此外,中国在联合国维和行动中是五大常任理事国中出动维和人员最多的国家,中国在打击恐怖主义、防止大规模杀伤性武器扩散、流行性疾病防疫等方面都做出了重要的贡献。

再次,回顾历史,国际关系史的确是一部弱肉强食的争夺史。权力政治学所演绎的就是一部殖民掠夺史和强权政治史。中华人民共和国成立后,中国愿意与遵守和平民主平等原则的国家建立平等互利的外交关系。在此基础上,中国又创造性地提出了和平共处五项原则,并成为发展国际关系的指导原则。事实证明,和平共处五项基本原则具有强大的生命力。这为彻底瓦解殖民主义体系和开创国际关系新时代打下了坚实的基础。当今世界,各国相互依存度非常高,利益的相互嵌入度也非常深,面对各种威胁,世界需要跨国性、跨地区性的综合治理。整个世界的命运是联系在一起的。世界各国除走和平、合作、共赢、发展的道路外,别无选择;全球治理除了坚持共商、共建、共享外,也再无别的更好的方案。因此,中国倡导以构建人类命运共同体为目标,在国家不分大小、强弱一律平等的基础上,共同构建以合作共赢为核心内容的新型国际关系。

最后,世界转型需要稳定的压舱石,而中国的发展正是世界和平发展的压舱石。当今世界正处于"百年未有之大变局"的转型之中,世界的不确定性在增多,风险也在增加。一方面,自近代以来,世界权力首次开始向非西方世界转移扩散,新兴经济体和发展中国家群体性崛起;另一方面,一些国家大搞单边主义和贸易保护主义,引起了全球化的空前震荡。而第四次工业革命方兴未艾,大数据、人工智能、量子科技等蓬勃发展,这一切将深度改变人类生产和生活方式,对国际格局的发展也正在产生重要而深远的影响。与此同时,全球化和全球治理的制度正在被弱化。不仅经济全球化的进程正在遭遇巨大阻力,而且以联合国体系为中心的全球治理体系也正在遭遇人为性的弱化。这一切都对全球化产生了重大影响。在这种情形下,世界有陷入"新战国时代"的危险,世界究竟是需要和平还是需要战争? 这根本不需要任何犹豫就可以作出选择,但和平并非如想象那么容易;和平需要世界各国共同努力来为世界转型提供积极的动力。鉴于此,中国应当为世界转型提供"中国智慧",承担中国的大国责任。

那么,中国又是以何种方式来贡献"中国智慧"和承担大国责任呢?

首先,中国依然还是要把做好自己的事放在首位。近年来,随着中国实力的增强,一些西方学者把古希腊时期的雅典与斯巴达的关系映射到中美关系上来,提出了所谓的"修昔底德陷阱"。① 事实上,不仅"修昔底德陷阱"是一个历史假说,而且中美关系完全不同于雅典与斯巴达之间关系的本质内容。更进一步的研究会发现,国际关系史上大国兴衰的根本原因是在内部,内部问题解决不好才会导致国家的衰亡,外部因素只是一个助力。因此,从中美关系来看,根本不存在所谓的"修昔底德陷阱",

---

① [美]格雷厄姆·艾利森:《注定一战:中美能避免修昔底德陷阱吗?》,陈定定、傅强译,上海人民出版社 2019 年版,第 5 页。

反倒是存在一个"杜牧陷阱"。① 因此,从改革开放以来,中国政府就一直着力于内部发展和国家复兴问题。

其次,中国坚决反对贸易保护主义和贸易霸凌主义,积极推进多边合作。中国发展的重要经验就是在开放中融入国际体系,所以中国通过试办经济特区到加入世界贸易组织,积极参与国际多边贸易体系。然而,众所周知,全球化并非一个普遍受益的过程,有的国家受益,有的国家由于不适应而在全球化进程中受损,结果从 20 世纪 90 年代开始,一些国家的民众和非政府组织、社会运动等,就兴起了一波又一波的反全球化运动。更不可思议的是,进入 21 世纪以后,西方发达国家面对国际地位日益下降的趋势而以政府的名义推行了反全球化的政策,从而导致多边贸易体系面临存废的问题。因此,贸易保护主义和贸易霸凌主义威胁着第二次世界大战以来的国际体系。

最后,中国将以自己的能力"反哺"世界。特别是正在通过"一带一路"的实践,大力推进世界共同发展。这也就是中国"反哺"世界的具体实践。"一带一路"倡议就是在"互联互通"的基础上推进中国与各国共同发展,在互利共赢的基础上,共同推进各国的社会经济发展和现代化进程经济发展倡议;是在增进"联合国人民"福祉的基础上,迈向"美美与共"的人类命运共同体的实践路径。尤其要强调的是,在新冠疫情冲击之下,传统意义上的全球化进程严重受阻,而"一带一路"不仅以自己的实践拓展了全球化的空间,而且中国政府宣布使新冠肺炎疫苗成为国际公共产品,以推进世界携手合作抗击新冠疫情,从而开启了一种新的全球化进程。从这一点来看,"一带一路"无疑就是中国应对新型全球化新的方案。

---

① 胡键:《大国成长的困惑:"修昔底德陷阱"还是"杜牧陷阱"?》,《社会科学》2021年第 2 期。

# 第七章 "一带一路"的公共产品功能与中国软实力的提升[①]

　　"一带一路"实践已经实现从"大写意"到"工笔画"建设的重大飞跃,"一带一路"进入高质量发展的新阶段。这是因为,"一带一路"在"五通"方面都取得了重要的成就;也是因为"一带一路"不仅符合中国经济社会发展和中华民族伟大复兴的需要,符合世界各国摆脱落后、走向现代化的需要,也符合整个世界在经济全球化严重震荡过程中渴望全球经济治理机制创新的需要。也正因为如此,"一带一路"国际公共产品的功能逐渐显露。当前,关于"一带一路"的研究成果颇多,但有深度的理论研究严重缺乏,尤其是关于"一带一路"与经济全球化、全球经济治理内在关系的研究更是严重不足,以至于迄今为止还存在着一些关于"一带一路"的不正确观点。例如,有的认为,"一带一路"是中国引领经济全球化的方案[②];有的认为,"一带一路"是中国的全球经济治理的方案,是中国

---

　　① 本章单篇发表于《国外社会科学》2020 年第 3 期。
　　② [尼日利亚]梅拉库·姆鲁阿莱姆·科勒米沃克:《中国"丝绸之路"倡议引领全球化进程》,《当代世界》2016 年第 1 期;龚晓鹰、陈健:《中国"一带一路"背景下的包容性全球化理论与引领路径分析》,《教学与研究》2018 年第 1 期。

"再造世界"的方案①；等等。这些观点的错误在于没有认识到，经济全球化是一种客观趋势，任何国家都无法引领和主导，只有资本才是经济全球化的主导者②，国家仅仅是通过协同相互关系来协调全球经济治理的规则，以适应经济全球化的趋势。也就是说，当今世界甚至从现代意义的经济全球化出现以来，没有任何一个国家能独立地主导经济全球化和制定全球经济治理的规则。经过40年经济社会发展和现代化建设，中国创造了经济发展和现代化的奇迹，综合国力不断增强，中国国际地位也不断提升，但中国也没有足够的能力来引领全球化，更没有能力独自地进行全球经济治理和"再造世界"。笔者认为，"一带一路"实际上是中国为更好地适应新型全球化的一种方案，目的是使中国在新型全球化中更好地扮演全新的角色。鉴于此，本章将从国际公共产品的供给与中国国际角色转换的互动关系来研究"一带一路"，并认为"一带一路"的国际公共产品性质大大提升了中国的软实力。

# 一、战后国际公共产品的主要供给方式

关于公共产品的研究，最初主要是从国内的角度来开展的，也就是指一个国家的"公用事业、基础设施、教育医疗、国防事业"等的提供情况③，后来制度主义经济学派将制度引入公共产品的分析范畴，并认为"国际制度可以在国际关系的各领域各层次普遍存在。它可以是区域性的、全

---

① 王义桅：《"一带一路"：再造中国与世界》，《中央社会主义学院学报》2017年第3期。

② 关于资本在经济全球化的主导作用参见胡键：《资本的全球治理：马克思恩格斯国际政治经济学思想研究》，上海人民出版社2016年版，第一章、后记。

③ 金小川：《公共产品生产的国际比较》，《学术研究》1997年第1期。对公共物品问题比较早的研究还可参见[美]保罗·A.萨缪尔森、威廉·D.诺德豪斯：《经济学》，高鸿业等译，中国发展出版社1992年版，第1193—1195页。

球性的或是行业性的,也可以是正式的,或是非正式的"①。因而,国际制度就是一种常见的国际公共产品。进入21世纪以后,学术界关于国际公共产品研究的视野就更加广泛,其中涉及国际组织、国际合作、国际服务、国际制度等。因而,国际公共产品所包含的范围就十分广泛,所有那些跨国外部性的物品、资源、服务、规则或政策体制等都可以被视为国际公共产品②,甚至还包括那些跨国社会基础设施等有形的物质性产品。③ 不管是什么内涵,从第二次世界大战结束以来的情形来看,制度、服务、规则、体制,乃至跨国社会基础设施等,都是西方国家尤其是美国所提供的,而大多数中小国家成为"搭便车"者。

那么,第二次世界大战以来究竟是怎样提供国际公共产品的呢? 从提供者来看,美国无疑是主要提供者。这主要是由美国的实力决定的。在主导国(或霸权国)的主导地位(霸权地位)与提供国际公共产品能力之间的关系问题上,究竟谁是因谁是果,实际上是有争议的。一种观点认为,霸权国在世界军事、政治和经济领域的权力和威望,使其具备了提供国际公共产品的能力。同时,霸权国能够通过自由的世界经济体系获得特殊的利益,保证了霸权国提供国际公共产品的动力。④ 这种观点有助于理解只有主导国(霸权国)才有能力提供国际公共产品的情形。但是,有能力提供和实际提供是两码事。如果有能力提供但并没有实际提供,这样的国家会不会成为主导国(霸权国)呢? 这样的国家可能就不是主

① 屠启宇:《国家、市场与制度:国际制度论评析》,《世界经济与政治》1997年第8期。另外,相关的观点还可参见周瑞华:《制度功能析》,《湖北师范学院学报》(哲学社会科学版)1999年第1期。

② 杨默如:《"一带一路"战略下国际公共产品供给研究》,《价格理论与实践》2015年第11期。

③ 樊勇明、钱亚平、饶云燕:《区域国际公共产品与东亚合作》,上海人民出版社2014年版,第3页。

④ [美]罗伯特·吉尔平:《世界政治中的战争与变革》,宋新宁等译,上海人民出版社2007年版,第144、150页。

导国(霸权国)。这是因为,主导国(霸权国)之所以成为这样的国家,就是通过提供国际公共产品来对世界进行干预的。而那些国际公共产品的搭便车者则往往会受到主导国(霸权国)通过国际公共产品所造成的不可避免的干预。换言之,只有实际提供国际公共产品并通过国际公共产品进行对外干预的国家,才是主导性国家(霸权国家)。于是,我们可以发现,战后国际公共产品的提供方式主要是主导国(霸权国),确切地说是美国通过授权国际组织和签订双边协定网络的方式来提供的。① 具体表现为:

第一,强加的方式,即美国把自己的价值理念、有利于美国的规则强加在国际组织、双边协定上,使之成为国际"遵循"的价值和规则;或者为了战略目标而把自己某种要素(包含物质性的要素)强加在某种国际机制上。一般来说,这种供给方式所产生的国际公共产品是有针对性的。例如,美国在第二次世界大战结束后推行的"马歇尔计划"。另一个案例就是巴黎统筹委员会(即"巴统",也称为"输出管制统筹委员会"),在美国倡导下成立并打上了美国反对社会主义国家的深刻烙印。"巴统"虽然在 1994 年解散,但它所制定的禁运物品列表后来被《瓦森纳协定》[即《关于常规武器和两用物品及技术出口控制的瓦森纳协定》(The Wassenaar Arrangement on Export Controls for Conventional Arms and Dual-Use Good and Technologies)]所继承,其中有关限制高新技术出口到社会主义国家的条款迄今没有根本改变。② 它的影响极其恶劣,甚至美国在对华贸易中存在的巨大贸易逆差,在相当大程度上与此有直接关系。

第二,植入的方式,用比较隐蔽的方式将美国的价值理念、有利于美国的规则嵌入国际组织和双边协定之中。此种情形在战后的国际制度制

① 刘玮、邱晨曦:《霸权利益与国际公共产品供给形式的转换——美联储货币互换协定兴起的政治逻辑》,《国际政治研究》2015 年第 3 期。

② 崔丕:《美国的遏制战略与巴黎统筹委员会、中国委员会论纲》,《东北师大学报》2000 年第 2 期。

定过程中比较常见,尤其是联合国和布雷顿森林体系的相关制度。例如,美国从立国以来尤其是 1890 年以来的对外贸易一直保持着顺差,凭借美国在战后的实力和地位,美国认为这种情形将长期不会改变。因此,在缔约成立关税与贸易总协定(GATT)的时候,美国就以"植入"的方式规定,贸易不平衡的责任由贸易逆差方负责。这种情况一直维系到 20 世纪 70 年代初。然而,由于进入 20 世纪 70 年代后美国对外贸易首次出现逆差,于是开始把贸易不平衡的责任归咎于顺差方。也就是说,美国的植入方式是受制于美国实力的。

第三,主导国际组织的前提下的"协商"式。由于是主导者,所谓的"协商"也主要是程序性的。例如,在美国与北约的关系框架中,美国主导北约,是美国"马歇尔计划"在军事领域的延伸和发展。但是,北约内部有诸多机构如北大西洋理事会、防务计划委员会、国际秘书部、北约军事委员会、欧洲—大西洋伙伴关系委员会等,美国主要还是在军事与防务上发挥领导作用。因此,北约对外的军事行动虽然是美国主导的,但美国会与成员国"协商",尽管"协商"的结果是其他成员国被迫接受。

第四,单边推行的方式。在冷战初期,美国的全球战略进攻性很强,在相当多情况下,美国以单边推行的方式提供国际公共产品,尤其是关于战争的公共产品。例如,朝鲜战争,美国借助联合国安理会表决机制的缺陷,最终单边把 20 多个国家套上了朝鲜战争的战车。

从上述情况来看,"雅尔塔体系本质上并没有赋予美国霸主地位,而是五大国协调一致的机制。也就是说,雅尔塔体系从没有规定美国单方面制定国际规则并单独向世界提供全球公共产品。雅尔塔体系下的所有全球公共产品都是在联合国框架内由联合国大会和联合国安理会成员国代表的国家协商之后来提供的。至于战后由于相当一段时间国际规则的制定被美国主导,美国也曾一度单方面地提供了某些全球公共产品,那也正是意味着美国由于实力的提升而欲突破雅尔塔体系的框架,并不意味着美国得到了安理会和联合国大会的授权而获得了那些特权"①,但美国的确凭借自己的实力而成为战后国际体系的主导国(霸权国),进而成为国际公共产品的主要提供者,美国也因此往往将国际公共产品视为自己的国际政治工具,尤其是为美国利益服务的工具。这也就意味着美国将自己主导下提供的国际公共产品"私有化",有的学者也称之为"私物化"②。一旦把国际公共产品"私有化",那么这种公共产品就具有排他性的特征。反过来说,美国就是为了"排他性"的目的而刻意将国际公共产品"私有化"的。

## 二、冷战后的权力转移与国际公共产品供给的新变化

冷战结束后,学术界开始关注国际政治中的权力转移现象,并进行了大量的研究。③ 不过,权力转移的现象并非冷战结束后的特有现象,这种现象存在于西方国际关系悠久的历史之中。④ 修昔底德(Thucydides)在研究伯罗奔尼撒战争的时候就指出,雅典的力量增长以及由此引起斯巴达的恐惧使得伯罗奔尼撒战争不可避免。⑤ 这实际上就道出了"权力转移"的内涵。自威斯特伐利亚和约以来,国际关系史就是一个权力转移

---

① 胡键:《走向多层次的全球治理——兼评阿查亚的〈美国世界秩序的终结〉》,《湘潭大学学报》(哲学社会科学版)2018年第4期。

② 黄河、戴丽婷:《"一带一路"公共产品与中国特色大国外交》,《太平洋学报》2018年第8期。

③ 相关研究,参见 Aaron L. Frieberg, "The Future of American Power", *Political Quarterly*, No.109,1994, pp.20-21;[美]塞缪尔·亨廷顿:《文明的冲突与世界秩序的重建》,周琪等译,新华出版社2002年版,第四章等。

④ 朱峰、[美]罗伯特·罗斯:《中国崛起:理论与政策的视角》,上海人民出版社2008年版,第3页。

⑤ [古希腊]修昔底德:《伯罗奔尼撒战争史》,徐松岩译,上海人民出版社2017年版,第117页。

的长期过程。关于权力转移是否必然导致战争爆发,这不是本章要讨论的问题,这里主要讨论权力转移过程中国际公共产品生产的变化问题。

冷战后美国的衰落并不是以实力的衰落表现出来的,而是以能力衰落表现出来的。最重要的表现就是美国不再具有单独地提供国际公共产品的能力。实力的衰落只是相对的,而能力的衰落则是绝对的。因为,迄今为止乃至未来相当长时期内,美国依然是新技术的原创地,"美国不仅是战后新科技革命的领跑者,而且在冷战结束以后,在互联网等高新技术领域同样是开拓者,以至于高技术产业对美国经济的贡献率都远远超过世界其他国家";美国拥有最先进的大学和研究机构,"美国大学对全世界的优秀学生都具有强大的吸引力。美国大学一直就是广大发展中国家优秀学生留学的首选。也正因为如此,美国的技术创新能力特别强。大学是研发的主要机构,美国大学的先进不仅表现为对外来学生的吸引力,而且还由于拥有大量的研发投入而对世界各国的研究人员产生了巨大的诱惑。这也是美国技术创新能力强大的一个原因";美国依然还是最前沿的思想产品的制造者,美国"虽只有两百多年的建国历史却创造了当今世界最先进、最发达的哲学社会科学的学科体系、思想体系、理论体系"①。但是,伴随着冷战结束的,是一系列新兴国家的崛起以及各种多边机构包括二十国集团、金砖国家、上海合作组织、中国—东盟等的建立,这些都在以不同的方式"消解"美国的能力,以至于美国无论是在联合国框架内的影响力,还是在国际货币基金组织、世界银行中的投票权,以及在世界贸易组织中的谈判能力都大大减弱。最终使得美国"比任何时候都需要其他大国的支持"②,尽管美国一直还保持着主导国(霸权国)的任性。但是,一个不争的事实是,冷战结束后,国际公共产品的生产方式发生了

---

① 胡键:《走向多层次的全球治理——兼评阿查亚的〈美国世界秩序的终结〉》,《湘潭大学学报》(哲学社会科学版)2018 年第 4 期。

② 黄仁伟:《中国崛起的时间与空间》,上海社会科学院出版社 2002 年版,第 75 页。

重要变化。这表现在：

第一，"复合世界"中的多层次生产。阿查亚提出的"复合世界"，是一个"去中心的、复杂的和多维的世界"①。笔者在这里基本上接受这个概念，但觉得其内涵在阿查亚那里依然是模糊的。阿查亚指出，"首先，复杂理念强调的不是大国的数量，而是它们之间的相互依存关系。其次，复合世界比多极世界更加偏离中心……未来建立世界秩序的力量更加分散化"②。关于这两点，笔者对后者完全赞同，而对前者"强调的不是大国的数量，而是它们之间的相互关系"的观点颇不以为然。笔者认为，"复合世界"大国的数量肯定更多，当然它们的相互关系也就变得更加复杂。不过，大国也是有层次的，美国依然高居顶端，依然在用某种方式进行国际公共产品的生产。而其他大国也在各自的层次上从事同样的工作。由于大国的层次性，因此国际公共产品的生产必然是多层次性的。

第二，多中心的生产。虽然大国是有层次性的，但不同大国在一定范围内也可成为一个中心。例如，巴西在南美、印度在南亚、南非在南部非洲地区、印度尼西亚在东盟地区等，这些国家作为某个地区的中心，也会与相关国家生产某种国际公共产品。国际公共产品无论是多层次的生产还是多中心的生产，美国依然在其中发挥重要作用。但是，与冷战时期相比，冷战结束后的一个重要事实是，美国不是单方面地生产国际公共产品。

第三，新兴国家的创新生产。以金砖国家为主体的新兴国家有一个重要特点，他们大多都曾经遭受过西方的殖民侵略和殖民统治，冷战时期，它们很少有在国际公共产品生产中发挥作用的机会。冷战结束后，这

---

① ［加拿大］阿米塔·阿查亚：《美国世界秩序的衰落》，袁正清、肖莹莹译，上海人民出版社 2017 年版，第 9 页。

② ［加拿大］阿米塔·阿查亚：《美国世界秩序的衰落》，袁正清、肖莹莹译，上海人民出版社 2017 年版，第 13 页。

些国家呈现出整体性的崛起,当然并不一定是一种"集群式"力量,而是相对松散又有一定的合作的关系。它们在地区治理、全球治理等机制上都发挥着积极的作用,创新性地进行国际公共产品的生产。这既是为了摆脱大国的控制,也是为了提升自己的国际地位。因此,包括中国、印度、巴西、南非,以及印度尼西亚、哈萨克斯坦等国,都在这方面有所作为。所谓创新生产,一是指提供的方式不同,完全是在协商的基础上共同创设的;二是机制不同,不是大国主导的,而是成员国一律平等的;三是开放性的公共产品;四是不针对任何第三方的。这样的国际公共产品不会被大国"私有化",也不会引起第三方的不信任或敌意。这与冷战时期的国际公共产品是完全不一样的。

## 三、中国在冷战后国际公共产品生产中的作用

冷战结束后,美国在诸多方面的主导性的确在减弱,特别突出的就是上文所说的美国无力单独供给国际公共产品。从主观愿望来看,中国也从来没有要取代美国成为国际公共产品的主要生产者,中国更没有要颠覆美国主导的国际体系的愿望。那么,中国在冷战后的国际公共产品生产中究竟发挥什么样的作用呢?

第一,在既有的国际体系内对国际公共产品发挥修正的作用。中国的崛起是一种从参与式崛起到融入式崛起最后到建设性崛起的进程。也就是说,中国不是通过战争的方式颠覆既有国际体系来崛起的,而是通过经济上的对外开放逐渐参与和融入既有国际体系之中。也正是因为融入这个体系之中,中国才得以崛起的。换言之,既有的国际体系为中国崛起提供了可持续性和制度性的收益。伊肯伯里(John Ikenberry)就指出:"中国的经济利益似乎非常适应现有的国际体系。全球资本主义是开放的、松散的制度化体系——中国的崛起正是处于这样一个体系下",参与

这个国际体系更加有利于推动中国经济的增长。① 这也就意味着,维护和建设好既有的国际体系符合中国的长期利益。当然,西方也会担心,中国地位上升到一定程度,中国会"果断地制定国际秩序的规则和制度(也就是单独进行国际公共产品的生产)",但伊肯伯里则认为,中国不可能把一系列完全不同的组织原则强加给世界,现存的世界秩序将"允许中国就全球体系的规则和制度首先作出选择";"西方秩序越是制度化,中国的崛起越是会处于这种秩序之内"②。不过,中国绝对不是完全被动接受既有的国际公共产品的。众所周知,第二次世界大战后所生产的国际公共产品都打上了大国烙印,诸多内容对发展中国家包括中国都是不公平的。加之,中国曾经遭受过西方的殖民侵略,因此长期以来,"中国作为殖民主义体系和西方主宰的旧秩序的挑战者,似乎是与生俱来的"③。但是,从 20 世纪 70 年代末中国推行对外开放战略以后,中国从过去的"挑战者""革命者"逐渐转变为"参与者",便一直致力于对既有国际公共产品的不公平、不公正之处进行改革和修正④。

第二,中国与其他国家共同提供国际公共产品。美国相对衰落,但正

① 朱峰、[美]罗伯特·罗斯:《中国崛起:理论与政策的视角》,上海人民出版社 2008 年版,第 154 页。

② 朱峰、[美]罗伯特·罗斯:《中国崛起:理论与政策的视角》,上海人民出版社 2008 年版,第 156、160 页。

③ 黄仁伟:《中国崛起的时间与空间》,上海社会科学院出版社 2002 年版,第 3 页。另外,基辛格、霍尔斯蒂当年用"革命者"来概括中国对待国际体系的态度,参见 Henry Kissinger, *A World Restored*, New York: Grosset and Dunlap, 1964, p.2; Kal J. Holsti, "National Role Conceptions in the Study of Foreign Policy", *International Studies Quarterly*, Vol.14, No.4, 1970, pp.260, 263。

④ 相关的研究可参见门洪华:《国际机制与中国的战略选择》,《中国社会科学》2001 年第 2 期;苏长和:《发现中国新外交——多边国际制度与中国外交新思维》,《世界经济与政治》2005 年第 4 期;苏长和:《周边制度与周边主义——东亚区域治理中的中国途径》,《世界经济与政治》2006 年第 1 期;苏长和:《国内—国际相互转型的政治经济学——兼论中国国内变迁与国际体系的关系(1978—2007)》,《世界经济与政治》2007 年第 11 期;秦亚青、魏玲:《结构、进程与权力的社会化——中国与东亚地区合作》,《世界经济与政治》2007 年第 3 期;等等。

如前文的分析,中国并不是美国的替代者,中国虽然不能单独提供国际公共产品,但能够且非常愿意与其他国家合作共同提供国际公共产品。实际上,在 20 世纪 50 年代中华人民共和国成立不久,中国在与周边国家打交道的过程中就开始尝试与相关国家进行国际公共产品的生产,这就是1953 年、1954 年,中国、印度、缅甸提出的和平共处五项基本原则。和平共处五项基本原则最初是中国处理与周边国家关系的基本原则,后来不仅成为中国处理与一切国家关系的基本准则,而且 1970 年和 1974 年联合国大会通过的有关宣言正式接受了和平共处五项原则。由于和平共处五项基本原则符合时代发展的潮流和国际关系的现实,因此它被联合国确立为当代国际关系的基本准则,成为当代国际关系的重要基石。因而,和平共处五项基本原则也就成为一种重要的国际公共产品。当然,"这一国际公共产品原则实际上一直受到两极冷战的影响,并没有正常发挥其功能"①。在总结冷战的教训之后,邓小平指出:"霸权主义、集团政治或条约组织是行不通了……我认为,中印两国共同倡导的和平共处五项原则是最经得住考验的……我们应当用和平共处五项原则作为指导国际关系的准则。"②从某种意义上来说,邓小平是在"重启"和平共处五项基本原则这一国际公共产品。冷战结束以后,为了维护和平与稳定,打击欧亚地区的恐怖主义、分裂主义、极端主义和其他非传统安全威胁,中国与俄罗斯、中亚国家在以解决边界问题为目标的"上海五国"基础上,建立了冷战结束后第一个综合多边机构——上海合作组织。20 多年来,上海合作组织在安全与经济合作两大类基础上不断进行功能扩溢和成员扩大,已经成为欧亚地区和平稳定的中亚压舱石,是中国倡议与相关国家共同建设的综合性国际公共产品。另外,2000 年,应部分非洲国家的呼吁,

① 胡键:《新型国际关系对传统国际关系的历史性超越》,《欧洲研究》2018 年第3 期。
② 《邓小平文选》第 3 卷,人民出版社 1993 年版,第 282—283 页。

为促进中非双边整体合作,中国与非洲国家共同创立中非合作论坛。①
从创立以来,中非合作论坛在国际公共产品的功能上大致分为三个阶段:
一是以供应经济类公共产品为主的阶段;二是继续供应经济类公共产品
的同时,增加了安全性公共产品的供应的阶段;三是供应思想性公共产品
成为新亮点的阶段。② 从这些情况来看,中国与其他国家共同提供的国
际公共产品并非取代了美国主导下的国际公共产品生产,而是作为一种
补充或者说作为一种可供选择的新的公共产品而存在的。尽管美国也常
常会认为这是对美国主导的国际体系的挑战,但由于中美之间意识形态、
社会制度不同,美国对中国国际角色的认知是难以克服固有偏见的。③

第三,中国在既有的国际体系内不断创新国际公共产品,或者说是提
供全新的国际公共产品。那么,中国提供了哪些全新的国际公共产品呢?
其一,中国提供了符合当今国际关系的全新的理念即人类命运共同体的
价值理念。人类命运共同体的价值目标,"不是狭隘的国家利益、狭隘的
国家安全和国家在国际体系中的主导地位,而是人类命运共同体。这个
目标既不像乌托邦主义那种虚无缥缈,也不像现实主义那样陷入'丛林
法则'之中",而是"以共同价值为基础的,以独立自主的和平外交为手
段,以全球伙伴关系为纽带,秉承共商共建共享的全球治理观,以开放的
姿态和高举着和平、发展、合作、共赢的旗帜,来追求人类共同的可持续发
展的'天下大同'世界"④。其二,中国提供了全新的国际公共服务。以

---

① 李安山:《论中非合作论坛的起源——兼谈对中国非洲战略的思考》,《外交评论》
2012 年第 3 期。

② 张春:《中非合作论坛与中国特色公共产品供应探索》,《外交评论》2019 年
第 3 期。

③ 胡键:《中国国际角色的转换与国际社会的认识》,《现代国际关系》2006 年
第 8 期。

④ 胡键:《新型国际关系对传统国际关系的历史性超越》,《欧洲研究》2018 年
第 3 期。

前的国际公共服务主要是通过国际制度的"搭便车"现象让西方国家获得相应的国际公共服务,所有国家要获得这种服务就必须签署相关的国际协议和加入相应的国际制度。但是,当传统的国际公共产品的提供能力出现短缺的时候,用来提供国际公共服务的国际制度也同样会出现短缺现象。中国在这方面的创新就在于"通过科技的发展而为国际社会提供相应的科技服务,使中国的科技发展能够惠及国际社会"①。在北斗系统的国际应用上尤其突出,北斗系统是中国自主开发的科研成果,中国通过北斗系统对外提供国际公共服务,从而为世界各国在卫星导航及相关应用上提供了一种新的选择。其三,中国提供了全新的国际关系理论即新型国际关系理论。西方国际关系理论的自由主义、现实主义、建构主义三大传统之间尽管有诸多的分歧和论争,但都没有摆脱以权力追逐利益并以利益来实现权力最大化的"怪圈",因而这些理论都没有解决战争与冲突问题。新型国际关系理论的核心内容是"合作共赢"②,也就是"通过合作实现共赢,打造人类命运共同体,共同为一个更美好的世界而努力;其本质是顺应世界潮流,摒弃零和博弈思维,避免单边霸权行为,以开放包容的建设性路径促进国家目标的实现,以协调合作的建设性方式促进国际关系的优化"③。因此,有学者称之为"合作主义"政治学,并认为这是中国摆脱"修昔底德陷阱"和"大国政治悲剧"的路径。④ 笔者认为,新型国际关系的理论实际上是中国国际关系的"和平发展学"⑤,正是为

① 胡键:《天缘政治与北斗外交》,《社会科学》2015年第7期。
② 阮宗泽:《构建新型国际关系:超越历史赢得未来》,《国际问题研究》2015年第2期。
③ 门洪华:《构建新型国际关系:中国的责任与担当》,《世界经济与政治》2016年第3期。
④ 刘建飞:《构建新型大国关系的合作主义》,《中国社会科学》2015年第10期。
⑤ "和平发展学"这一概念,笔者最早在2017年接受《中国社会科学报》采访时就已提出,在经过几年的思考后形成了一篇论文,并对此进行了比较详细的阐释。参见胡键:《中国和平发展学研究——兼与王帆教授商榷》,《国际观察》2020年第3期。

促进世界的和平发展,因而才使得国际社会愿意接受中国这种全新的理论。其四,中国提供世界共同认可的倡议尤其是"一带一路"倡议。冷战结束以后,中国提出了不少倡议,但"一带一路"倡议却是具有战略性意义的倡议。这个倡议的目的是在"共商共建共享"的基础上实现共赢发展。正因为如此,这个倡议才得到国际社会的广泛支持。据统计,到"一带一路"第二届高峰论坛的时候,已经有 130 多个国家和 30 个国际组织同中国政府签署了近 200 份共建"一带一路"的合作文件。更为重要的是,2016 年 3 月,安理会通过推进"一带一路"倡议内容的第 S/2274 号决议,该决议第 22 款规定:"呼吁加强区域合作进程,包括采取措施促进区域贸易和转口,包括落实'丝绸之路经济带和 21 世纪海上丝绸之路'等区域发展举措,订立区域和双边转口贸易协定、扩大领事签证合作和便利商务旅行,以扩大贸易、增加外来投资并发展基础设施,包括基础设施的连接、能源供应、运输和综合边境管理,以加强阿富汗在区域经济合作中的作用,在阿富汗促进可持续经济增长和创造就业。"第 23 款又进一步规定:"为此强调,必须加强那些有利于连通的地方和区域运输网,以促进经济发展、稳定和自我维持,特别是完成和维护地方铁路和公路路线,制订区域项目以进一步加强连通,提高国际民用航空能力。"同年 11 月第 71 届联合国大会协商并一致通过关于阿富汗问题的第 A/71/9 号决议,呼吁国际社会进一步凝聚援阿共识,在政治、经济、安全领域向阿富汗提供援助。决议欢迎"一带一路"等经济合作倡议,敦促各方通过"一带一路"倡议等加强阿富汗及地区经济发展,呼吁国际社会为"一带一路"倡议建设提供安全保障环境。这是联合国大会决议首次写入"一带一路"倡议,并得到 193 个会员国的一致赞同,体现了国际社会对推进"一带一路"倡议的普遍支持。换言之,"中国议程"真正成为"世界议程"。①

---

① 胡键:《"一带一路"与中国软实力的提升》,《社会科学》2020 年第 1 期。

## 四、"一带一路"在哪些方面体现出创新性的国际公共产品？

正如上文所述，"一带一路"是中国向世界提供的全新的国际公共产品。那么，这种创新性表现在哪里呢？

第一，中国单独提供，世界各国"共商共建共享"。在具有世界意义的国际公共产品的生产上，"一带一路"可以算是中国第一次单独提供的国际公共产品，但与此前大国提供国际公共产品的不同方式在于，"一带一路"强调"共商共建共享"的原则。这些原则表明，"一带一路"作为国际公共产品并非一种顶层设计，而是需要在实践中不断完善的。从这一方面来看，把"一带一路"视为"中国的新马歇尔计划"①的观点就不攻自破。因为，"一带一路"不仅不是中国的一揽子对外援助计划，而且在提出来后还需要在开放的原则下由相关各国共同建设。② 而从原则上来看，"共商"所体现的是平等性，虽然是中国提出来的，但并不是中国能够单方面推进，需要与各方商量（即签署相关的框架文件）。这与战后以来所有的国际公共产品完全不一样。"共建"体现的是协作性，战后以来所有的国际公共产品从来没有"共建"的内容，而"一带一路"则需要在"共商"达成国家间的协议以后共同建设，不是中国单独的建设实践。"共享"体现的是共赢性。战后以来的其他国际公共产品虽然免不了通过"搭便车"的方式来获得增益，但客观上并非体现共赢性，主要还是体现提供者的单方面的收益。但是，"一带一路"从提出来的主观意图和客观实际来看，都是为了实现共赢的局面。因此，这是完全不同于以往的全新

---

① 金中夏：《中国的"马歇尔计划"——探讨中国对外基础设施投资战略》，《国际经济评论》2012 年第 6 期。

② 关于"一带一路"话语的研究，参见本书第五章。

的国际公共产品。

第二,"一带一路"的国际公共产品是不结盟性的。结盟性的国际公共产品一般只是部分国家的共同体,而且这种共同体一定是有针对的具体对象,即共同体外的另外某些国家。这种共同体大致可以追溯到卢梭(Jean-Jacques Rousseau)的共同体思想,如前文所引述的"一旦人群这样地结成了一个共同体之后,侵犯其中的任何一个成员就不能不是在攻击整个的共同体;而侵犯共同体就更不能不使得它的成员同仇敌忾"[1]。因此,为了避免对整个共同体的伤害,那么共同体就会集体对付对共同体其中任何一个成员进行伤害的"他者"。这就是所谓的集体安全思想。这种思想所导致的世界紧张局势在冷战时期的北约和华约之间的关系中突出地体现出来。然而,"一带一路"框架内的合作从来就不具有结盟性,不针对任何第三方,倡导互联互通。有一种观点认为,"一带一路"是中国改造国际秩序的战略,不仅是中国一项兼具地区发展战略和全球秩序设计意涵的战略构想,同时也是中国依托地缘区位优势,在欧亚大陆谋篇布局,与美国展开地缘政治、地缘经济和国家软实力投射"三重博弈"的战略工具。[2] 如果是这样,那么"一带一路"就会使大国之间的战略博弈在所难免。[3] 但实际上,"一带一路"十年来并没有导致这样的结果,相反它不断在推进欧亚大陆乃至世界范围内的紧密合作。由此可见,"一带一路"并非仅仅局限于中国周边、欧亚大陆,而是一个在世界范围内加强合作以促进经济发展的国际公共产品,因而也是没有终点的国际公共产品。这也是与战后以来的其他国际公共产品所不同的创新性国际公共产品。

---

① [法]让-雅克·卢梭:《社会契约论》,何兆武译,商务印书馆2003年版,第23页。
② 信强:《"三重博弈":中美关系视角下的"一带一路"战略》,《美国研究》2016年第5期。
③ 胡键:《"一带一路"健康话语的构建》,《新疆师范大学学报》(哲学社会科学版)2018年第1期。

第三,"一带一路"是一个完全开放的国际公共产品。它的开放性包含了两方面的含义:第一方面的含义是指"一带一路"尽管是国际公共产品,但由于是中国首创,最初的目的是促进中国内部的对外开放,这就是党的十八届三中全会所指出的,加快沿边开放步伐,允许沿边重点口岸、边境城市、经济合作区在人员往来、加工物流、旅游等方面实行特殊方式和政策;建立开发性金融机构、加快同周边国家和区域基础设施互联互通建设,推进丝绸之路经济带、海上丝绸之路建设,形成全方位开放格局。提高对外开放水平,完善对外开放格局,"就需要适应经济全球化新形势,推动对内对外开放相互促进、'引进来'和'走出去'更好结合,促进国际国内要素有序自由流动、资源高效配置、市场深度融合,加快培育参与和引领国际经济合作竞争新优势,以开放促进改革"①。也正因为如此,与"一带一路"相配合的是六大国际经济走廊,通过六大国际经济走廊来推进"一带一路"的"五通"。如果说过去以经济特区、沿海开放城市、沿海经济开放区为内容的开放是中国对外开放的 1.0 版,那么"一带一路"无论从广度、深度还是质量来看都可以称为中国对外开放的升级版,即2.0 版。通过国际公共产品来主动促进内部的改革开放。这是战后以来任何国际公共产品所没有的功能。"一带一路"的开放性第二方面的含义在于,它是对所有国家、国际组织的开放。以往的国际公共产品都是有边界的,尽管在边界外的行为体会存在主动"搭便车"的现象,而且一种国际公共产品本身也有外部性特别是正外部性,会导致该国际公共产品的边界变得相对模糊;但是,就该国际公共产品而言不会是对所有国家和其他行为体开放的,只是一部分国家和一部分行为体的国际公共产品。"一带一路"完全不一样,只要国家内部稳定(包括政治、经济、社会的稳定),且与中国外交关系正常,中国都会欢迎它们加入"一带一路"的"朋

---

① 胡键:《一带一路战略构想及其实践研究》,时事出版社 2016 年版,第 15 页。

友圈"。

第四,"一带一路"的国际公共产品性能是通过市场利益驱动而逐步形成的。有学者认为,从公共产品的角度来看,有两种力量可促进区域合作:市场驱动和制度驱动①。这两种力量都有可能最终在合作的基础上形成国际公共产品。这两种力量的方式是完全不一样的,市场驱动一般是在不断深入合作的基础上形成机制化的新制度,进而在此基础上塑造国际公共产品。而制度驱动则是先进行制度设计,也就是设计一套制度作为国际公共产品,这种制度具有顶层意义,各个成员在这个制度之下进行合作。实际上,这两种方式的方向是正好相反的,但相比之下,市场驱动的方式要比制度驱动的方式容易得多。这是因为,相关的各方可以直观地看到收益预期,尤其是在既有的合作收益的外溢效应下,利益的诱致性会对潜在合作方产生示范效应。而在制度驱动下潜在合作方最初并没有收益预期,而直接感觉到的是制度约束,因而潜在合作方的合作意愿就比较低。市场驱动下而形成的国际公共产品迄今为止为数尚少,一般都是制度驱动下"设计"的国际公共产品比较常见。然而,"一带一路"可能是为数尚少但已形成的一种市场驱动下的国际公共产品。"一带一路"的市场驱动是通过两种方式来实现的,一种是利益相互依赖,另一种是利益相互嵌入。② 而"一带一路"之所以能够成为在市场驱动之下的国际公共产品,一方面的原因在于中国 40 多年的对外开放成就了中国的对外贸易大国的地位,而根据国家统计局发布的消息,中国也是全球第二大外资流入国。因此,40 多年来,中国与主要大国、中国周边国家形成了经济上相互依赖度较高的情形。另一方面,在吸引外资和大规模出口贸易的同时,中国也已成为对外投资存量规模全球第二大国家。在经济要素出出

---

① 黄河:《公共产品视域下的"一带一路"》,《世界经济与政治》2015 年第 6 期。

② 胡键:《"一带一路"的战略构想与欧亚大陆秩序的重塑》,《当代世界与社会主义》2015 年第 4 期。

进进的过程中,形成了中国与世界其他国家利益相互嵌入程度非常深的利益格局。正是因为经济上相互依赖程度高、利益上相互嵌入程度深的格局,助推了"一带一路"在市场驱动下形成一种全新的国际公共产品。

第五,基于"民心相通"的国际公共产品。所谓"民心相通"就是指在不同文化之间通过交流而形成民众的共同认知。以往的国际公共产品的生产基本上不会考虑民众(包括提供方和消费方)的认知问题,而关键是各国执政精英的决定。但是,"一带一路"作为国际公共产品,尤其强调沿线国家民众的认知,并且把这种认知作为基础性的要素而被特别重视。这也是以往国际公共产品所不具有的特点。这主要是因为,一方面,"一带一路"的概念源自古丝绸之路,而古丝绸之路虽然是因战争而起,却因文化而兴;另一方面,"一带一路"是直接关乎相关国家民生问题的特殊国际公共产品,相关国家民众的感知程度和认知取向,也就直接影响"一带一路"的实践。从这一情况来看,"民心相通"无疑是基础性的要素。

## 五、"一带一路"国际公共产品如何提升中国的软实力?

"一带一路"倡议及其实践与中国软实力的提升是双向互动的。一方面,中国整体实力提升才有可能为国际社会提供国际公共产品。而"一带一路"也正是因为中国在改革开放和现代化建设中取得了举世瞩目的成就,为了中国内部的高质量发展和对外用中国的经济发展"反哺"世界,中国不仅提出了"一带一路"的倡议,而且不断推进高质量发展的合作实践,从而形成了一种以合作共赢为目标取向的国际公共产品。另一方面,国际社会愿意接受并参与到"一带一路"的合作实践之中,也意味着"一带一路"国际公共产品成为提升中国软实力的重要工具。从九年多的实践来看,"一带一路"至少在以下几个方面提升了中国软实力:

第一,"一带一路"提升了中国文化的辐射作用。文化的辐射作用可以通过两方面表现出来,一方面是文化要素的对外流动,从而使文化要素对外产生影响力和辐射力。"一带一路"提出来后,中国文化"走出去"也同时提上日程,并且众多的文化项目也随着中国经济对外投资和贸易等项目而产生了实质性的成果。另一方面,外部文化要素也在"一带一路"的合作实践中不断流入中国,从而使外部文化要素在中国文化的包容之下而受到中国文化的影响。大多数人都在意文化要素向外流动而产生的影响力和辐射力,很少关注外部文化要素流入后而被本土文化所吸纳,反而提升了本土文化的对外影响力和辐射力的情形。不过,马克思、恩格斯是有这种观点的,他们在《德意志意识形态》中就指出:"民族大迁徒后的时期到处可见的一件事实,即奴隶成了主人,征服者很快就接受了被征服民族的语言、教育和风俗。"①外来的征服者接受了被征服者的文化,从而使被征服者的文化获得传播力、辐射力和影响力。在中国,梁漱溟先生在研究中国文化的特性的时候也论及此观点,"中国能以其自创之文化绵永其独立之民族生命,至于今日岿然独立",正是因为中国文化"对于外来文化,亦能包容吸收,而初不为其动摇变更",因而"中国文化放射于四周之影响,既远且大"②。梁漱溟先生从大历史的角度认识到,外来文化元素流入中国之后有利于提升中国文化辐射力。在"一带一路"的实践中,我们同样也发现这种情形,外部文化流入中国之后提升中国文化软实力的情形。近年来这种情况已经越来越多,而且确实对提升中国软实力发挥了积极的作用。

第二,中国"一带一路"政策对外产生了积极效应。约瑟夫·奈指出,"当政策被视为具有合法性及道德威信时",就成为一个国家的一种

---

① 《马克思恩格斯文集》第 1 卷,人民出版社 2009 年版,第 578 页。
② 梁漱溟:《中国文化要义》,上海人民出版社 2005 年版,第 7、8 页。

软实力①。中国的对外政策虽然都是积极促进世界和平和各国发展的，但由于西方固有的意识形态偏见而产生的制度化刻板认知，中国的对外政策总是遭遇西方媒体所构塑的问题话语。例如，中国长期以来对非洲落后国家给予援助，但西方媒体认为中国在推行"新殖民主义"②；中国高校与其他国家高校合作办孔子学院，目的是为了给这些国家的民众学习汉语提供方便，但中国此举又被西方媒体冠以"文化殖民主义"或"文化扩张主义"③等。中国关于"一带一路"的政策虽然也遭遇过一些问题话语，尤其是一些国家将它过度政治化，并"成为少数国家内部政治斗争的操作议题和博弈工具，成为地缘政治和大国外交竞争的聚焦点，使中国国际形象的建构受到负面影响，在少数国家甚至导致部分项目被停工、被中断、被废弃"④。此外，有的国家则在"民族宗教""环境污染""领土争端""社会事故"方面给中国贴上了明显的负面标签，从而使得一些国家对"一带一路"倡议表现出审慎甚至警惕的态度。⑤ 但是，"一带一路"倡议的积极效果从九年多的实践来看是非常显著的。中国不仅是"一带一路"倡议的提出者，而且也是具体的实践者。中国关于"一带一路"政策的合法性在于"共商、共建"，不是强制推行，而是在协商的基础上共同建

---

① ［美］约瑟夫·奈:《软力量:世界政坛成功之道》，吴晓辉、钱程译，东方出版社2005年版，第11页。

② 孙勇胜、孙敬鑫:《"新殖民主义论"与中国的外交应对》，《青海社会科学》2010年第5期。另外，还可参见王峰、吴鹏:《修辞批评的"社会—认知"路向:以中国"非洲新殖民主义"新闻辩论话语为例》，《新闻与传播研究》2014年第9期;刘爱兰、王智煊、黄梅波:《中国对非援助是"新殖民主义"吗？——来自中国和欧盟对非援助贸易效应对比的经验证据》，《国际贸易问题》2018年第3期。

③ 韦宗友:《美国对华人文交流的看法即政策变化探析》，《美国研究》2019年第3期。

④ 胡宗山、聂锐:《"一带一路"倡议:成就、挑战与未来创新》，《社会主义研究》2019年第6期。

⑤ 曲茹、于珊珊:《"一带一路"背景下中东欧国家涉华舆情研究与引导策略——以捷、波、拉、罗、匈五国主流媒体网站新闻报道为例》，《对外传播》2019年第12期。

设。政策的"道德威信"则在于"共赢"。"共赢"不仅符合世界普遍性的道义原则,而且也同参与"一带一路"的各国的经济发展和现代化目标相吻合。因此,中国"一带一路"倡议及其政策得到了广泛的赞同。

第三,"一带一路"推进中国标准的国际化。所谓标准就是规范,制度有制度的规范,技术有技术的规范。就正如一个国家提供制度规范可以认为是这个国家拥有了这方面的制度软实力。同样,一个国家提供技术规范、市场规范,也意味着这个国家因此获得了技术规范、市场规范的软实力。"一带一路"的项目合作既是技术合作,也是市场规范对接,究竟以什么为标准,这是需要协商的。不过,由于项目合作的技术主要是中国提供的,因此技术标准只能由中国来制定。鉴于此,中国政府先后通过了《标准联通"一带一路"行动计划(2015—2017)》和《标准联通共建"一带一路"行动计划(2018—2020 年)》。这是塑造中国标准、推动中国标准国际化最重要的一步,而诸如高铁、电力、核能、航天航空、信息技术等中国优势产业,则是"中国标准"在"一带一路"实践中最重要的"推手"。[①]

第四,"一带一路"也使中国的价值理念获得国际认可。客观地说,中国革命的理念在相当长时期内是得到国际认可的。一方面是因为中国革命的胜利给广大殖民地附属国的人民以极大的鼓舞。因此,这些国家的人民都希望效仿中国的革命,从而使中国关于革命的理念在广大亚非拉国家获得认可。另一方面,中国"革命"的理念最初是用于反对西方主导的殖民主义秩序的,但在冷战时期也用于反对霸权主义和强权政治。不过,中国关于经济发展的价值理念尚未被国际社会认可,即便是中国现代化建设取得了举世瞩目的成就,中国的发展道路及其相关的价值理念也并没有得到国际社会普遍的认可。相反,中国经济迅速发展的时候,也

---

① 郭学堂:《"高铁外交"的地缘政治学解读》,《社会科学》2015 年第 6 期;胡键:《天缘政治与北斗外交》,《社会科学》2015 年第 7 期。

恰恰是西方关于"中国威胁论""中国强硬论""中国傲慢论"等不利于中国发展的话语甚嚣尘上的时候。这可能与中国长期以来着眼于自己内部的发展,以解决中国内部问题为中心的政策取向有关。随着中国的迅速发展,中国从实力、能力出发,主动承担越来越多的国际责任,尤其是中国把自己的发展延伸到周边乃至更远的其他地区,用来"反哺"世界。这一实践所体现的就是中国的"一带一路"所承载的经济发展和现代化理念,这些理念也正是通过"一带一路"的实践而远播到世界各国,并在相应国家又转化为对民众的具体实惠。

# 第八章 "一带一路"与
# 中国的语言战略①

　　"一带一路"的实践已经取得了巨大的成就,但作为一项重要的战略性倡议,我们需要高质量推进"一带一路"的实践。数年来,"一带一路"也因遭遇一些问题的掣肘而难以深入,但从具体的实践来看,最直接的掣肘因素还是跟语言有关。鉴于"一带一路"沿线国家语言种类繁多,语言资源丰富,语言状况复杂,为推进"一带一路"实践高质量发展,我国迫切需要制定和实施面向"一带一路"的语言战略。② 而这个战略最关键的就是我国高校的外语教育及其研究,因为高校外语教学与研究关系到中国相关人才的语言能力的提升和语言战略的落实。③

## 一、什么是国家的语言战略?

　　一般来说,"战略"总是与国际、外交、军事等学科联系在一起的。然而,全球首家孔子学院于 2004 年在韩国首尔正式设立,而作为一个在中

---

① 本章单篇刊发于《学海》2020 年第 2 期。
② 王辉、王亚蓝:《"一带一路"沿线国家语言状况》,《语言战略研究》2016 年第 2 期。
③ 魏晖:《"一带一路"与语言互通》,《云南师范大学学报》(哲学社会科学版)2015 年第 4 期。

国国家汉办主导下推进建立、以向世界推广汉语和传播中国文化为目标的文化交流机构,这本身就蕴含着汉语战略的考量。尽管一般人都只认为是教学项目合作模式、教学类型和教学模式、文化交流和沟通模式、办学人才培养模式的创新①,但从当时设计孔子学院的初衷来看,认为汉语国际推广"是国家和全民族伟大复兴事业的重要部分"②。从这一点来看,语言战略就初见端倪了,事实上,正是从2006年起,语言学界开始把"语言战略"作为研究的主题。③ 从那时起,语言正式进入国家战略,或者也可以说是语言本身就开始成为战略。

语言成为战略,实际上与中国对外开放的广度与深度,以及与中国的国际地位有直接的关系。从语言与中国对外开放的关系来看,在中国还没有对外开放的时候,内部的语言交流主要是以本土化的语言(包括方言)为主,而能够说外语、用外语、阅读外语资料的反而慑于某种原因而刻意回避自己的这种外语能力。对外开放以后,语言的重要性越来越凸显,这表现在两个方面,一方面中国通用语言(即汉语普通话)的普及化,这是为了更好地接纳外部要素,尤其是外来投资者。如果连通用语言都没有普及,都是用各地方言在进行交流,这势必影响外来投资者的投资环境。有学者就语言的多样性与对外开放程度之间的关系专门进行了研究,发现一个城市平均每增加一种方言,对外开放程度将降低2—2.4个百分点;修正的语言多样性指数每增加一个标准差,对外开放程度将降低

---

① 王学松:《加强中外合作汉语教学项目模式的研究》,《中国高教研究》2005年第6期。

② 许琳:《汉语加快走向世界是件大好事》,《语言文字应用》2006年第4期。

③ 沈骑、夏天:《论语言战略与国家利益的维护与拓展》,《新疆师范大学学报》(哲学社会科学版)2014年第4期。2007年,国家语委提出"语言战略是国家发展战略的有机组成部分"的命题。参见2007年国家语委公布的《国家语委语言文字应用科研工作"十一五"规划》提出我国将开展国家语言战略研究,教育部网站,见http://www.moe.gov.cn/s78/A19/yxs_left/moe_811/s233/201012/t20101214_112567.html。

约 1.5 个百分点。① 另一方面则是汉语的国际化,这也有一个指标即语言普及性指数。这个指标是指该国的官方语言被纳入国民教育体系的国家数量。官方语言是文化的重要指标,被纳入国民教育体系的国家越多,就意味着文化传播力越大。从语言普及性指数来看,汉语的确无法与英语相比,甚至不如德语、法语、意大利语,与俄语的情况类似。因此,汉语国际化推广的任务确实是非常艰巨。

从语言与中国国际地位的关系来看,首先应该是国家国际地位的提升会推进该国语言的国际地位。众所周知,联合国六大工作语言之一就有中文,中文的这个国际地位是由于中国在世界反法西斯战争中所作出的巨大贡献,曾在创建联合国过程中所发挥的作用,中国作为联合国安理会五大常任理事国之一,因而中文在联合国中才拥有这样的地位,当时中文就被确认为联合国官方语言。然而,当时中文并未成为实际使用的工作语言。其主要原因有两个:一个是当时的中国积贫积弱,国家政治地位低下;另一个是任职于联合国的国民政府官员以用英文为荣,缺乏对语言权利的政治敏锐性。② 直到 1971 年中华人民共和国在联合国的席位恢复之后,中文地位的改变才有了重大转机。在中国代表团的多次呼吁和要求下,1973 年 12 月联合国大会通过第 3180、3189 号决议,中文终于成为联合国大会的工作语言。③ 进入改革开放和社会主义现代化建设新时期之后,中国经济发展取得巨大成就,经济的发展也驱动着语言的发展,中国参与经济全球化的进程越深,语言走向全球的步伐也越大,中国经济

---

① 李广勤、曹建华、邵帅:《语言多样性与中国对外开放的地区差异》,《世界经济》2017 年第 3 期。
② 文秋芳:《中文在联合国系统中影响力的分析及其思考》,《语言文字应用》2015 年第 3 期。
③ 陈鲁直:《联合国的语文杂谈》,《世界知识》2001 年第 14 期。

的强大必然提升汉语的国际地位。① 也正因为中国经济的迅速发展,一方面各国的不少民众都希望到中国来寻找事业发展的机会,从而促使他们对汉语的学习产生兴趣;另一方面,中国经济的对外拓展,也给其他各国的民众带来了各种实惠,在这个过程中,汉语自然也就随着中国经济不断走向世界,从而不断提升汉语的国际化程度。孔子学院实际上也是顺应国际需求而设立的,并非中国刻意地在世界各国推广汉语和中国文化。反过来,语言国际化程度的不断提高,由于语言不仅是交流的工具,更是文化的重要载体,而且"语言一旦被纳入战略层面,就有了崭新的政治特质"②,因此,语言的国际化彰显的是一个国家的文化软实力的提升和国家综合国力的增强,这无疑就是语言崭新的政治特质之一。

那么,语言战略的内容究竟是什么呢? 语言学家认为,所谓语言战略是指根据国家语言需求为提升国家语言能力而进行的"一系列被赋予重要价值取向的持续性的语言规划"。③ 这句话是比较抽象的,而且主要强调"价值取向"和"语言规划"。因此,这个判断显然没有把语言战略全面表达出来,而且国内学者基本上也是从语言规划来研究语言战略的。笔者认为,语言战略至少应该包括以下四大要素:语言资源、语言能力、语言规划、语言战略意图。

第一,关于语言资源的内涵,近些年语言学界讨论颇多④,但都认为语言资源应包括语言本体和语言社会应用两大资源,还包括这两大资源

---

① 党兰玲:《语言与经济的互动关系》,《华北水利水电大学学报》(社会科学版)2016年第3期。

② 张文木:《在推进国家语言战略中塑造战略语言》,《马克思主义研究》2011年第3期。

③ 沈骑、魏海苓:《构建人类命运共同体视域下的外语战略规划》,《外语界》2018年第5期。

④ 陈章太:《论语言资源》,《语言文字应用》2008年第1期;王铁昆:《基于语言资源理念的语言规划——以"语言资源监测研究"和"中国语言资源有声数据库建设"为例》,《陕西师范大学学报》(哲学社会科学版)2010年第6期;陈丽君、胡范铸:《语言资源:一种可以开发利用的旅游资源》,《旅游科学》2010年第6期;李德鹏:《论语言资源的内涵与外延》,《云南师范大学学报》(对外汉语教学与研究版)2014年第2期;魏晖:《文化强国视角的国家语言战略探讨》,《文化软实力》2016年第3期。

所派生出来的相关资源。但是,既然是语言战略,而战略是充分利用各种资源的全局性的筹划和指导,那就应该包括外部可利用的相应资源。因此,仅仅从国家内部来认识语言战略中的语言资源显然是不全面的,还应该看到其他国家的语言资源同样可以"拿来"为中国的语言战略服务。

第二,关于国家语言能力,这个概念最初是美国学者提出来的,李宇明教授在 2011 年年初将这个概念引入国内。同年戴曼纯将"国家语言能力"与"国家安全"放在一起来研究,认为国家语言能力缺失是一个威胁国家安全的潜在因素,国家安全需要语言作必要的保障。[①] 不过,国内学术界在大致接受李宇明关于国家语言能力内涵界定的前提下也有一些分歧。一种观点认为,"国家语言能力是指一个国家掌握利用语言资源、提供语言服务、处理语言问题、发展语言及相关事业等方面能力的总和"[②]。另一种观点虽然也是从资源利用来认识的,但强调国家语言能力是"国家分配和管理国家语言资源的效率,是一种突出内部要素禀赋的内生性能力"[③]。前者只是一个客观的判断,后者强调对资源利用的效率,但笔者觉得都没有体现国家语言战略的内容。后来,文秋芳将国家语言能力定义为:"政府处理在海内外发生的涉及国家战略利益事务所需的语言能力"[④]。这个定义增强了语言战略的色彩,但"不是广义的国家语言能力,而是'国家战略语言能力'",不过,这个定义"对于优先发展国家战略语言具有指导意义"[⑤]。在此次基础上,文秋芳进一步将国家语言能力分解为"国家语言资源能力"(即国家语言内在能力)和"国家话语能力"

---

① 戴曼纯:《国家语言能力、语言规划与国家安全》,《语言文字应用》2011 年第 4 期。
② 赵世举:《全球竞争中的国家语言能力》,《中国社会科学》2015 年第 3 期。
③ 魏晖:《国家语言能力有关问题探讨》,《语言文字应用》2015 年第 4 期。
④ 文秋芳:《国家语言能力的内涵及其评价指标》,《云南师范大学学报》(哲学社会科学版)2016 年第 2 期。
⑤ 戴曼纯:《国家语言能力的缘起:界定与本质属性》,《外语界》2019 年第 6 期。

（即国家语言外化能力），并探讨了二者之间的内在关系。① 笔者认为这种概括和分解体现了国家话语战略的本质，即国际话语能力不只是利用话语资源，而且还要有对话的话语能力。

第三，关于语言规划，一般来说，规划具有长远性、全局性、战略性、方向性，就是指在运用资源的时候要把握轻重缓急和远近长短。语言规划在战略层面一定与国家安全联系在一起，至少要体现国家的安全价值。出于对"9·11"事件的深刻反思，美国在 2006 年提出了旨在维护国家安全的"关键语言"战略。这实际上是关于美国国家安全的语言战略，由美国教育部、国防部、国务院以及情报主任办公室负责实施。②从美国的情况来看，语言规划就是以维护美国国家安全为宗旨的。由于语言承载的是文化，语言规划所体现的国家安全就是直接通过语言规划来达到传播文化的目的。在这方面，西方国家很早就有语言规划的项目特别是文化外交。例如，17 世纪法国政府就开始向国外传播法兰西文化。19 世纪末法国建立了专门从事对外法语教学和传播法兰西文化的"法语联盟"。19 世纪末 20 世纪初，德国、英国、意大利等国都建立了相应机构在其他国家从事文化活动。③ 中国学者在讨论中国的语言规划的时候，除极少数学者如戴曼纯④、赵蓉晖⑤把语言规划与国家安全联系在一起来讨论外，其他涉及讨论语言规划的学者基本上都是从外语教育发展、现实政策需要探讨语言规划的。笔者认为，语言规划就

① 文秋芳：《国家话语能力的内涵——对国家语言能力的新认识》，《新疆师范大学学报》（哲学社会科学版）2017 年第 3 期。
② 王建勤：《美国"关键性语言"战略与我国国家安全语言战略》，《云南师范大学学报》（哲学社会科学版）2010 年第 2 期。
③ 韩召颖：《输出美国：美国新闻署与美国公共外交》，天津人民出版社2000 年版，第 3 页。
④ 戴曼纯：《国家语言能力、语言规划与国家安全》，《语言文字应用》2011 年第 4 期。
⑤ 赵蓉晖：《国家安全视域的中国外语规划》，《云南师范大学学报》（哲学社会科学版）2010 年第 2 期。

是要对语言资源在时间与空间上的合理分配,以达到既可以维护国家安全又能够有效实施文化传播的目的。因此,语言规划要直接体现在语言教育发展、人才培养、文化传播、国家安全和思想理论创新的各个领域。

第四,关于语言战略意图,也就是语言资源、语言能力、语言规划这三个方面体现什么样的国家意志。这方面国内学术界研究成果不多,检索看到的一篇论文是关于美国对苏联及俄罗斯的语言战略意图的研究,文章指出"从 20 世纪 80 年代实施至今的'东欧及原苏联研究和语言培训项目'就是美国对俄语言战略的重要手段,它体现了美国以语言为工具实现国家政治目标的战略意图"[①]。至于关于中国的语言战略意图的研究几乎为空白。然而,这是一个非常重要的问题。特别是中国的语言政策究竟是使汉语成为国际语言,还是通过汉语的国际推广达到传播中国文化的目的? 抑或是,中国的外语教育依然是为了培训能够说外语的人才,还是通过掌握外语并综合了解语言母国、地区的政治、经济、社会、历史、文化等? 使用中国文化取代其他文化,还是加强中国文化与其他文化之间的对话与交流?是培养语言人才一种语言技巧,还是培养语言人才更多的一种思维? 对诸如此类问题的不同答案,实际上就体现不同的语言战略意图。但是,无论如何,中国的语言战略意图尤其是在"一带一路"实践中,必须要体现文化交流的目的,也就是要征服人心。因为,"语言战略的目的就是用语言征服人心。"[②]

---

① 李艳红:《美国对苏联及俄罗斯的语言战略——以"东欧及原苏联研究和语言培训项目"为例》,《俄罗斯东欧中亚研究》2016 年第 2 期。
② 张文木:《在推进国家语言战略中塑造战略语言》,《马克思主义研究》2011年第 3 期。

## 二、"一带一路"的实践需要什么样的语言战略？

"一带一路"的实践，几乎覆盖了世界各国，更重要的是，不仅有 130 多个国家和 30 个国际组织同中国政府签署了近 200 份共建"一带一路"的合作文件，"中国议程"真正成为"世界议程"。① 这个倡议是世界共同的倡议，是人类共同发展的倡议，也就是"人类倡议"。这就好像是通往天堂的"巴别塔"，"一带一路"倡议就是通往现代化的"巴别塔"。语言不通恰恰就是建造这座"巴别塔"最直接的障碍。因此，"一带一路"的实践确实需要语言类人才，而懂得沿线相应国家语言的人才无疑是中国高校外语专业着重培养的人才。鉴于此，我们可以推导出这样一个事实："一带一路"实践需要以外语类人才培养为重点的中国语言战略，以及相应的语言规划。② 也正因为如此，从对"中国知网"上这方面的检索来看，几乎都是关于"一带一路"背景下各类外语人才培养方向的研究成果。这当然是可以理解的，所谓"国之交在于民相亲，民相亲在于心相通"，而"心相通"的前提是语言相通。

但是，"一带一路"实践不只是需要外语类人才，由于"一带一路"实践不只是文化交流一项内容，它涵盖了包括投资、贸易、工程建设、资源开发和利用、环境保护等广泛的业务，仅仅是外语类人才是远远不能够承担此重任的。除外语类人才外，"一带一路"实践还大规模地需要国际化资本运作人才，具有创造性的新型国际贸易人才，新型复合型、文化素质高

---

① 胡键：《"一带一路"与中国软实力提升》，《社会科学》2020 年第 1 期。

② 张日培：《服务于"一带一路"的语言规划构想》，《云南师范大学学报》（哲学社会科学版）2015 年第 4 期；邢欣、邓新：《"一带一路"核心区语言战略构建》，《双语教育》2016 年第 1 期；徐飞：《"一带一路"背景下外语高等教育改革研究》，《教育理论与实践》2017 年第 12 期。

的外向型人才,以及各类境外基础设施投资与建设管理人才。相比较起来,这些专业性人才更加短缺,而既熟练掌握一国或数国语言又是专业内行的综合性人才,就更加稀缺。有学者在首届"一带一路"国际合作高峰论坛之后对服务于"一带一路"的国际化人才的稀缺情况进行调查,发现国际化人才的稀缺状况表现为国际化人才稀缺主要集中于企业管理类人才(占比37%)、外语类人才(占比22%)、专业技术类人才(占比15%)和项目管理类人才(占比11%)四类,且大部分"走出去"企业的国际化人才培养方式是依靠企业自主完成,所培养之国际化素质欠缺集中于国际通行的商业规则(占比28%)、跨文化沟通交流(占比21%)、创新能力(占比21%)、国际化视野(占比14%)、东道国社会文化知识(占比10%)五个主要方面。[1] 因此,有学者提出语言战略要有效服务"一带一路"实践,在人才培养上要实施"语言+"的人才培养模式,甚至是"英语+小语种+专业"的人才培养机制,着力培养"会语言、通国别、精领域"的区域国别通才及专业领域精英,使其成为具有深厚人文素养和广博学科领域知识、具备全球视野和战略思维、能够诠释世界、贯通中外,在区域国际合作与竞争中善于把握机遇和争取主动的国际化人才。[2] 随着"一带一路"实践的深入推进,"一带一路"实践的人才需求在未来相当长的时间内将保持持续的增长,因而,中国国际化人才的缺口依然在扩大。[3] 从这种情况来看,服务于"一带一路"实践的人才培养体系的确需要创新,尤其是以语言培训为基础,尽可能实现"语言+"的模式创新。

　　"一带一路"实践的推行还需要有一个重要的前提,那就是要对相关

---

[1]　寸守栋、杨红英:《知识创新理论下的企业国际化人才培养——基于"一带一路"战略视域》,《技术经济与管理研究》2017年第1期。

[2]　寸守栋、姚凯:《基于文化主体性的"一带一路"国际化人才培养》,《技术经济与管理研究》2019年第4期。

[3]　石超、张荐华:《"一带一路"背景下中国—东盟自由贸易区人才需求预测》,《广西社会科学》2018年第3期。

国家的政治稳定状况、社会安定程度、民族宗教文化的和睦程度等情况有一个比较深入的了解和把握。这主要是关系到"一带一路"项目的风险问题。因而,"一带一路"倡议提出来以后,无论是政府层面还是学术界都特别强调国别区域研究的重要性。

实际上,中国的国际关系研究肇始于国别区域研究。1955年,中国人民大学外交学系单独编制建院,成立了外交学院,主要培养外事人才并进行相关研究。但那时候的研究,一方面"侧重于宣传社会主义的优越性和批判资本主义的不合理性、帝国主义的腐朽性和垂死性,特别是旨在揭露帝国主义的对外侵略战争政策";另一方面,则"介绍苏联建设社会主义的经验、研究国际共产主义运动的历史和现状,研究一些国家无产阶级革命斗争的形势,研究一些国家共产党的发展和对中国的态度,研究如何有针对性地积极开展对外宣传工作和联络工作"。[1] 很显然,这是典型的国别研究。1963年,由中央外事工作小组撰写的、毛泽东批准的《关于加强研究外国工作的报告》出台。根据其精神,在北京大学、中国人民大学和复旦大学设立国际政治系,并陆续建立了一批国际问题研究机构,包括中央一些部委下属的各类国际问题研究所、原中国科学院哲学社会科学学部下属的一些国际问题研究所等。[2] 根据中央的指示,这些机构的研究领域在地区上各有侧重,其中北京大学分工研究亚非地区(亚非研究所),中国人民大学承担国际共运、苏联和东欧研究(苏联东欧研究所),复旦大学则分工西欧、北美和拉丁美洲,并且另建立了资本主义国家经济研究所。[3] 这就体现了国际问题研究的区域研究。到后来几乎所有的战略研究、国际关系理论研究都是从这两大块生长出来的。而研究

① 李琮、刘国平、谭秀英:《中国国际问题研究50年》,《世界经济与政治》1999年第12期。

② 王逸舟:《过渡中的国际关系学》,《世界经济与政治》2006年第4期。

③ 任晓:《本土知识的全球意义——论地区研究与21世纪中国社会科学的追求》,《北京大学学报》(哲学社会科学版)2008年第5期。

力量最强、研究成果最为突出的也恰恰是国别与区域研究,在国别上以苏联及后来的俄罗斯研究最为突出,然后是美国研究;在区域上则以苏东地区尤其是冷战以后的中亚地区最为突出,然后是欧洲、东南亚地区研究。

国别与区域研究的突出,既体现了国家的政策重点方向,也在相当大程度上与国内学者所掌握的国别语言有关。最初,中国外交采取"一边倒"的政策,从中苏关系的大局出发,中国学生学习俄语和留学俄国的比较多,加之社会主义建设在相当大程度上也是学习苏联的经验。因此,中国国际问题研究最初的重点无疑是苏联问题和东方社会主义国家。改革开放以后,国际问题研究开始多方向、多区域发展,但人才不足,加上实践的需求比较旺,所以对欧美和其他地区的研究大多数停留在政策跟踪上,缺乏深入的理论研究和综合性研究。"一带一路"实践更加需要对国别与地区进行综合性研究,外语人才只是最基本的人才基础,更重要的是需要对相关国家的综合研究。从现实实践的需求来看,除了相关国家的语言应用研究和政治发展研究(这两方面的研究是国别与区域研究的核心议题)外,国别与地区的研究至少要从以下几个方面深化和展开:

一是历史文化研究,也就是对现实问题进行历史追述,探究其历史发展的脉络。例如,"一带一路"倡议的历史渊源与中亚、南亚、西亚地区的关系,自然就会联系到张骞出使西域的历史,而这一历史事件很少在中国以外谈起,但实际上它把中国与中亚、南亚国家的历史串联起来了。更重要的是,张骞出使西域是为了联合大月氏共同对付匈奴,结果是张骞的"凿空"之举因战争而起却因文化而兴。这就是古丝绸之路的缘起。① 这个事件的重要性还在于哈萨克斯坦人就自认为是月氏人的后裔,而2013年丝绸之路经济带的倡议正是习近平总书记在哈萨克斯坦纳扎尔巴耶夫大学的演讲中首次提出来的。类似这样的历史文化研究却很少纳入以两

---

① 梁二平:《海上丝绸之路2000年》,上海交通大学出版社2016年版,第1页。

国关系的研究为重心的国别与地区研究之中来,也很少会进入语言学研究的视野之中。

二是民族宗教研究。"一带一路"倡议所覆盖的地区尤其是核心区域如中亚、南亚、东南亚等都是民族构成多样、宗教异常复杂的地区。一方面,不同的民族、不同的宗教对经济发展有不同的理解,有的民族本就没有发展的欲望,假若我们硬要把"一带一路"的发展理念强加给他们,那就会引发分歧乃至对抗。例如,印度的耆那教徒,本就认为自己是战胜了欲望的"圣人",所以他们反对世俗的经济发展。世界各地此类宗教还有不少。另一方面,不同的宗教有不同的崇拜,例如,对一座山、一条河、一棵树、一颗巨石等的崇拜等,"一带一路"有大量的项目就是促进基础设施互联互通,当高速公路、高速铁路等遭遇此类情形的时候,我们切忌用国内动拆迁的思维处理。如果是这样,就很有可能引发冲突,因为对一个民族信仰的侮辱是最大的侮辱。[①] 民族宗教本应是国别语言研究要关注的,但语言研究者却更强调语言技巧上的东西(linguistic skill),而很少关注思想性领域的问题。

三是人类学社会学研究。语言学如果仅仅关注语言技巧问题,那么语言学的学者就没有真正进入这种语言的文化之中。国别问题研究如果没有该国人类学社会学的知识作支撑,那么对该国的研究是浅层次的。近年来,我们看到好多国际问题的预判为什么总是失败?王立新教授指出,原因就在于预测者总是采取化约主义的思维方式对复杂的国际政治现实进行高度简化和抽象,过于追求国际关系研究的科学性而忽视了人文性,过度强调国际关系的规律性和必然性。[②] 当然,除了王立新强调历

---

① [法]佩雷菲特:《停滞的帝国:两个世界的撞击》,王国卿等译,生活·读书·新知三联书店 2007 年版,第 3 页。

② 王立新:《国际关系理论家的预测为什么失败?——兼论历史学与国际关系学的差异》,《史学集刊》2020 年第 1 期。

史学在国际问题研究中的重要性,实际上人类学、社会学同样重要。因为,社会底层对政治的影响看似是微乎其微的,但社会底层所积累的政治能量是不可忽视的,尤其是在选举民主国家。另外,选举民主制国家的政治精英更替是没有规律的,一朝居庙堂之高、一朝处江湖之远的情况是常态。国别与地区研究应该通过人类学社会学关于相关国家社会底层的研究,来为中国对相应国别与地区的政策作参考。遗憾的是,关于国别与地区的人类学社会学研究成果几乎寥寥无几。

四是经贸与投资环境研究。这方面的研究既包括经贸与投资本身的研究,也包括关于经贸与投资的风险研究。改革开放以来尤其是中国加入世界贸易组织之后,语言学教育和经贸与投资研究的结合比较好,各高校的外国语学院基本上都开设了相应的第二学位或者是强制选修经贸外语。这是从学生面向社会需求来进行培养的必然选择。但是,经贸投资与风险的研究在语言学科中就很难获得青睐。这主要是因为经贸投资风险研究的专业性强,同时风险源是复杂的,因而风险研究跨学科性也特别强。但是,"一带一路"的外语类人才和国别与地区研究的人才却不得不拓展自己的研究领域与视野。

五是舆情研究。一方面,"一带一路"倡议推行之后,国际上对此都有反应,国际社会究竟怎么看这个倡议对"一带一路"的实践具有重要的影响,关于国际舆情的研究是中国语言战略的重要任务。当然,这方面近年来国际传播类和语言类学者已经有不少涉及,例如,胡正荣通过对海外媒体关于"一带一路"报道的数据抓取来分析海外对"一带一路"倡议的关注与态度。① 另一方面,在"一带一路"倡议和实践对外宣传上,中国的语言战略既要解决对外推介"一带一路"倡议的理念问题,也要解决国内

---

① 胡正荣:《共建人类命运共同体:从"一带一路"海外舆情看国际关系的中国方案》,《国际传播》2017年第2期;清华大学爱博斯坦对外传播研究中心:《"一带一路"倡议的国际舆情分析》,《对外传播》2017年第5期。

各界在对外宣传上的过渡性话语,以至于外界对倡议产生误解、曲解,最终形成有关"一带一路"倡议的"问题话语",而"一带一路"倡议的实践尤其需要通过语言资源和语言能力构建"健康话语"。①

以上所举的并不全面,主要是在强调国别与地区研究要注重跨学科的综合性研究。这主要是因为,国别与区域研究近年来越来越泛化,越来越空,也越来越停留在问题的表层。这根本就无助于对相关的国别和区域的深度了解,也就更加不利于推进"一带一路"的实践。改革开放以来,国内的国别与区域研究在各个学科上的表现是比较好的,例如国别史研究、国别语言及文化研究、国别政治研究、国别民族宗教研究等,但同一学者在国别与地区上的跨学研究和各学科学者的协同性研究都很少。从上述的分析来看,"一带一路"实践,需要一个跨学科性的、综合协同性的国家语言战略,以推进国别与地区研究在国家语言战略的支撑下迈上新的更高的台阶。

# 三、如何在"一带一路"实践中推进中国的语言战略?

国家的语言战略是一种柔性的战略,而不是一种强制性的战略。正是由于它的柔性,在对外推进语言战略的时候往往不容易做到,在执行的时候往往会被打折扣;而强制性推进的时候,则会遭遇国际话语困境,诸如"文化扩张""文化侵略"等。因此,究竟如何在"一带一路"实践中推进中国的语言战略,还必须要讲究策略,而在此之前则必须要弄清楚中国话语战略在"一带一路"实践中到底面临哪些困惑。

从中国话语战略在"一带一路"实践中面临的困惑来看,我们还是从

---

① 胡键:《"一带一路"健康话语的构建》,《新疆师范大学学报》(哲学社会科学版)2018 年第 1 期。

语言战略的四大内容来分析。第一,从语言资源来看,中国话语战略的困惑表现在对话语资源的利用过于片面,而且是分割的。所谓过于片面,就是指对语言资源的理解上过于狭隘,从而导致无法充分利用既有的语言资源,更不可能对语言资源进行开发再利用。我们从语言资源的定义来看,这个概念在20世纪70年代初由美国学者提出来后,到21世纪第一个十年内引入中国学术界,虽然历经了30多年,但学术界并没有给出一个非常具体且统一的定义,而是泛泛地解释"语言是一种资源","一种社会资源"①。相比之下,胡范铸教授的界定更为具体,他认为,广义的"语言资源"可以包括:语言本体、语言理论研究的资源(如语料)、语言的文化资源(如方言、语言符号、文学语言等)、语言的经济资源(人力资源、产业资源,如广告、旅游服务产业等)、国家安全及形象维护的语言资源(如军事机密语言)等。② 不过,从国家语言战略来看,基本上是以官方语言即普通话及其整个体系为中心的语言规划,尤其是在对外的语言战略中,更加不会把各地发言、地方语言符号等纳入在内。正如孔子学院在推介语言上也只是把汉语作为推介对象,在推介语言的文化资源的时候,或许会根据孔子学院的学员的喜好推介某些地方性的语言文化资源,但这并不在国家语言战略之中。然而,众多的语言文化资源一方面由于被忽视没有进入国家语言战略,另一方面,在中国与其他国家的交往中却常常因缺乏语言文化资源而显得局促,从而难以寻找到对话。从语言资源的开发来看,众多语言资源是作为非物质遗产被保护起来,最多是肤浅的开发,作为一种简单化了的旅游资源,但实际上并没有真正开发其价值,当然这与理论研究不足有关。例如,湖南永州的女书,虽然已经作为非物质

---

① 陈章太:《论语言资源》,《语言文字应用》2008年第1期;范俊军、肖自辉:《语言资源论纲》,《南京社会科学》2008年第4期。
② 转引自陈丽君、胡范铸:《语言资源:一种可以开发利用的旅游资源》,《旅游科学》2010年第6期。

遗产进行了保护,但保护不利用,以至于现在几乎很难找到女书传承人,结果女书很快就会成为博物馆中的"文物"。诸如此类的语言资源大规模散落在广大山区和少数民族地区。值得注意的是,类似的语言资源在特殊情况下是一种特殊的战略资源和战略手段。语言资源的利用最关键的是要使语言资源具有生命力,而特殊情况下往往能够显示出某种特殊的语言资源独特的生命力。例如,胡范铸所说的军事机密语言,当今几乎所有国家的通用语言都可以破译,但唯独一些特殊方言(土话)以及一些濒临灭绝的少数民族语言是无法破译的。在这种情况下,特殊方言(土话)、特殊的少数民族语言就有特殊的优势。因此,语言战略中对语言资源的开发和利用应该具有战略性、前瞻性。

所谓语言资源分割,就是指将内部语言资源与外部语言资源分割开来,且主要是从内部语言资源来进行语言规划的。在对外语言战略中,如果仅仅关注到本国内部的语言资源而忽视了外部的语言资源,那么语言作为文化交流的功能很可能就会丧失,而主要是留下一厢情愿式的文化推销。对那些语言资源稀少的国家来说,自然会借助外部语言资源来充实自己的"语料库",日本就非常典型,隋唐时期就大规模地派遣了留学生来学习中国文化,特别是隋唐开创的科举取士制度以后,周边国家都有不少人参加考试,如新罗统一朝鲜之后,来大唐参加科考的有名有姓的就有 23 人,晚唐至五代,进士及第有姓名可考者有 89 人之多,代表人物有崔致远、金可记等。日本遣唐使中参加大唐科举考试的人就更多了,研究的文献也非常多,其中在中国最为有名的是阿倍仲麻吕(中文名叫晁衡),参加科举考试,进士及第,成为唐代数百年间来华留学生中唯一的进士。① 朝鲜半岛、日本等在诗词、书法艺术等观赏性语言资源以及汉字书写方面,都深受中国文化的影响。一个国家即便语言资源非常丰富,那

---

① 张白影:《阿倍仲麻吕研究》,《广州师院学报》(社会科学版)1999 年第 1 期。

也需要大胆地吸收外面的语言资源,甚至用外来的语言资源来激活本国内部的语言资源,以实施本国的语言战略。中国有五千年的文明史,语言资源非常丰富,但历史上中国就曾经不断从外部引进相应的语言资源。当今中国在实施语言战略的时候,往往只强调中国内部的汉语语言资源,而很少强调世界其他各国的语言资源如何为我所用的情况。中国已经融入世界,在国际体系中具有重要影响,是一个具有"天下"情怀的文明古国,①因而中国的语言战略就应该是一种开放的、对话式的语言战略,这种语言战略应该是一种对外部语言资源持包容态度且善于吸收外部资源的语言战略。

第二,从国家语言能力来看,从语言战略的本义来看,笔者更愿意接受文秋芳提出的国家语言能力由国家语言资源能力和国家话语能力的区分。② 虽然文秋芳没有就"国家语言资源能力"进行阐述,但根据笔者的理解,应该是指她此前发表的文章中所包含的五项指标即管理能力、掌控能力、创造能力、开发能力、拓展能力。③ 不过,这些指标笔者将它们要略改一下称呼,前面都加上"资源"二字更为确切。这部分的内容已经有比较详细的阐述,这里就不必赘述。在国家话语能力上,中国语言战略的困惑可能是最大的,即国家话语能力(主要是指国家对外的话语能力)迄今为止都非常弱。文秋芳将国家话语能力分解为五个指标即话语战略事务管理能力、国家领导人话语能力、国家机构话语能力、国家媒体话语能力、国家话语外译能力,核心是战略事务管理能力。④ 这主要是从话语的发

---

① 胡键:《中国崛起的价值基础:从民族主义到新世界主义》,《社会科学研究》2020年第1期。

② 文秋芳:《国家话语能力的内涵——对国家语言能力的新认识》,《新疆师范大学学报》(哲学社会科学版)2017年第3期。

③ 文秋芳:《国家语言能力的内涵及其评价指标》,《云南师范大学学报》(哲学社会科学版)2016年第2期。

④ 文秋芳:《国家话语能力的内涵——对国家语言能力的新认识》,《新疆师范大学学报》(哲学社会科学版)2017年第3期。

生机构来分类的,实际上这并不科学。笔者此前按照性质来划分将话语分为实践话语、理论话语、价值话语和历史知识话语四类,其核心是理论话语,基础是实践话语。① 与此相应的就是实践话语能力、理论话语能力、价值话语能力和历史知识话语能力。实践话语能力一方面指中国现代化成功的实践而获得国际社会的认可及其口碑,另一方面也指中国在世界上讲述中国现代化实践的故事。前者是外界说的,后者是中国自己说的,实际上是两种语言资源指向了同一个事实。关键是,前者容易产生积极的效果,而后者即"用中国话语讲述中国故事"却往往不那么顺畅。原因究竟是什么呢? 笔者认为原因就在于,中国改革开放以来着力解决经济发展问题,以至于理论研究严重落后于现实;同时,"实用主义的、碎片化的理论知识既不能解释中国现代化的成功实践,也无法解释中国现代化建设中出现的难以避免的问题,于是,西方学界就会凭借其话语优势来歪解'中国问题',使'中国问题'扩大化,并在西方进行广泛传播"②。按照福柯(Michel Foucault)的观点,理论是话语的基础,没有理论体系就难以构建完整的话语体系,只有建立在理论基础之上的话语才能在对话与辩论中具有强大的穿透力。同样由于理论话语能力弱小,理论所深藏的价值就难以凸显出来;加上"西方各国先于中国建立起现代民族国家,也先于中国开启现代政治生活,他们自认为是现代政治价值体系的创建者和传承者,占据着现代政治价值的制高点"③。因此,中国先天性地缺乏在价值上与西方进行平等对话的基础。而中国在历史知识话语上本来是有优势的,但在其他国家看来,中国历史上的"天下"观念,虽然在明清

---

① 胡键:《阐释中国道路的话语体系及其构建》,《当代世界与社会主义》2017年第5期。

② 胡键:《阐释中国道路的话语体系及其构建》,《当代世界与社会主义》2017年第5期。

③ 胡键:《阐释中国道路的话语体系及其构建》,《当代世界与社会主义》2017年第5期。

时期中国就已经从"天下"的中心转变成为"万国"的一国①；而且，在历经了自鸦片战争等一系列战争以后，东方朝贡体系也土崩瓦解，但不少国家仍然担心中国历史上的"天下"依然暗含着中国领导世界的内容和构建"中国治下的和平"的野心。② 这在某种程度上也消解了中国的历史话语能力。

第三，从语言规划来看，中国在语言规划上的问题是偏向两个极端：一个极端是强调以汉语的应用与国际化为内容的语言规划；另一个是强调强化外语人才的培养为内容的语言规划。这两方面的问题使得国家的语言规划面临着难以克服的矛盾。如果语言规划以汉语国际化为内容，但中国是一个崛起的大国，改革开放以后，无论是经济还是其他各方面的海外利益拓展得都非常快，而汉语却没有被世界大多数国家纳入国民教育体系，那么汉语的国际化推广势必在保护和拓展中国海外利益的关系上是有矛盾的。实际上有学者早就对这种矛盾产生了忧虑：一方面由于汉语不断受到外语、网络语言等因素的冲击，有些语言和方言正在衰落，甚至濒危，如何科学保护我国语言维护良好的语言生态，避免国家语言资源遭受侵蚀、衰减和流失，是国家语言规划的重要任务；另一方面，中国又是一个外语资源穷国，外语资源颇为贫乏，但又由于全球化的影响和中国国际利益的不断扩大，任何一种外语都有可能为我们所需。如果储备不足会制约中国的发展与安全。③

第四，中国的语言战略意图同样面临着"选择性"的困难。一方面，中国倡导在这种多样文明的前提下加强文明对话与文化交流；另一方面，中国现代化所取得的伟大成就，以及由此所开创的现代化道路，需要得到世界的理解和认可，因此，中国强调"用中国话语讲述中国故事"。但是，

---

① 葛兆光：《中国思想史》第二卷，复旦大学出版社 2019 年版，第 294 页。
② 胡键：《中国文化软实力建设：必要性、瓶颈和路径》，《社会科学》2012 年第 2 期。
③ 赵世举：《全球竞争中的国家语言能力》，《中国社会科学》2015 年第 3 期。

"中国话语"是否能够让世界听得懂,这是最关键的。如果我们讲述了一个非常动听的故事,可听者根本就听不懂,那么讲述的话语就是最大的障碍。强调"中国话语"就很有可能陷入无法对话的尴尬。同时,前文述及,中国话语能力弱小,即便用"中国话语"把"中国故事"向世界讲述出来了,也有可能因听者甚少而无法达到传播的效果。

那么,如何消解上述困难在"一带一路"实践中实施中国的语言战略呢?"一带一路"是中国国内和国际两个大局的重要抓手,是深化内部改革和提高对外开放水平、完善对外开放格局,与中国深度融入国际体系、更好地"反哺"世界发展的重要倡议①,所以,中国的语言战略"同样应当统筹国内和国际语言生活两个大局:既要研讨国内语言生活、语言生态的变化趋势,语言政策将面临更为复杂多样的议题;又要分析沿线国家和地区的语言生活,双边和多边交流中的语言使用;更要思考旨在争取人心、赢得民意的人文交流对语言文字的需求"②。鉴于此,笔者认为,在"一带一路"实践中推进实施中国语言战略,至少需要从以下几个方面加大力度:

一是要从国家安全、文化安全和内外话语融合来进行语言战略部署和语言规划。语言战略涉及国家安全尤其是语言文化安全③,内外话语融合的前提是内外语言的对话与交流,使语言作沟通的润滑剂而不是冲突的催化剂,避免因顾及不周或处置不当而可能造成的对当代丝绸之路精神的误读。④ 实际上,语言不仅仅是作润滑剂,而且还构塑有利于内外

---

① 胡键:《"一带一路"与中国软实力的提升》,《社会科学》2020 年第 1 期。
② 张日培:《服务于"一带一路"的语言规划构想》,《云南师范大学学报》(哲学社会科学版)2015 年第 4 期。
③ 梁昊光、张耀军:《"一带一路"语言战略规划与政策实践》,《人民论坛·学术前沿》2018 年第 5 期(下)。
④ 孙吉胜:《国家外语能力建设与"一带一路"的民心相通》,《公共外交季刊》2016 年第 3 期。

对话与交流的话语。然而,在"一带一路"倡议提出以后,对外如何传播"一带一路"的理念存在一些过头的话语,例如,有一种话语就认为,"一带一路"是中国"再造世界"的方案①等。若这真的是"再造世界"的方案,那么估计没有哪个国家愿意参加更不敢参加进来。因此,这就不是对话与交流的话语,而是挑起纷争的话语。语言战略要为国家战略服务,语言就应该是促进中国与其他国家之间的友好交往和深度合作。

二是要加强服务"一带一路"实践的学科布局。这里既包括语言类学科也包括以语言学科为支撑的涉外学科。而语言类学科也不能仅仅从语种学科来布局,这方面根本不需要进行布局,有足够的人才供给。但是,小语种学科则需要有战略眼光,因为毕竟学科布局的目的是培养人才,小语种人才涉及就业等问题。当然,从中国经济发展态势和"一带一路"实践来看,越是小语种的人才可能越容易就业,只是就业的国家、城市等由不得自己选择。此外,还有小族语言,"小族语言和外语一样都属于重要的语言资源,以不同的方式为国家安全服务"②,尤其是在特殊情况下,小族语言会为国家发挥特殊的作用。因此,国家需要进行学科资源的战略储备规划。除此之外,语言类的学科与"一带一路"所覆盖的地区有直接关系。仅就语言学科而言,"一带一路"沿线最初65个国家的官方语言就多达53种,非官方语言就更多。③ 国家语言战略要寻找其中的相似性来进行规划,我们不可能做到全,但必须做到"兼顾"。

三是要加快人才培养和加紧人才战略储备建设。学科布局的目的就

---

① 王义桅:《"一带一路":再造中国与世界》,《中央社会主义学院学报》2017年第3期。

② 戴曼纯:《国家语言能力、语言规划与国家安全》,《语言文字应用》2011年第4期。

③ 王辉、王亚蓝:《"一带一路"沿线国家语言状况》,《语言战略研究》2016年第2期。

是要促使学科转型,以适应复合型语言人才教育培养的需要。① 人才培养实际上包括两个方面的内容,一方面就是指培养具体的人才,这个是面向现实需要的人才培养。另一方面是众多当前没有市场需求的人才,但从国家安全的角度来看,这类人才又不可或缺,这就是要建立人才战略储备。实际上,这种情形在一些研究机构中特别突出,例如,有的研究机构最初有众多小语种的人才,如罗马尼亚语、匈牙利语、南斯拉夫语、阿尔巴尼亚语等,然而,东欧剧变之后,这些小语种的人才要么退休了,要么放弃专业了,这类人才几乎是一夜之间就没有了。然而,出乎预料的是,"一带一路"倡议提出之后,这方面的人才突然出现了旺盛的需求。因为,匈牙利是第一个与中国签署"一带一路"框架协议的欧盟国家,而"一带一路"的项目在塞尔维亚受到了最大的欢迎。因此,人才战略储备的建立非常需要。

四是要加强语言资源的调查,编制内外语言资源分布图。过去完全靠人力来进行调查,这方面的工作比较难做,但在技术发展的今天,我们完全可以借助技术来进行调查和编制。例如,可以借助卫星遥感技术对国内语言资源进行调查统计,同时借助地理信息系统技术对国内国外所调查统计的语言资源进行编码入库,进入语言资源战略库。另外,还可借助大数据技术进行语言资源数据化、可视化,一是为了把没有生命的语言资源用技术"活化",既可以起到保护的作用,也可以实现随时有效利用。二是资源数据化后可以进行深度挖掘和资源再开发,使语言资源得到充分利用。

五是要加强政策扶持。语言类学科尤其是非本国通用语学科不是"显学",但也不能够让它成为"冷门"。外语类学科尤其是小语种、小族

---

① 文君、蒋先玲:《用系统思维创新高校"一带一路"国际化人才培养路径》,《国际商务——对经贸大学学报》2015 年第 5 期。

语言等也不是"显学",但也不能使之成为"弃学"。因为,"一带一路"需要语言铺路,对象国或地区的语言是开展相应国家或地区研究的基础,是"一带一路"实践的重要推动工具。因此,一方面要对国内各族资源的保护和利用加大政策投入和资源投入,尤其是对那些跨国、跨境少数民族的语言资源要更加重视。另一方面,对沿线对象国和地区的语言的学习和研究加强政策支持和资源投入,有针对性地推进对象国和地区的语言学习和历史文化研究,这样才能有利于达到"民心相通"的目的。

六是要推进国家语言战略必须努力构建基于语言战略上的战略理论。张文木提出,在国家语言层面,将"国家通用语言"即"国语"语境中的"汉语"与族群语境中的"汉语"分离开来,在保留族群语境中的"汉语"概念前提下,将目前事实上起着国语作用的"汉语"概念,进一步推进并提升为"中国语"概念,以此为起点将其塑造为地位高于族群语言和地区方言的国家战略语言。[①] 这似乎不是战略语言,而是塑造汉语的战略名称的问题,而且这也是一个形式上的问题,从笔者的观察来看,这基本上不可能做到。但是,我们可以塑造战略理论,因为语言承载文化,文化的精髓是思想和理论。国家语言资源、语言能力、语言规划最终都是为了塑造战略理论,以战略理论为后盾来实施国家战略语言的意图。至于国家对外的"软"利器话语,必须要以战略为基础,只有建立在战略理论基础上的国家话语,才是最有穿透力的。

---

① 张文木:《在推进国家语言战略中塑造战略语言》,《马克思主义研究》2011年第3期。

# 第九章 "一带一路"与中国的国家品牌建设[①]

　　国家品牌与一般意义上的商品品牌不一样,商品的品牌彰显该商品的质量、信誉等内容,是消费者可以对该商品产生信任的重要符号。而国家品牌虽然也表现为国际社会对国家产生的信任和认可,但国家品牌一旦形成则对国家形象具有持久性的影响。品牌消费一般受消费者主观偏好的影响较小,但国家品牌却受国际认知主体的意识形态、价值观取向的影响非常大,甚至在一些国际主体看来是国家品牌,另一些认知主体则有可能对此大加贬责,也就是说褒贬不一。这也给国家品牌的构建带来了较大的困难。近年来,中国学术界对国家品牌进行了不少研究和探索,有学者对改革开放以来中国品牌观念的变化历史进行了梳理,认为中国的国家品牌观念经历了商标战略时期、名牌战略时期、自主品牌战略时期和顶层品牌战略时期。[②] 也有学者对国家品牌的内涵进行了研究,认为国家品牌是基于国家物质存在和现实行为的无形资产,是国家在与国际社会互动过程中形成的国际社会公众对国家的正面评价、认可或信任。[③]

---

　　① 本章单篇刊发于《社会科学辑刊》2021 年第 3 期。

　　② 黄升民、张弛:《改革开放以来国家品牌观念的历史演进与宏观考察》,《现代传播》2018 年第 3 期。

　　③ 张昆、王孟晴:《国家品牌的内涵、功能及其提升路径》,《学术界》2018 年第 4 期。

还有的学者从企业的角度来探讨打造中国品牌的具体路径,认为企业可以从中国的传统文化、前沿的发达科技、创新的商业模式和借势于国际事件方面进行塑造,明确自身的定位与竞争优势。在此基础上打造出来的优秀的中国品牌,将会成为一张张"中国名片"①。因而有学者提出,在塑造国家品牌的过程中,既需要不断夯实以高质量发展为核心的现代化经济体系这一生产力基础,也需要国家文化软实力和价值理念的支撑,同时还需要在与他国的互动交流中获得国际认同。② 在品牌与文化、价值观的结合上,有学者认为,"中国"作为国家品牌,蕴含了与中国文化一致的品牌价值观,但在发达国家、欠发达国家,以及本国消费者心目中存在一些维度上的差异;中国企业的品牌蕴含了与国家品牌较为一致的价值观,但对于国际化品牌与非国际化品牌存在一些差异;美国消费者对中国企业的全球化品牌"联想"和"海尔"所感知的价值观主要为"安全"维度,但两者也存在一些个体上的差异。总体上来看,"中国"作为国家品牌与中国企业的品牌在价值观方面存在密切的联系。③ 此外,还有的学者认为国家品牌或品牌国家的构建,既要基于国家特性,也要避免以自我为中心,应换位思考,创造移情或同情并开启对话。④ 在国家品牌研究的基础上,也有学者提出了国家品牌资产的概念,认为国家品牌资产概念在整体上按宏观、中观和微观三个层面相应有三种视角的界定,即独立的国家品牌资产、与产品/品牌关联的国家品牌资产以及融于品牌资产中的国家品

① 杨璐、刘文静、魏闯:《打造"中国名片":四大模式提升国家品牌形象》,《清华管理评论》2019 年第 3 期。
② 郭美辰:《论中国产品向中国品牌转变的国家品牌基础——国家品牌的内涵即塑造研究》,《山东师范大学学报》(人文社科版)2019 年第 1 期。
③ 何佳讯、吴漪:《品牌价值观念:中国国家品牌与企业品牌的联系及战略含义》,《华东师范大学学报》(哲学社会科学版)2015 年第 5 期。
④ 许静、韩晓梅:《品牌国家策略与提升中国文化国际影响力——基于印尼"中国文化印象调查"的分析》,《外交评论》2016 年第 3 期。

牌资产。①

上述研究表明,随着中国对外开放的深度不断加深和广度不断拓宽,尤其是中国经济不断对外拓展,以及在"一带一路"实践过程中由于要加强"民心沟通",中国文化要素在世界各国流动,中国学术界的商品品牌意识不断增强,特别关心中国经济、文化产品的品牌不断增多,成为塑造"中国制造"的最佳符号;而且,学术界的国家品牌意识也同样在增强,也就是通过物质性的、精神文化性的各种符号,在国际社会塑造中国良好形象方面成为中国的国家品牌。不过,值得注意的是,"一带一路"倡议提出以后,一方面,由于实践上所取得的成就,"一带一路"受到国际社会的广泛关注和好评,因此它作为一个特殊的符号成为中国一个重要的国家品牌符号;另一方面,"一带一路"的实践向纵深发展,需要中国无论是在经济上还是在文化上都要有相应的符号,成为中国的国家品牌,成为推进"一带一路"实践的重要工具。然而,遗憾的是,国内学术界在"一带一路"方面的研究,主要集中于相应的项目及其质量的研究、风险研究,以及价值链研究、信用研究等,而关于"一带一路"国家品牌的研究还十分薄弱。本章尝试从两方面来进行理解性研究:"一带一路"作为中国国家品牌的意蕴和"一带一路"实践中的国家品牌塑造。前者基于"一带一路"实践的历史成就,后者着力于如何推进"一带一路"未来实践的高质量发展。


# 一、国家品牌与国家文化软实力

关于国家文化软实力的构成要素,笔者曾经构建了一个构成要素指

---

① 何佳讯、吴漪:《国家品牌资产:概念架构及相关研究述评》,《外国经济与管理》2020 年第 5 期。

标,其中文化品牌包含在一个国家的文化产业竞争力之中。① 也就是说,文化品牌的数量在相当大程度上决定了一个国家的文化产业竞争力。不过,"文化品牌主要涵盖文化艺术、新闻出版、广播影视、网络动漫、广告演艺、休闲娱乐、文化旅游、会展收藏、体育健身等主要文化产业领域及其他衍生行业"②。这也就意味着文化品牌并不可以直接转化为国家品牌,只有当文化品牌转化为国家的整体性存在,且内化为主体对国家形象的认知和评价的时候,该文化品牌就转化为国家品牌。但是,无论是具体的文化品牌还是国家品牌,都是国家文化软实力的构成要素,国家品牌由于具有重要的整体性和特殊的底蕴而被视为国家文化软实力最重要的构成要素。那么,究竟哪些文化要素可以转化为国家品牌呢?

第一,古代人们所追求的理想的政治秩序,是国家品牌意识的起源。古代政治一般都是以构建权力秩序为目标,也就是用权力秩序来对民众进行"国家营销",使民众都听任于权力。在这一方面,远古中国最初是通过君王的德行来建构秩序的,以君王的德行、智慧来彰显"国家形象",塑造"国家品牌"。例如,司马迁在《史记》中,就用"普施利物,不于其身……取地之财而节用之,抚教万民而利诲之"来强调帝喾的贤明与智慧,以至于天下"莫不从服"③。尧之所以禅位于舜,是因为舜"濬哲文明,温恭允塞"④,也就是舜智慧深远且文德辉耀,温和恭敬的美德充满于天地间。君王的品格就是国家形象,从而成为民众心中的"国家品牌"。

---

① 胡键:《中国文化软实力评估与增进策略:一项国际比较的研究》,《中国浦东干部学院学报》2014年第2期。后来,笔者又将这个指标体系进一步完善,参见胡键:《中国文化软实力评估及增进方略研究》,天津人民出版社2020年版,第68页。

② 欧阳友权、杜鹃:《我国文化品牌发展现状、问题及对策》,《黑龙江社会科学》2009年第5期。

③ (汉)司马迁:《史记·五帝本纪》卷一,中华书局2013年点校本修订版,第16页。

④ (汉)孔安国传、(唐)孔颖达疏:《尚书正义·舜典》卷第三,上海古籍出版社2007年版,第72页。

到了殷周之时,君臣权力关系秩序乃至整个社会秩序,都是通过觋、巫等的神秘仪式来建构的,礼是国家形象或者说"国家品牌"的基石。所以,司马光说:"天子之职莫大于礼,礼莫大于分,分莫大于名。何谓礼?纪纲是也;何谓分?君臣是也;何谓名?公、侯、卿、大夫是也。"①如果没有礼、分、名,则会导致"天下以智力相雄长",也就是礼崩乐坏,礼、分、名建构起来的"国家品牌"也不复存在。西方"国家品牌"的意思大致源于古希腊时期,苏格拉底(Socrates)就非常强调德性,与古代中国强调君王的德行不同,他所说的德性既包括公众的德性,也包括领袖的德性。"一个城邦如果没有德性的公民和领袖,其政治再英明,也无法塑造一个伟大的城邦。"②苏格拉底的"伟大城邦"是基于正义价值的,不仅要坚持正义,而且要践行正义③。柏拉图(Plato)在《理想国》一书中则用了大量的篇幅来讨论正义问题。亚里士多德(Aristotle)则认为政治作为城邦的核心应该是一种"善业",且最终是为了谋取某种"善果"。④ 换言之,城邦的形象基于"善业"和"善果"。西方的"国家品牌"观念就一直延续下来,当然内容是不断变化的,从"君权神授"到"人民主权",从直接民主到代议制民主等,这既反映了西方政治运作的变迁,也彰显了西方"国家品牌"观念的变化。

第二,文化所积淀而形成的国家性,其积极的内容直接转化为国家品牌。文化在一个民族、一个国家发展进程中的影响,有时候是显性的,有时候是隐性的,但社会发展进程无论如何也无法摆脱文化的影响。所以,文化是社会发展进程中的"遗传密码",即基因。有学者将文化沉淀下来

① (宋)司马光:《资治通鉴·周纪一》卷一,岳麓书社 2015 年版,第 1 页。

② [古希腊]柏拉图:《苏格拉底的申辩》(修订版),吴飞译/疏,华夏出版社 2017 年版,第 164 页。

③ [古希腊]色诺芬:《回忆苏格拉底》,吴永泉译,商务印书馆 1984 年版,第 162—170 页。

④ [古希腊]亚里士多德:《政治学》,吴寿彭译,商务印书馆 1965 年版,第 3 页。

的东西称为"历史基体",即历史文化传统的现实展开。① 不过,日本学者沟口雄三的"历史基体"并没有区分文化沉淀的性质,而实际上,文化沉淀既包括文化精华,也包括文化糟粕。当"历史基体"主要由文化精华构成,那自然是推动社会发展的动力;相反,如果主要是由文化糟粕构成的"历史基体",那么就一定是阻碍社会发展的因素。而对文化的价值判断恰恰是非常困难的,有的糟粕往往被视作积极的因素,而一些文化精华却被戴上"封建传统"的帽子。有学者将"中华文明基体"概括为"国家层面的大一统思想和治国的民本思想;政府层面的官僚制(包括郡县制和科举制);文化层面的包容性与中庸之道;社会生活的自由与自治,以及家庭伦理本位;等等"②。文化层面的内容算在内或许没有争议,但把政治运作层面的体制等也包括在"历史基体"之内,并认为是"构成了延绵几千年的中国文明共同体"的要素③,这实在不敢苟同。以此类推,那么上述要素就无疑成为当今中国国家品牌的关键性要素,而在现实国际交往之中,上述有的要素显然是被国际社会所诟病的。

第三,国家品格可以直接转化为国家品牌的精神要素。所谓国家品格,实际上就是传统文化的品格,这与前面所说的国家性有相同的地方,也有不同之处。国家性一般包括积极和消极两部分的文化积淀,但用于塑造国家品格的传统文化一定是指那些可以积极塑造国家良好形象的传统文化,而国家良好形象凝聚的就是国家品格。中国传统文化的品格,首先在于人文精神。楼宇烈先生认为中国的人文精神突出两个特点:一是"上薄拜神教,下防拜物教";二是强化礼乐教化,讲究人文教育。④ 当然,

---

① [日]沟口雄三:《作为方法的中国》,孙君悦译,生活·读书·新知三联书店2011年版,第111页。

② 杨光斌:《以中国为方法的政治学》,《中国社会科学》2019年第10期。

③ 杨光斌:《以中国为方法的政治学》,《中国社会科学》2019年第10期。

④ 楼宇烈:《中国的品格》,南海出版公司2009年版,第43页。

这是一种高度概括,具体的内容非常复杂,毕竟中华文化有五千年历史,积淀非常深厚。笔者也曾对此进行了以下四个方面的具体概括:一是以人本主义为核心,二是内省主义,三是和而不同的中庸思想,四是"克己复礼"的礼仪主义。[①] 由这些传统文化滋养而形成的国家品格,在国际社会代表了中国比较成型的、积极的中国形象,因而它是中国的国家品牌。

第四,具有国家代表性的文化符号是国家品牌。所谓具有国家代表性的文化符号,是指在任何地方、任何时间提到这种文化符号的时候,就会让人不假思索地想到具体的国家。此类文化符号对国家形象具有非常强的建构功能,也是与国家的成长历史长期相伴相随的。例如,书法艺术、中国山水画、瓷器、雕花、盆景艺术、中国结等,这些艺术作品都是以不同的方式对中国文化进行微缩,只要看到这些文化符号,就自然地在内心构塑起一个中国的图景,这些文化符号就成为中国想象的重要文化诱因。尤其是盆景艺术,它是集园林栽培、文学、绘画等于一体的综合造型艺术,只有中国文化才能产生这样的艺术。又如中国结,这是中国特有的手工编织工艺品,彰显的是中华古老文明的情致与智慧,只有中国文化才能产生这样的文化符号,因此是中国形象的重要构塑材料。这些文化符号都具有中国代表性,直接就是中国的国家品牌。

第五,制度也是一种文化符号,尤其是那些由一个国家首创且成为国际公共产品的国际规则,它同样是该国的国家品牌。一个国家成为一个世界大国,这绝对不是自封的,而是由于该国为世界所提供的公共产品,而且其他国家也愿意接受这种公共产品。因此,大英帝国提供了工业革命以后的国际规范(尽管是殖民主义规范,但列强在这种规范之下会获得重要收益),美国在二战结束以后也同样是主导性地为世界提供了战后的公共产品,从而维持了战后的国际稳定。中国虽然长期在国际体系

---

① 胡键:《文化软实力研究:中国的视角》,《社会科学》2011年第5期。

之外,但某些国际规则或公共产品是与中国联系在一起的。例如,和平共处五项基本原则,它早已成为当代国际关系的基本准则,但作为一项公共产品,它是与中国联系在一起的。此外,还有上合组织等地区多边合作机制,以及中国在对外合作中所提供的全新的国际公共产品,如对外科技服务特别是北斗系统等,使中国的科技发展惠及国际社会。① "一带一路"倡议及其实践取得重要成就,并因此而获得国际社会的普遍认可和接受,它同样也成为一项国际公共产品②,并成为中国的国家品牌。

## 二、"一带一路"倡议作为中国国家品牌的意蕴

中国的国家品牌意识最初是从有形的商品品牌开始的,很少认识到无形符号的国家品牌功能。商品的品牌固然对国家的形象具有重要的塑造作用,但这是工具性的,不一定在国际上形成持久性的影响,只是促使国际上的商品消费者产生消费偏好和倾向,进而对产品母国产生某种认同。只有在商品的品牌转化为国家品牌且形成国家战略资本的前提下,国际消费者对商品的母国才会形成持久性的认同。在改革开放以前,国内消费者已经有一定的品牌意识,例如所谓的"三大件"(自行车、手表、缝纫机)一般都会认准"上海牌"。不过,这种品牌意识只是停留在对商品质量的认同上,"上海牌"的质量并没有代表消费者对上海文化、上海形象的认同。改革开放以后,"中国制造"逐渐进入国际消费者的消费理念之中,但"中国制造"总体上是以价廉取胜的。由于主要是传统制造业,"中国制造"不仅在全球价值中"附加值最低、最消耗资源、最破坏环

---

① 胡键:《天缘政治与北斗外交》,《社会科学》2015 年第 7 期。
② 胡键:《"一带一路"的国际公共产品功能与中国软实力的提升》,《国外社会科学》2020 年第 3 期。

境",而且被认为是"不得不剥削劳动的制造环节"①,使"中国制造"的商品长期受到国际舆论的诟病。另外,虽然中国对外经济贸易存在巨大顺差,但相比之下,中国文化产品对外贸易严重逆差②,原因是多方面的,但缺乏文化品牌则是其中重要的原因。因此,在提出文化强国战略以及增强中国文化软实力和整体实力之后,对外文化品牌的意识越来越强。2014年,习近平总书记作出了"三个转变"的重要指示,即"推动中国制造向中国创造转变、中国速度向中国质量转变、中国产品向中国品牌转变"。2016年,《国务院办公厅关于发挥品牌引领作用 推动供需结构升级的意见》发布,强调"品牌是企业乃至国家竞争力的综合体现,代表着供给结构和需求结构的升级方向"。这就意味着中国的品牌观念开始发生重大转变,即从打造商品品牌到打造国家品牌的转变,这也是中国国家形象对外营销从器物文化战略向精神文化战略的重大转向。这样的背景使"一带一路"转变为中国国家品牌成为一种可能。

第一,"一带一路"倡议具有中国价值的独特性,凸显了中国价值的国际意义。"一带一路"倡议体现了中国哪些具有国际意义的价值?在首届"一带一路"国际合作高峰论坛的主旨发言中,习近平总书记代表中国政府就提出,要把"一带一路"建设成和平之路、繁荣之路、开放之路、创新之路、文明之路,这蕴含了具有世界普遍意义的中国价值,即和平、繁荣、开放、创新、文明。所谓和平的价值,就是指构建以合作共赢为核心的新型国际关系,打造对话不对抗、结伴不结盟的伙伴关系。这不仅是对传统国际关系理论的历史超越,也是对改革开放以来中国外交理念的传承

---

① 郎咸平:《产业链阴谋Ⅰ——一场没有硝烟的战争》,东方出版社2008年版,第3页。

② 关于中国对外文化产品贸易逆差的详细情况,可参见相关各年的《全国新闻出版产业基本情况》报告。

与创新。① 战后以来,和平尽管已经成为世界公认的普遍性价值,但强权政治、霸权主义以及由此引发的地缘政治争夺,使和平仅仅是一种理想主义的目标而难以成为现实。然而,"一带一路"倡议不仅需要和平,也是为了和平的倡议。所谓繁荣的价值,就是指人类迈向理想社会的物质性目标价值。世界大多数国家都没有完成现代化的使命,欧亚大陆还有不少国家在没有完成转型的任务之前,就已经陷入"转型陷阱"之中。因此,这些国家经济发展的任务非常艰巨。而"一带一路"倡议正是聚焦发展这个根本性问题,以实现经济大融合、发展大联动、成果大共享。所谓开放的价值,就是指在全球化日益深化的当今世界,任何国家关起门来搞建设都会陷入困境,"一带一路"倡议的"互联互通",就是一种开放的价值,而且"一带一路"的实践最初的本质也是为了提高中国对外开放水平和完善中国对外开放格局,是中国对外开放的升级版即2.0版,而"一带一路"作为一个国际公共产品也是完全开放、不针对任何第三方的国际公共产品。② "一带一路"就是要致力于一种开放、包容、普惠、平衡、共赢的新型全球化。所谓创新的价值,就是指世界要以创新来驱动发展,走高质量发展、绿色发展的现代化之路。鉴于此,中国不仅在"一带一路"的实践中坚持自主创新,也坚持以高科技合作来推动"一带一路"实践的不断深化和高质量发展;而且,"一带一路"倡议也倡导各国以创新为基础来推动项目合作。③ 所谓文明的价值,是指以民心相通为前提,在文化交流和积极认知下推动合作,又在合作中推动各国相互理解、相互尊重、相

---

① 刘建飞:《构建新型大国关系的合作主义》,《中国社会科学》2015年第10期;袁鹏:《新时代中国国际战略思想与战略布局》,《现代国际关系》2017年第11期;胡键:《新型国际关系对传统国际关系的历史性超越》,《欧洲研究》2018年第2期。

② 胡键:《"一带一路"的公共产品功能与中国软实力的提升》,《国外社会科学》2020年第3期。

③ 胡键:《"一带一路"框架中的合作基础——基于沿线核心国家创新力现状的分析》,《湖南师范大学社会科学学报》2017年第2期。

互信任。"一带一路"倡议及其实践所彰显的中国价值,都具有国际普遍性的意义,始于中国而传遍世界,因而成为中国的国家品牌符号。

第二,"一带一路"倡议得到了世界普遍性的认可和接纳,成为中国的世界形象代码。"一带一路"倡议是中国提出来的,作为一种理念符号,它的知识产权应该归属中国。尽管最早使用"丝绸之路"概念的是西方学者,但一方面当时这个概念并没有上升到政策层面,只是停留在认识层面;另一方面,"丝绸之路"源自汉朝使者张骞出使西域而后在东西方之间形成的一条商路。最初,张骞是因战争出使西域,联合大月氏共同对付匈奴。结果,联手作战之事没有成功,反倒是因张骞的"凿空"之举而促成了汉朝与中亚、南亚、西亚乃至更远地区之间的文化交流和商贸往来。《汉书·地理志》则记载了大约公元前111年从徐闻、合浦出发的商船,以及沿着海岸线到达南洋各国的商贸往来盛况,这就是沙畹没有详细考证的"海上丝绸之路"。尽管在冷战结束以后,为了对亚欧大陆实施渗透,美国、日本等国都相继提出过"丝绸之路工程",但都没有实质性的内容,也没有实际启动。唯独中国提出的"一带一路"倡议,不仅付诸实践,而且经过几年的实践取得了巨大成功。也正因为其成果实践,"一带一路"先后进入联合国安理会决议和联合国大会议程。这就意味着如前文所说的"中国议程"已经成为"世界议程"①。因此,"一带一路"的符号价值无疑是与中国的国家形象、中国的软实力联系在一起的;或者说,"一带一路"本身就已经成为中国的国家品牌。

第三,"一带一路"传播了中国的价值符号,因而也承载着中国的价值形象和价值话语。国家战略品牌并非一般意义上的商品品牌,商品品牌不一定承载国家的价值形象,但国家战略品牌一定承载着国家的价值形象。"一带一路"所承载的价值是通过它"互联互通"的本质内涵,以及

---

① 胡键:《"一带一路"与中国软实力的提升》,《社会科学》2020年第1期。

"共商共建共享"的实践彰显出来的。"互联互通"就是在和平的前提下加强合作;"共商共建共享"就是在平等的基础上以开放的姿态谋求共赢。于是,"一带一路"所承载的价值就是和平、合作、平等、共赢,而这些也就无疑是中国价值话语的重要外壳。当中国对外进行话语构建的时候,都不会离开这些内容。因此,"一带一路"作为国家品牌,更是价值形象战略品牌和国家话语品牌。

第四,"一带一路"用自己成功的实践,塑造了中国的国家品牌。从倡议提出到今天,在"五通"的任何一个方面,实践都卓有成效。其中最为突出的是设施联通,所谓时间的塑造,在设施联通上表现为中国高铁给相关国家带来的便捷与速度,从而获得相关国家民众的好评。有学者在这方面作了调查研究,发现不仅已经获得中国高铁实惠的相关国家民众对中国高铁有很高的评价,认为中国高铁"舒适""快捷""服务质量好"等,而且尚未亲历中国高铁的韩国、蒙古国、泰国等国的民众从身边的人或者朋友那里听说过之后,也对中国高铁产生了正面评价。[1]"一带一路"的实践正是在外界的高度评价之下而把自己塑造成了中国的国家品牌。

第五,"一带一路"不只是促进合作的具体行动,而且也是多元合作的重要平台,也因为这样而成为一种非常重要且具有中国深刻烙印的国际公共产品。[2] 当"一带一路"被广泛接纳而成为一种公共产品的时候,由于"一带一路"的"知识产权"属于中国,而成为中国的国家品牌。但是,与历史上的公共产品的情况不同,"一带一路"直接就是为和平与发展提供的国际公共产品。这是因为,一方面,"一带一路"是为了解决中

---

① 宫月晴:《中国品牌建构国家形象作用机制研究——基于"一带一路"沿线消费者深访的研究》,《现代传播》2019年第10期。

② 胡键:《"一带一路"的公共产品功能与中国软实力的提升》,《国外社会科学》2020年第3期。

国内部发展不平衡问题、对外开放不完善问题而作出的重大决策;另一方面,中国的发展离不开世界,发展起来的中国将为世界的和平与发展作出更大的贡献,"一带一路"就是让中国的发展势头继续延续到中国周边乃至更远的各国,让世界各国搭乘中国发展的"顺风车"。中国不是从中国自身的国家利益来考虑国际公共产品的提供问题,而是从人类共同的利益来思考国际公共产品的提供问题。作为一种制度的"一带一路",它的确可以重塑国际秩序和国际关系,但这种重塑的实践是非武力的方式。此外,中国向世界提供国际公共产品是一种共建式提供,而不是霸权式提供。这就意味着中国不会将某种国际公共产品强加给其他任何一个国家,也不会独立地提供任何一种国际公共产品,而是主张"共商、共建",最终在这种公共产品的基础上实现"共享"。

## 三、"一带一路"的高质量发展需要打造中国的国家品牌

观念、价值、实践、制度等都可以塑造国家品牌;同样,国家品牌反过来也可以助推实践的深化发展。"一带一路"用成功的实践传播了中国观念、中国价值和具有深刻中国烙印的国际公共产品,但"一带一路"高质量发展则需要全方位地打造中国的国家品牌。如果缺乏中国国家品牌,那么"一带一路"的实践就很难深化,正如"一带一路"最初的实践一样,主要是通过互联互通使中国产品"走出去",却遭遇了诸多舆论困境,诸如"低端产能的对外转移战略""中国的新殖民主义"等。因此,仅仅是通过产品"走出去"的"一带一路"实践,是很难具有持续性和持久力的。鉴于此,"一带一路"的高质量发展,需要战略性的调整,即从"以产品走出去"转变为"以品牌走出去"、从"以中国元素走出去"转变为"以中国形象走出去"。

"以品牌走出去"是过去"以产品走出去"的升级,改革开放以来,中国走向世界的一个最重要的表现是"中国制造"的产品走向世界市场,成就了中国"世界工厂"的地位。但是,不可否认的事实是,"中国制造"长期以来是低端制造业产品,在国际分工体系和全球价值链中都处于低端。"一带一路"作为中国对外开放的升级版,就是要通过"中国创造"的品牌走向世界市场,从而根本改变中国在国际贸易分工体系和全球价值链中的地位。当然,中国毕竟还是发展中国家,"中国制造"与"中国创造"还是要取得一定的平衡。鉴于此,"以品牌走出去"需要做到:

第一,要在继续提升"中国制造"的产品品牌性能的同时,大力打造"中国创造"的高质量智能性品牌。这两种物质性品牌是中国国家品牌的基础性品牌。商品品牌的创造,一是要体现民族特色,虽然马克思、恩格斯指出全球化冲垮了民族文化的藩篱,"使一切国家的生产和消费都成为世界性的了",但全球化并不意味着商品的民族性被全面消灭,相反马克思、恩格斯强调的是"各民族的精神产品成了公共的财产"。[①] 这就是说,马克思、恩格斯所说的全球化并不是消弭民族性的全球化,而只是民族性的产品因全球化而成为世界共享的产品了,不再是地区性的、民族性的独享。在产品品牌上,越是民族的品牌,就越能够被世界所接受。一般情况而言,产品的溢价效应首先因为产品的民族特色即原产国效应,并表现为产品的文化溢出,民族文化的特殊性使消费者对该产品产生品牌态度、消费偏好和实际购买行为等。[②] "中国制造"的产品一直秉承"价廉物美"的中华民族文化的品质,以满足人们生活需要为目的。因此,无论国际社会有多少偏见,但"中国制造"的商品从"中国制造"走向国际市场以后,就一直受到追捧。"中国制造"的升级就是"中国创造",在"中国

---

① 《马克思恩格斯文集》第2卷,人民出版社2009年版,第35页。

② 何佳讯、吴漪:《国家品牌资产:概念架构即相关研究书评》,《外国经济与管理》2020年第5期。

创造"的基础上迈进"中国智造",从而大力提升"一带一路"的中国国家
品牌品质。从"一带一路"的实践来看,从一开始中国就是从"中国创造"
入手来开启"一带一路"的互联互通的,其中包括中国高铁、北斗卫星导
航系统等中国完全知识产权项目的对外合作。因此,中国国家品牌的品
质提升已经在"一带一路"的实践中迈出了一大步,"高铁""北斗"等都
已经成为中国最重要的国家品牌符号。不过,还是有非常大的提升空间,
毕竟与美国等发达国家相比,中国的国家创新力还有相当大的差距。①

第二,要特别强调以中国文化为载体的价值品牌的凝练。价值和价
值符号同样可以成为国家品牌,在资产阶级革命时期,资产阶级打着自
由、民主、人权的旗号推翻了封建专制政权,从此以后,资产阶级各国都把
这些价值和价值符号作为国家的品牌。在当今世界,西方国家也正是以
这些价值来对社会主义各国进行大肆攻击,并且长期以来污名化社会主
义国家尤其是污名化中国。通过"一带一路"的提出及其实践,中国不仅
要打造"中国创造"和"中国智造"的产品品牌——这是中国与沿线各国
进行合作的重要基础,而且也要打造中国的价值品牌,让沿线各国都能够
接受中国提出的具有普遍性意义的价值,并使其成为"一带一路"沿线国
家"民心相通"的价值基础。在不少国家看来,"一带一路"的实践是中国
崛起进行对外扩张的"战略",这种认知源于最初中国并没有进行价值创
新,以至于外界依然按照传统的权力政治学来认识中国的对外主张,从而
对"一带一路"产生误解和曲解。产品的品牌是拥有价值观的即品牌价
值观,但品牌价值观既是文化的凝练,也需要价值观品牌;或者说,是文化
凝练成价值观品牌,然后将价值观品牌嵌入产品品牌之中。这样,产品品

① 关于国家创新力的比较研究,参见胡键:《"一带一路"框架中的合作基础——基
于沿线核心国家创新力现状的分析》,《湖南师范大学社会科学学报》2017年第2期。文章
中所有的数据虽然是前几年的,但数据所揭示的情况迄今并没有根本性改变,且仍然具有
说服力。

牌就会既体现"品牌个性",又在价值观品牌的基础上获得共识,从而有力推进民族品牌的国际化、全球化。"一带一路"的实践,已经凝练出具有中国传统文化底蕴的价值品牌,如"共商、共建、共享""和平、合作、共赢、发展""人类命运共同体"等。这些源于中国传统文化又在实践中转换和创新的价值逐渐成为世界认同的中国价值品牌。

第三,要构建以提升中国国际话语能力为目标的话语品牌。长期以来,中国不仅国际话语能力弱,而且也缺乏话语建构能力,因而也就无法创建话语品牌。创建话语品牌的前提是提升话语的建构能力,但话语的建构能力则依赖于比较完备的知识体系,以及基于知识体系之上的理论体系。在中国快速崛起的过程中,国际上有关中国的问题话语如"中国威胁论""中国傲慢论""致命中国论"等也甚嚣尘上。中国的回应并不少,可是回应无力,原因就在于中国只是回应性话语,缺乏原创性话语,也缺乏具有普遍性意义的价值话语。从话语的基础来看,原创性话语必须建立在理论体系、知识体系之上,并在此基础上构建具有普遍性意义的价值话语,普遍性意义的价值话语是可对话的基础。而长期以来中国既缺乏原创性的理论话语和知识体系,更缺乏为世界可对话提供支撑的价值话语①,因而话语品牌就很难构建起来。不过,"一带一路"倡议提出后,其实践也取得了重大成就,更重要的是"一带一路"用自己的实践构筑了一套具有普遍性意义的机制话语,即前文述及的"共商、共建、共享"和"和平、合作、共赢、发展"。因此,这为构建中国的话语品牌提供了可能。话语品牌形成的品牌话语,也必然是国家品牌的具体要件。

"以品牌走出去"是打造国家品牌的一个方面,但在什么样的平台上使"中国制造"能够"以品牌走出去",则是打造国家品牌的另一个方面。因为,既有的公共产品都是西方所主导的,这样的平台早就出现了西方国

---

① 胡键:《阐释中国道路的话语体系及其构建》,《当代世界与社会主义》2017年第 5 期。

家品牌的"拥挤"现象,作为后来者的中国国家品牌,短时间内很有可能因国际社会的好奇而在一定程度上被接纳,但中国国家品牌很难在本就存在着社会制度、意识形态、价值观念偏见的平台上获得积极的认知。在这种情形下,打造中国国家品牌,不仅要"以品牌走出去",而且还要打造作为公共产品的平台品牌,使中国品牌在新的品牌平台上获得更大的空间和占据有利的地位。因此,中国需要在既有的公共产品之外创新国际公共产品。在"一带一路"倡议之前,中国与俄罗斯共同主导建立了上海合作组织,最初,该机构的主要功能是安全合作和经济合作,但随着形势与实践的发展,上海合作组织的功能不断外溢,从而成为维护地区稳定、促进经济社会发展的新型区域合作机制,因而也成为相关国家共同维护和遵守的国际公共产品(或地区公共产品)。同上海合作组织一样,按照不结盟、成员国平等、不针对任何第三方的原则,"一带一路"也在促进沿线国家经济发展和社会现代化方面发挥了积极的作用,因而正在成为一种国际公共产品。这种国际公共产品更加突出了中国的作用,主要是因为中国是初始倡导国家,而且从最初的实践来看,中国企业也是实践的初始动力。把"一带一路"公共产品打造好,也就成为中国一个具有战略意义的国家品牌。我们可以作出这样的预测,未来在相当长一段时期内,中国"以品牌走出去"最关键的是中国品牌在"一带一路"的平台上"走出去"。那么,如何才能把"一带一路"打造成为一个中国国家品牌意义上的平台呢?

其一,最重要的依然还是要管控风险。当前,"一带一路"面临的最大风险依然是地缘政治风险。关于地缘政治风险,学术界有不同的理解,美国联邦储备委员会认为,地缘政治风险是指"因战争、恐袭、国家间关系紧张等影响国际关系正常与和平开展的事件所引发的风险……地缘政治风险包括这些事件所导致的风险,也包括因这些事件、事态升级而引发的新的风险"①。而一些学者则根据达沃斯世界经济论坛的《全球风险报告》,将地缘政治风险定义为一种系统性、跨地域和跨行业的全球性风险,内容涵盖国家间暴力冲突、重要国家内乱、大规模恐怖主义袭击、杀伤性武器扩散和全球治理失败,也包括国家崩溃、国家治理失败等。② 本章所指的地缘政治风险主要是指国家间的博弈、恐怖主义、战争等引发的风险,国家内部治理问题则归于国家内部的政治风险。从国家间博弈来看,近年来,地缘政治的确重新回归,并引发了严重的地区动荡。当然,地缘政治往往会与国内政治纠缠在一起,这是国际政治与国内政治共同博弈所引发的地缘政治风险,如乌克兰问题等。地缘政治博弈也给恐怖主义提供了空间,恐怖主义的泛滥从来都是国际社会普遍担忧的安全问题。这是"一带一路"所面临的"硬风险"。"一带一路"也面临着"软风险",美国的贸易霸凌主义对2008年国际金融危机以来的世界经济给予重创,从而使世界经济可能陷入战后以来最长的停滞期。相比较而言,"硬风险"对"一带一路"而言是局部性、地区性的风险,而"软风险"对"一带一路"而言则是整体性、长期性的风险。

其二,要不断提高项目质量。"一带一路"在初期阶段,由于要尽快、尽早地彰显早期获益的项目,使之对外部产生示范效应和外溢效应,因此项目上的数量扩张非常突出。初期出现的项目数量扩张本属正常,目的是为了大力推动倡议转化为具体的实践。但是,"一带一路"绝对不能长期停留在数量扩张的水平上,如果是这样,很有可能在数量盲目扩张之下呈现出低水平、重复性投资的现象。鉴于此,"一带一路"项目要从数量扩张向高质量发展转变,以促进"一带一路"从"写意画"向"工笔画"的

① Dario Caldara and Matteo Iacoviello, "Measuring Geopolitical Risk," *International Finance Discussion Papers*, Board of Governors of the Federal Reserve System, No. 1222, February 2018.

② 刘文革、周洋:《地缘政治风险与中国嵌入区域价值链——基于WIOD41个国家的实证研究》,《区域与发展研究》2019年第6期。

高质量转变。因而,项目的质量管理就显得尤为重要。项目质量管理的前置工作就是信用评估,这是确保项目质量的前提条件。"一带一路"不应该是做给任何国家看的,而是要使项目各方都实实在在地获得收益,并因此愿意在此基础上长期合作;要力避那种把项目视作政绩和对外宣传的观点,"一带一路"毕竟不是中国单方面的意愿和仅仅有利于其中一方的工程,而是"共商共建共享"的项目。

其三,"一带一路"的高质量发展至少需要两方面的嵌入:一是全球价值链与国内价值链的相互嵌入,二是国内市场与国际市场的相互嵌入①。中国国内价值链虽然是在中国加入世界贸易组织以后才发育起来的,但由于中国内部开放格局的不平衡性,在全球供应链(中国东南沿海地区是全球供应链的核心)的冲击之下,中国内部经济发展的不平衡性会进一步加剧。改变这种结构性矛盾的关键是国内价值链与全球价值链的对接,或者说就是使全球价值链深度嵌入国内价值链之中,并且对国内价值链进行重组,真正实现在做好国内循环的前提下对接国际大循环。"一带一路"的互联互通是促进二者嵌入的平台,反过来,全球价值链与国内价值链的相互嵌入则可以进一步提升"一带一路"互联互通的水平和质量,也就是进一步优化"一带一路"这个平台,提升该公共产品的素质和绩效。由于"一带一路"沿线国家大部分依然是劳动密集型产业,中国企业可以利用当地具有比较优势的生产要素,结合自己所掌握的代工技术进行产品加工和贴牌生产。实际上就是国内产业通过"一带一路"实现自主性对外转移,实现国内市场与国际市场的相互嵌入,从而促进"一带一路"项目的高质量合作。

其四,上面双链、双市场嵌入的互动模式,既可以成为支撑沿线国家尤其是东道国的经济增长和社会发展的拉动力,也可以带动中国不断提

---

① 刘志彪、吴福象:《"一带一路"倡议下全球价值链的双重嵌入》,《中国社会科学》2018 年第 8 期。

高对外开放水平和完善对外开放格局,从而助推中国经济迈入创新驱动发展的新阶段。"一带一路"的中国国家品牌形象,一方面需要经济合作的质量和绩效来彰显,另一方面也需要作为创始国的中国国家形象来展示。中国对外开放初级版的主要内容是试办经济特区和开放沿海部分城市,而且主要是东南沿海地区的对外开放,无法在开放方面形成国家品牌。然而,"一带一路"不仅是中国对外开放的升级版,而且通过"一带一路"的六大国际经济走廊使中国的市场要素能够向西一直延伸至欧亚大陆的腹地乃至西欧各国,也可以使欧洲的市场要素通过国家经济走廊顺畅地进入中国市场。另外,东部地区则通过自贸区的制度创新而进一步深化开放,从而形成了以"一带一路"为平台,包括自贸区、海南自由贸易港、海外园区等在内的对外开放新模式,正因为这样,"一带一路"成为中国对外开放的国家品牌。

## 四、"一带一路"作为中国国家品牌的对外传播策略

打造国家品牌与传播国家品牌,是一个问题的两个方面,而且是不可分割的。打造离不开传播,传播也是打造的具体实践,"国家品牌传播就是重要的实践方式"①。"一带一路"倡议提出以后,国内学术界开展了广泛的对外传播,当然,不同的学者都是从自己的理解来传播"一带一路"概念的,但由于最初没有形成统一的认识,对外传播过程中出现了不利于"一带一路"实践的话语,甚至让外界对"一带一路"产生了误解。鉴于此,我们非常有必要以"一带一路"为例来探讨国家品牌的对外传播方式。在正常情况下,无论是哪种具体的国家品牌尤其是"一带一路",都

---

① 舒永平、沈正赋:《论国家品牌传播——信息社会语境下价值导向的国家传播》,《学术界》2016 年第 9 期。

要历经这样几个阶段:

第一个阶段属于品牌"热身"阶段,即要让外界认识中国的国家品牌,或者也可以说是初创和打造阶段。在这个阶段,需要国内各界对外广泛宣传。在"一带一路"倡议提出之初,国内学术界、媒体界的确做得不错,那时候不会关注"一带一路"是什么,而是告诉世界"一带一路"会带来什么,也就是让沿线各国产生收益期待。而这种收益期待最重要的依据是中国经济高速发展的重要外溢效应,以及改革开放以来中国与世界各国在利益上所形成的利益共同体,即经济上相互依存度高、利益上相互嵌入度深。在这种情形下,沿线各国绝对不会认为中国会以牺牲他国的利益来谋取自己的发展。从当时的实际情况来看,"一带一路"的"热身"阶段做得非常不错,尽管存在着国内地方行政争夺"一带一路"起点的问题而引发了某些不良效应,但都是为了推进"一带一路"的实践。

第二个阶段属于战略营销阶段,也就是通过国家领导人的对外活动争取相关国家愿意"入群"。这实际上就是努力通过政策沟通来获得外界的认可和接受。在战略营销上,中国有几种国家品牌的战略营销是非常成功的,如高铁、北斗卫星导航系统、民用核能等,这些都是国家元首、政府首脑在各种双边、多边外交中反复进行推介的国家品牌,是商业品牌转化成为国家品牌的重要产品。由于看得见、摸得着,其实际的收益也很快得到验证,因此相关各国比较容易接受。当时,在"一带一路"倡议还是一个概念的时候就开始进行战略营销,这的确是需要相关国家的高度信任。所以,在选择战略营销对象的时候,中国领导人是非常慎重的,对"新丝绸之路经济带"的战略营销,习近平总书记选择在哈萨克斯坦,这是因为古丝绸之路就是自张骞出使西域(联合大月氏共同对付匈奴)而开启的古代商贸之路。哈萨克斯坦民族自认为就是月氏人的后代。这一个历史文化符号最能切合"新丝绸之路经济带"的重要价值。至于选择印度尼西亚对"21世纪海上丝绸之路"进行战略营销,主要原因是印尼是东盟最大的国家,也是中国—东盟合作机制最重要的国家。不过,"一带一路"的战略营销很快顺利推广到欧亚大陆其他国家,甚至到达更远的地区和国家。从与中国签署"一带一路"协议的国家和国际组织来看,战略营销已经基本上告一段落,国家品牌传播进入新的阶段。

第三个阶段是"双向对称沟通"阶段,也就是为了"赢得更多的认知、理解、肯定与支持"而采取的"身份置换"①,笔者更强调"文化符号置换"。这是因为,民心相通的措施就是跨文化交流,文化符号置换才能产生"共鸣",也更容易达到"双向沟通"的效果,从而达到更好的传播效果。②

第四个阶段是借助于"品牌势能"以强化国际认同和尊重。国家品牌形成以后,通过跨文化交流形成了认同,接下来就是要通过维护国家品牌和提升国家品牌质量和内涵,以强化国际社会的品牌认同和尊重。具体对"一带一路"而言,最重要的强化方式就是努力促进"一带一路"高质量发展。所谓"品牌势能",就是指一个品牌在一个人心中一旦形成"正向价值",这种品牌就在其心中占据较高的认知地位,并对其他品牌产生一定的排斥作用,从而在其心中构成了关于该品牌与其他品牌之间的"位势差"。而强化国际认同和尊重,就是要进一步扩大这种"位势差"。就"一带一路"而言,就是要以高质量的建设来强化国际认同和尊重。很显然,当前关于"一带一路"国家品牌对外传播已经处于第四阶段,在这个阶段,国家品牌的对外传播要有新的思路。

首先,话语先行。国家品牌初步成型后,它的对外传播就需要通过话语来引导舆论,从而强化国家品牌的国际认同。话语先行的前提,不仅是

---

① 舒永平、沈正赋:《论国家品牌传播——信息社会语境下价值导向的国家传播》,《学术界》2016 年第 9 期。

② 胡键:《文化要素跨境流动与中国文化传播力的提升》,《现代传播》2020 年第 4 期;舒永平、沈正赋:《论国家品牌传播——信息社会语境下价值导向的国家传播》,《学术界》2016 年第 9 期。

原创性话语而且更应该是符合客观实际的话语。"一带一路"倡议提出后,通过成功的实践而成为中国的国家品牌,但它实践上越成功,受到的质疑、曲解就越多。原因就在于中国在关于"一带一路"乃至中国现代化道路的话语都严重缺乏。正如前文所述,支撑话语的是理论,支撑理论的是知识(学科)体系,当前中国哲学社会科学的最大问题就在于,既无中国原创的理论,也缺乏从中国的伟大实践中抽象出来的知识(学科)体系。简言之,哲学社会科学的基础理论严重缺乏。同时,"一带一路"是从政策的层面提出来的,当然它不失重要的战略意义,但学术界更多的是进行政策解读,因而难以进行话语创新。没有原创话语,也就无法讲好"一带一路"的故事。鉴于此,"一带一路"作为国家品牌的对外传播,需要从中国在世界中地位的角度来进行话语构塑,以揭示在新型全球化进程中中国与世界的全新的互动。所谓话语先行,就是用中国原创且与世界对话的话语来引导国际舆论,促进国际社会形成对"一带一路"的正确认知。

其次,智库要以智造势。对外传播尤其是国家品牌的对外传播是智库的一个重要功能。由于智库是思想、价值创新的重要平台,因此智库应该要比一般的媒体更加有理论底蕴,它在国家品牌对外传播中的造势,不是以舆论造势,而是以智慧造势。另外,智库本身也在通过学术思想和理论价值进行创新,这些思想和机制一旦转化为国际认同,那么就有可能成为国家品牌。也就是说,智库不仅可以用智慧造势,而且本身也在塑造国家品牌。正如前文所述,塑造国家品牌本身就是传播国家品牌的最好方式。在这一方面,智库拥有天然的优势。尤其是关于"一带一路"的"中国声音",国际社会虽然通过各种媒体获得了一些信息,但中国智库传出来的"中国声音"往往被认为是来自中国比较权威的声音,甚至被认为是中国政策的风向标。①

再次,促进"一带一路"国家品牌要素跨境流动。在这一问题上,大多数学者倡导在中国经济走出去的同时,中国文化也要走出去。但是,由于单方面强调中国文化要素走出去,却忽视了允许外面文化要素"请进来"的内容,因而"一带一路"就很容易陷入不利的话语陷阱之中,如"新殖民主义""文化扩张主义""过剩产能的对外转移"等。实际上,"一带一路"本质上是互联互通,因而要素上的联动也应该是双向性的,即既可以流出也可以流入,文化要素的流动也是如此。当然,国家品牌要素的跨境流动,从传播主体的角度来看,无疑主要是一个强调对外流动的过程,否则就无法达到对外传播的目的。不过,国家品牌要素的跨境流动,要善于通过将要素植入市场的方式来传播,这样的效果反而会更好。前文述及,"一带一路"重塑欧亚大陆秩序有两种方式:"一是利益嵌入,也就是以一国为主导把自己的利益通过经济合作嵌入有关各国的利益之中,从而形成利益共同体和责任共同体。二是市场对接,即把一国的国内市场通过经济合作特别是贸易和投资与其他国家的市场对接在一起,同时也包括把一国的市场机制与其他国家的市场机制在具体的合作中进行相互接纳,从而形成一体化性质的统一市场,最后各国则会为维护这个市场的正常运作而形成一种责任共同体和命运共同体。"②而"一带一路"国家品牌要素的对外传播同样可以借鉴这种实践。

最后,"一带一路"国家品牌的对外传播在传播技术和传播手段上要不断创新。所谓"百年大变局"之说,最大的变局可能是技术带来的巨大冲击,尤其是新兴技术正在改变人们的日常生活,也同样在改变世界。因此,从传播的技术环境和技术手段来看,传统媒体环境下的传播手段和传

---

① 胡键:《中国智库对外传播的对外传播研究》,《现代传播》2018 年第 5 期。

② 胡键:《"一带一路"战略构想与欧亚大陆秩序的重塑》,《当代世界与社会主义》2015 年第 4 期。

播路径,正在被新技术所改写,新技术也在重塑传播环境和传播路径。"一带一路"倡议是在新技术条件下提出来的,"一带一路"国家品牌的对外传播更应该借助于新技术的传播手段,如各种新媒体、社交媒体以及融媒体的速度,以全新的方式来进行对外传播。一方面,将"一带一路"国家品牌作为总体性概念来传播,这一点已经做得非常多了,也产生了诸多积极的效果,对塑造"一带一路"的国际认同发挥了非常积极的作用;另一方面,也可以将国家品牌的要素进行"裁分",用新技术手段对这些要素进行重新包装,使之更适合新媒体环境下的要素传播。两方面有机结合,进行总体性概念的传播与具体要素的包装,从而可以适应境外不同认知水平受众的需求,以达到"全方位、多层次"对外传播的效果。

# 第十章　"一带一路"实践与
## 复合型人才的培养①

　　"一带一路"倡议及其实践,核心内容是"五通"即政策沟通、设施联通、贸易畅通、资金融通、民心相通。"五通"之中的基础是民心相通。从"五通"的内容来看,"一带一路"的实践是涉及国际关系、工程建设、经贸往来和人文交往的"系统工程"。"一带一路"从倡议到实践已经历时九年,也取得了令世界瞩目的成就。但是,一切的成就都需要人才,最初,由于要加强民心相通的工程,因此要凸显语言类人才尤其是外语类人才的重要性。高校的外国语学院是培养外语类人才最重要的阵地,为"一带一路"的实践培养了一大批外语类人才。我们完全可以这样认为,"一带一路"实践在短短的数年里能够取得这样大的成就,高校外国语学院及其培养体制在培养"一带一路"外语类人才方面功不可没。然而,"一带一路"的实践是不断推进的,"一带一路"也需要高质量发展。因而,它也就对人才不仅在量上有更多的需求,而且在质上也有更高的要求,尤其是迫切需要那些满足于"五通"要求的复合型人才。鉴于此,高校相关院系尤其是外国语学院就必须根据"一带一路"实践的新形势来加强培养复合型人才,以努力满足"一带一路"实践对人才的新需求。

<hr>

① 本章单篇刊发于《当代外语研究》2020 年第 3 期。

# 一、"一带一路"实践的人才需求状况

"一带一路"实践究竟需要什么样的人才？这个问题既是"一带一路"项目需要向社会释放的信息,也是高校人才培养机构最关心的问题。

## 1. 外语类人才依然是最紧缺和最重要的人才类型

在中国市场要素大规模走出去和中国海外园区不断拓展的情形下,外语类人才依然是需求最旺的人才。原因就在于,所有"一带一路"项目都是国际合作项目,民心相通则是合作的基础,语言是民心相通的手段;"一带一路"倡议的落实更需要语言的铺路,这个伟大的实践不仅需要掌握国际通用语言英语的人才,而且尤其需要掌握沿线地区和国家语言的人才。[①] 在首届"一带一路"国际合作高峰论坛之后,有学者对"一带一路"外语类人才需求的情况进行了模拟研究,研究发现外语类人才的稀缺性占比是21%,在"一带一路"人才稀缺性上位于第二位。[②] 这意味着在推进"一带一路"高质量发展实践中,外语类人才依然存在着刚需与供给不足的矛盾。

自恢复高考制度以来,各高校尤其是外语类的专业高校对外语人才的培养始终是高度重视的,为什么几十年来外语类人才依然短缺呢? 这或许与外语语种的布局有直接的关系。20 世纪 90 年代以来,各高校的俄语专业逐步得到恢复且越来越受到重视,俄语人才逐渐满足了社会的需要,也逐渐适应了"一带一路"实践的需求。但是,"一带一路"实践覆

---

① 罗林、邵玉琢:《"一带一路"视域下国别和地区研究的大国学科体系构建》,《新疆师范大学学报》(哲学社会科学版)2018 年第 6 期。
② 寸守栋、杨红英:《知识创新理论下的企业国际化人才培养——基于"一带一路"战略视域》,《技术经济与管理研究》2017 年第 1 期。

盖的广泛地区,并非仅仅是英语、俄语国家和地区,还有众多的小语种国家和地区。仅就"一带一路"最初的 65 个国家而言,有学者进行了整理和统计,65 个国家的官方语言就多达 53 种,有的国家官方语言都有两种或者两种以上,如菲律宾、东帝汶、新加坡等 12 个国家。也就是说,"一带一路"实践对外语类人才的需求使小语种出现需求旺盛的趋势。

## 2. 专业技术型人才是"一带一路"实践最稀缺的人才

"一带一路"涵盖了包括投资、贸易、工程建设、资源开发和利用、环境保护等广泛的业务,仅仅外语类人才是远远不能够担此重任的。除外语类人才外,"一带一路"实践还大规模地需要国际化资本运作人才,具有创造性的新型国际贸易人才,新型复合型、文化素质高的外向型人才,以及各类境外基础设施投资与建设管理人才。相比较起来,这些专业性人才更加短缺。据调查,跨国企业管理类人才是最紧缺的人才,占比37%,另外两类国际化人才的稀缺占比分别为专业技术类人才占比 15%,项目管理类人才占比 11%;而且,在未来相当长的时间内,中国专业技术型国际化人才的缺口依然在扩大。① 当然,跨国企业自己也会培训相应的跨国人才,但企业的培养体制缺乏系统性,即便是专业性素质也依然难以应对具体的项目实践,尤其是在以下五个方面人才素质严重欠缺,国际通行的商业规则欠缺占比 28%、跨文化沟通交流占比 21%、创新能力占比 21%、国际化视野占比 14%、东道国社会文化知识占比 10%。②

---

① 石超、张荐华:《"一带一路"背景下中国—东盟自由贸易区人才需求预测》,《广西社会科学》2018 年第 3 期;寸守栋、杨红英:《知识创新理论下的企业国际化人才培养——基于"一带一路"战略视域》,《技术经济与管理研究》2017 年第 1 期。

② 寸守栋、杨红英:《知识创新理论下的企业国际化人才培养——基于"一带一路"战略视域》,《技术经济与管理研究》2017 年第 1 期。

### 3. 区域国别的综合性人才严重短缺

众所周知,跟一个地区和国家打交道必须要对这个地区和国家做到尽可能详细的了解。这就是《鬼谷子》所说的:"牧之不审,得情不明。得情不明,定基不审。"只有在尽可能充分掌握情况的前提下才可以制定出可行的具体政策,"一带一路"高质量发展,就需要对相关的区域和国家详细了解,包括要对相关国家的政治稳定状况、社会安定程度、民族宗教文化的和睦程度等情况有一个比较深入的了解和把握。然而,尽管中国的国际关系研究始于区域国别研究,但因政治和历史的因素,中国地区国别研究最初主要是"介绍苏联建设社会主义的经验、研究国际共产主义运动的历史和现状,研究一些国家无产阶级革命斗争的形势,研究一些国家共产党的发展和对中国的态度,研究如何有针对性地积极开展对外宣传工作和联络工作",[1]因而国内对苏联国家的情况相对比较熟悉,对其他地区和国家的研究不深,情况也欠深入了解。随着中国海外利益遍及世界各地,特别是"一带一路"的深入发展,尤其需要关于区域、国别研究的综合型人才,包括对区域国别的历史、社会、宗教、文化、民族等各个领域全面了解的综合型人才。当然,一个人的知识和能力不可能覆盖所有,但区域国别方面的人才,除语言之外,至少还要对上述一个或多个领域有所掌握,这样才算是比较合格的区域国别研究的综合型人才。

## 二、当前关于"一带一路"实践人才培养体制的主要问题

与"一带一路"实践对复合型人才需求的客观实际不完全对接的是,

---

① 李琼、刘国平、谭秀英:《中国国际问题研究 50 年》,《世界经济与政治》1999 年第 12 期。

当前中国高校人才培养体制尚未来得及进行整体性的调整,以至于高校人才培养体制事实上存在着一些与实践不相适应的问题。不过,首先要声明一下,笔者并不在外语教学的一线,而是从另外一个专业、另外一个领域的视角来看待高校人才培养机制的,因而难免有班门弄斧的嫌疑。但是,所谓不识庐山真面目,只缘身在此山中。从外面看问题,只是认识问题的一个视角,绝对不是对高校人才培养体制进行鞭挞。应当承认,高校人才培养体制相对于社会对人才的需求,永远是滞后的。因为人才培养体制机制是相对稳定的,也不允许朝令夕改,而社会对人才需求的情况则是随着市场、职场的变化而不断有新的要求。因此,本章是在肯定高校人才培养体制为社会实践作出巨大贡献的前提下来讨论高校人才培养体制机制问题的,有可能是吹毛求疵,但绝对是心怀善意以达精益求精。

### 1. 学科布局

中国高校的学科布局自 20 世纪 50 年代以来进行了多次调整,1992年以社会主义市场经济体系为目标的改革确立以后,高校的学科布局更是为了建立和发展市场经济服务而调整的。然而,中国现代化实践的发展迅速,中国崛起的速度更是超乎想象,实践的发展对人才的需求必然提出新的要求,因而学科布局就需要作出必要的调整。但学科的布局是与学科的发展紧紧联系在一起的,而且学科布局是一种制度设计,制度设计与实践发展不可避免地存在着时滞。因此,当前高校学科布局与实践的需要依然存在着脱节的现象。学科布局的主要问题在于:

其一,学科布局在相当大程度上是为学校的排名服务的,而不是为实践服务的。当下,中国高等院校求大求全的心理特别严重。高校主动要求进步是对的,但高等院校的发展是一个生态系统,生态系统在管理上就不能"一刀切",不能都追求大而全。专业院校就应该走专业化发展道路,各自体现自己的专业性和特殊性,而不是追逐综合性。同样,学科布局也要遵循学科发展规律,在这方面中国大学存在因学校排名的需要就大规模投入,追求短期内突破的情况。几经周折后,学科看似建立起来了,但因没有底蕴,高价引进学者,服务期满便又被其他高校"筑巢引凤"招去了,院系依然是一个空壳。

其二,学科布局在相当大程度上是规划出来的,而不是紧贴社会需求来发展的。学科的规划是需要的,但完全靠规划却是违背学科发展规律的。当下,无论是教育行政管理部门还是高校内部,学科规划、科研规划成了最重要的事情。行政管理部门的规划是为了促使学校向"双一流"冲刺,学校内部的规划则必须要迎合行政管理部门的"目标管理"进行规划。多年前,学校没有发展规划处,如今学校内部的发展规划处成了最重要的处室。既然规划是为"管理目标"服务的,而"管理目标"大多数情况下是被高校的各种排名系统"绑架"而设定的,因此,并不一定反映社会实践需求的现实。

其三,学科布局是被评比出来的。一个不容否定的事实是,各种评比、验收成为高校的紧箍咒,尤其是把所有高校同一学科、同一专业进行评比排名,并用这个排名的结果来衡量相应院校、学科是否是"双一流高校"、是否是"双一流学科",甚至以此为依据决定是否给予资源投入。这就相当于把一个大学的外国语学院(或外国语言文学系)与一个外国语大学来进行比较,也就是相当于把两个不同量级的运动员放在一起来比赛一样。这显然是一场不公平的较量。

其四,从学科所属院系来看,"一带一路"实践所涉及的学科是分散在不同的院系之中的。经贸类学科归属经贸学院,金融投资设在金融学院中,工程技术类则隶属于相应的工程技术学院。"一带一路"实践最基础的两个学科历史和文化在历史文化学院中,区域国别研究则归属国际关系/外交事务学院。各个学科并没有统一规划,也欠缺其他社会科学的视角,这些问题是区域国别研究在很大程度上是与社会科学学科性研究相脱离的。①

其五,专门就语言类学科布局来看,大语种学科依然占据绝对优势,而小语种学科长期不受重视,不仅学科人才缺乏,学科建设的资源也同样受到掣肘,被大语种学科主导下的外语类学科所挤占。于是,无论在人才队伍还是资源配置上客观上存在着马太效应,其结果就是当前十分严重的"小语种"人才荒。②

## 2. 师资队伍

从师资队伍来看,由于长期以来的分科培养体制,高校师资队伍的知识结构受到非常大的影响,这主要体现在两个方面:教学与科研。鉴于"一带一路"实践与外语类人才的结合更加紧密,在这里笔者仍然以外国语学院的情况为典型案例来说明。

在教学上,外语类的教学过去长期以外国语言学和外国文学为主要内容,后来外国语学院的学生大都要求辅修国际经贸类的课程,或者攻读第二学位,从而使毕业生在择业上除语言的工具外,还有一门技术类专业的优势。但是,随着文科各院系都开设辅修和第二学位之后,外国语学院的优势基本上就没有了。在这种情况下,外国语学院的教师就必须在外语专业上进行深耕来体现外语优势。这就需要在凸显外语特色的同时,将区域国别的政治、经济、社会、历史、文化、宗教、民族关系等在课程学时上阐释清楚,不再仅仅是语言学习。然而,外国语学院的教师并非都能顺利地胜任这种转型,这毕竟是需要知识储备的。西方尤其是美国的各研究型大学里除学科院系之外的一种新建制,就是地区国别研究中心,它们联系大学内有关系科的学者对特定地区进行政治学、经济学、社会学、历

---

① 任晓:《再论区域国别研究》,《世界经济与政治》2019 年第 1 期。
② 赵蓉晖:《国家安全视域的中国外语规划》,《云南师范大学学报》(哲学社会科学版)2010 年第 2 期。

史学、文化人类学等多学科的研究,这在大学的组织体制上是一个重要的新发展。①

另外,虽然是外国语学院,但外国语学院的教学也需要把外国语言资源与母语语言资源结合起来进行讲授,而不是纯粹的外国语言学和外国文学的教学。把本土的知识放在外国语言学、外国文学的教学之中进行对外传播,这恰恰是最重要的,也是维护国家文化安全的重要手段。特别是如果能够把本土的小族语言资源运用到外国语言文化的教学与研究之中,这将大大提升国家的战略语言能力。② 遗憾的是,这在外国语言文学教学与研究中几乎还是空白。

### 3. 人才产品类型

人才作为高校人才培养的产品需要与社会(市场)对接,改革开放以前一直到 20 世纪 90 年代初,人才产品的出口是国家分配。市场经济启动以后,人才产品出口走向了市场化,但由于培养体制并没有与市场对接,大多数人才产品不是从专业对口的角度面向市场的,而是专业之外的能力。因此,文科专业能力的培养转化成为人文素质的"养成",结果专业成为一种可有可无的东西,只要能够顺利毕业拿到证书,就业的市场化就成为人才产品的一种产品营销,而不是看人才产品的实际内涵。"一带一路"实践是应用性、技术性非常强的项目合作,它不仅需要人文素质,也需要技术能力。过去那种靠自我营销来获得职位的情形显然不能满足"一带一路"实践的需要,"一带一路"实践更加需要既熟练掌握一国或数国语言又是专业内行的综合型人才。就"五通"而言,如果一个人才产品能够融全球领导型、高端技术型、创新创业型、金融领军型、人文交流

---

① 任晓:《本土知识的全球意义——论地区研究与 21 世纪中国社会科学的追求》,《北京大学学报》(哲学社会科学版)2008 年第 5 期。

② 戴曼纯:《国家语言能力、语言规划与国家安全》,《语言文字应用》2011 年第 4 期。

型于一体更好,至少可以在其中几个方面都有优势的人才。①

## 三、在"一带一路"背景下开拓人才培养的新路径

从上面的分析来看,"一带一路"倡议及其实践最需要的人才,不只是语言类人才,而且更需要"语言+专业"的人才,也就是复合型人才。同时,"一带一路"倡议又是中国主动参与全球化进程的方案。全球化不仅是一个深度合作的进程,也是一个充满了竞争与风险的进程。因此,"一带一路"人才培养,既要强调语言才能、技术才能,还应该强调维护国家文化安全方面的才能。② 复合型人才的培养需要多资源、跨学科的整合。

### 1. 加强语言资源的整合

外国语学院最大的问题就是忽视母语资源在外国语教学和研究中的重要性。语言资源的整合就是要把外国语资源与母语资源结合起来,推进文化比较和跨文化交流的学科建设。语言资源是国家语言战略的重要组成部分,关于语言资源的内涵,近些年语言学界讨论颇多,③都认为语言资源应包括语言本体和语言社会应用两大资源,还包括由这两大资源

---

① 郑通涛、郭旭:《"一带一路"倡议下国际汉语人才培养模式研究》,《厦门大学学报》(哲学社会科学版)2020年第1期。

② 寸守栋、姚凯:《基于文化主体性的"一带一路"国际化人才培养》,《技术经济与管理研究》2019年第4期。

③ 陈章太:《论语言资源》,《语言文字应用》2008年第1期;王铁昆:《基于语言资源理念的语言规划——以"语言资源监测研究"和"中国语言资源有声数据库建设"为例》,《陕西师范大学学报》(哲学社会科学版)2010年第6期;陈丽君、胡范铸:《语言资源:一种可以开发利用的旅游资源》,《旅游科学》2010年第6期;李德鹏:《论语言资源的内涵与外延》,《云南师范大学学报》(对外汉语教学与研究版)2014年第2期;魏晖:《文化强国视角的国家语言战略探讨》,《文化软实力》2016年第3期。

所派生出来的相关资源。不过,语言学界绝大多数都是从母语通用语及少数民族语言、方言的角度来认识语言资源的,很少将外语元素作为国家的语言资源。而外国语学科布局则主要是强调外国语的教学与研究,绝对不会去考虑语言战略问题,也不会认为外语元素会在国家的语言资源之内。内外分离的学科布局和内外分割的资源观是互为条件。然而,实际上,外语资源能够充分利用好一定是国家的语言资源,尤其是中国要统筹国内国际两个大局,那就不应该有内外资源分割的语言资源观。

### 2.加强跨学科的整合

资源的整合就必然会对学科的调整产生影响,要求从社会需求的客观实际来进行学科布局。"一带一路"对复合型人才的实际需求,是学科布局的最大实践。语言学科主要是培养语言应用型人才,这只是语言类最基础的人才类型,但不是唯一的人才类型。从人才培养的实践来看,语言类尤其是外语类人才是最容易与其他学科的人才类型结合的人才,也就是最容易培养成复合型人才,至少在大文科方面是这样。这种客观实际需要在学科布局上尽快促成此类人才的成长。因此,"语言+"尤其是"外语+"的跨学科融合应当是外国语学院(系)最佳的选择,从而实现对过去那种单纯学习外国语言文学的模式的彻底超越。

### 3.要搭建关于地区国别研究的跨学科研究机构

"一带一路"实践最需要的就是关于地区国别的综合性研究,包括政治、经贸、社会、投资、历史、文化、宗教、民族等领域的跨学科研究或综合性研究。因此,外国语学院(系)内部设立相应的地区国家研究中心,使之作为综合性研究的平台,这有利于整合学术资源、整合学术力量。实际上,美国众多高校的外国语学院都是以国别地区研究中心为平台,在加强外国语言文学教学研究的同时,拓展相应的国别地区研究,这被认为是战后最重要的学术创新。① 值得欣慰的是,在教育部的直接推动之下,专业性的外国语大学内部在"一带一路"倡议提出后都先后设立了地区国别研究中心,而且由于有语言作为工具支撑,研究不仅深入而且很快就产出了不少有质量的成果。不过,在作为二级学院(系)的外国语学院(系)内部,由于缺乏相应的自主性,受制于学校学科发展的规划,即便设立了一些地区国别研究中心,也没有获得足够的重视,没有学术资源的投入,大多数可以说是形同虚设。这种情况使得教师就只能作为外国语言文学的教学和有限研究的教研人员,这也制约了教师的教学与科研的发展。

### 4.要把国际化复合型人才的培养纳入国家战略安全的框架

国际化人才同时又是复合型人才,首先的确是要培养国际通行的商业规则、跨文化沟通交流、创新能力、国际化视野、东道国社会文化知识等,②但在此基础上人才培养还必须要有国家战略安全的关怀。如何体现国家战略安全的关怀呢? 前文已述及语言资源整合的问题,语言资源整合是为提升国家语言能力服务的,有学者就指出,国家语言能力就是国家安全的一部分。③ 另外有学者则把国家语言能力视为一个国家掌握利用语言资源、提供语言服务、处理语言问题、发展语言及相关事业等方面能力的总和。④ 这显然是过于狭义地理解国家语言能力的内涵。国家语言能力既包括对内的语言资源使用能力,也包括对外的话语建构能力,⑤这才是对国家语言能力更为准确的表达。长期以来,中国的国际话语权

① 任晓:《本土知识的全球意义——论地区研究与 21 世纪中国社会科学的追求》,《北京大学学报》(哲学社会科学版)2008 年第 5 期。
② 寸守栋、姚凯:《基于文化主体性的"一带一路"国际化人才培养》,《技术经济与管理研究》2019 年第 4 期。
③ 戴曼纯:《国家语言能力、语言规划与国家安全》,《语言文字应用》2011 年第 4 期。
④ 赵世举:《全球竞争中的国家语言能力》,《中国社会科学》2015 年第 3 期。
⑤ 文秋芳:《国家话语能力的内涵——对国家语言能力的新认识》,《新疆师范大学学报》(哲学社会科学版)2017 年第 3 期。

弱小,并不是中国人在国际上说话不多,而是存在着这样一对非常严重的矛盾:有外语能力的人却缺乏相应的综合知识和理论素养;而有一定理论素养和相关问题学术话语建构能力的人,却无法用外语表达出来。于是,有外语能力的人也就只能是进行话语回应,而无法塑造话语,更无法创新话语。回应性话语和应对性话语或许有一定的反驳力,但缺乏对中国的阐释力,没有阐释力的话语即没有说服力,更没有穿透力。而这一对矛盾的根源恰恰就是我们的学科设置不科学和人才培养的单一性问题。国际话语权弱小,不只是话语本身的问题,而是一个国家战略安全问题,20世纪90年代以来,有关中国的问题话语如"中国傲慢论""中国威胁论""中国傲慢论""中国强硬论"等,都是西方学者构塑起来的,但中国却回应无力,对中国自己的话语构塑却乏力,所以长期以来中国一直陷于这些问题话语的漩涡之中,对中国的发展战略是不安全的。"一带一路"倡议提出以后,各种不健康的话语又在国际媒体上甚嚣尘上,中国学术界面对这些话语的回应能力和再塑造能力依然是捉襟见肘。由此可见,"一带一路"的复合型人才培养涉及人才储备安全问题,也是一个国家战略安全问题。

# 结　束　语

　　"一带一路"的概念源自古丝绸之路,古丝绸之路因战争而起,却因文化而兴。在亚欧大陆内部,虽然战争不断,但最后都会进入文化交流的状态。或者说,战争是非常态,而文化交流才是常态。正是文化交流的日益频繁使得不同的民族、不同的文化之间的相互融合、相互嵌入,甚至因融合与嵌入而生成新的和具有更大生命力的文化元素。甚至可以说,当今提出的"一带一路"倡议正是两千多年前的文化在当今所焕发出的强大生命力。"一带一路"倡议及其实践,其核心内容是"五通",即政策沟通、设施联通、贸易畅通、资金融通、民心相通。"五通"之中的基础是民心相通。从"一带一路"的实践来看,它是涉及国际关系、工程建设、经贸往来和人文交往的"系统工程"。"一带一路"从倡议到实践已经历时九年,也取得了令世界瞩目的成就。从"一带一路"相关的中国文化软实力关系来看,中国文化软实力在"一带一路"的实践中也得到了大大提升,中国倡议、中国价值、中国方案、中国标准、中国提供的国际公共产品等,都得到了国际社会的认可和接受,这是中国文化软实力提升的最重要体现。通过前面的研究,我们发现:

　　第一,"一带一路"实践最基础的是跨文化交流,在这个过程中,需要坚定文化自信,但要克服文化自负。"一带一路"源于古丝绸之路,长期以来,北方少数民族侵扰汉朝西北边境,而定居农耕的大汉民族却长期柔弱,对北方少数民族无可奈何。当大月氏对匈奴有复仇之心的消息传到大汉帝国的时候,也正值大汉帝国经过文景两代的励精图治而国力强盛之时。在这种前提下,汉武帝派张骞出使西域,联合大月氏共同对付匈奴。然而,真可谓"有心栽花花不开,无心插柳柳成荫"。张骞出使西域虽然没有实现战争联合,却促成了文化的交流,以及贸易的兴盛。大量的历史考古资料证明,古丝绸之路上很早就已经有西域各族和中原帝国之间的贸易往来,其中最活跃的是粟特人,该民族长期以来成为古丝绸之路上的重要中介。不过,无论是哪个民族在古丝绸之路上活跃,最基础的首先还是要民心相通。而民心相通的最重要的方式就是文化交流,因此历史资料都揭示了古丝绸之路上的文化交流特别频繁,既有西域、南亚、西亚文化频频进入大汉帝国,也有中原文化不断走向欧亚大陆深处。各种文化交相辉映,又包容互鉴,从而塑造了欧亚大陆文化的多元性、多样性特征。一个国家的文化软实力的提升,并非完全通过自身文化要素的对外流动来实现,也不能单纯依赖于行政的力量强行推动而达到,而是在文化的互动中形成认同而实现的。这同样是通过跨文化交流来推进民心相通的过程。因此,民心相通不仅是推进"一带一路"实践的基础,也是提升中国文化软实力的手段。

第二,"一带一路"首先是一种理念,这种理念因强调"共商共建共享"而超越了过去国际关系的其他理念。欧洲从"永久和平"的理想到威尔逊主义,都因缺乏操作性而陷入空想的泥沼,而中国提出的"一带一路"是非常务实的理念,并因其务实性、可操作性被世界各国所接受。因此,"一带一路"的提出,不仅体现了中国在理念上自我革新、奉献世界的勇气,而且作为中国的理念创新成果得到广泛关注与传播,表明中国文化软实力内容在不断丰富。"一带一路"虽然是一种理念,但更重要的是它也是一种实践,一种以文化灵魂、利益共赢为支撑的经济发展实践。它必然会通过经济的方式和平重塑国际经济秩序,这是对以战争和武力的方式重塑国际秩序的西方国际关系史的超越。

理念、价值、制度、秩序等都可以成为国际公共产品,关键的是这些成为国际公共产品后会不会被提供者"私有化"。从二战结束以来国际公共产品的演变过程来看,国际公共产品总是难免被美国等主导国家以其国家利益的目的"私有化"。"一带一路"是中国主动提供的关于国际社会经济发展的公共产品,无论是其理念、价值还是塑造的制度和秩序,都表明中国从来都以人类共同的利益为目标诉求。因此,国际社会包括联合国都乐意接受它。从这个方面来看,"一带一路"本身就已经转化为中国文化软实力并在世界各国广为传播。于是,"一带一路"成为传播中国文化软实力其他内容的重要工具和平台。

"一带一路"是中国提出的倡议,又是中国在沿线各国推进的经济实践。作为中国的"原创性"的理念,"一带一路"被世界各国所接受,既意味着中国理念的世界扩散,也意味着中国文化软实力的世界性扩散。从这一方面来看,"一带一路"是提升中国文化软实力的重要工具和手段。当然,"一带一路"作为中国的战略性倡议,更具有目标意义。因为,"一带一路"的成功与否,关乎中国的进一步发展和现代化使命的完成,也关乎人类命运共同体的构建。因此,为了更好地推进"一带一路"走得更实和走得更远,必须通过跨文化交流来提升中国文化软实力的世界认可度,以夯实民心相通的基础。

第三,"一带一路"是文化沟通的过程,而文化沟通最直接的工具就是语言。研究语言的特性与功能在于提升运用语言的技巧和能力。语言的意义在于实际运用,而语境是确定语言意义的具体环境。对外传播就是运用语言的过程,但这个过程不仅要把握语言的特性,而且还要能够通过相应的语言来构塑可对话、可理解的话语和语境。外交是对外传播最特殊的一种方式,尤其强调语言的运用技巧和特殊的语境。同时,外交实际上又是一场场特殊且复杂的话语斗争。这就决定了无论是对外传播还是具体的外交实践,在运用语言和话语的时候千万不能模式化、刻板化。不同的场合决定了不同的语境,也决定了不同的语言技巧和话语方式,这样才可以通过沟通、对话、说服来使受众认同和接受。普遍性的社会科学知识产生于西方,但普遍性的知识并不具有解决普遍性问题的功能,具体实践中的问题对"社会科学本土化"提出了要求。但是,本土化知识又必须要转化为普遍性知识,这样才能使本土性知识具有普遍性意义。对外传播就是本土性知识普遍化的过程,如果这个过程能够顺利实现,那么就意味着对外传播是成功的。为了达到目的,对外传播就需要进行语言沟通、话语对接、符号置换,这样对外传播力才能得到相应的提升。"一带一路"是中国本土知识的成果,同时它又是再普遍化的中国知识,两个过程都非常重要,如果成功,那就意味着中国的软实力获得大大提升。

第四,"一带一路"提出之初,外界对此并不了解,但因中国经济是世界经济的重要引擎,特别是在历经 2008 年国际金融危机以后,中国经济是世界经济少有的亮点。因此,世界各国尤其是中国周边国家对中国有了很大的期待,从而对"一带一路"也产生了积极的认知。在这种前提下,中国拥有"一带一路"的关键性话语权。遗憾的是,由于国内各界对"一带一路"的理解出现了偏颇,地方政府为了地方经济发展也在抢占"一带一路"的"起点"等话语权,以及企业在"一带一路"实践中的项目"圈地"行为,从而引起了外界对"一带一路"的不正确理解。在这种情形下,中国通过"一带一路"国际合作高峰论坛和中国国际进口博览会等平台,不仅重塑了中国的对外形象,而且也重新矫正了"一带一路"的话语,从而大大促进了"一带一路"的高质量发展,中国也通过"一带一路"的实践不断提升了对外话语权。

第五,"一带一路"的实践取得了非常重要的成功,在"五通"方面都有不凡的业绩。这意味着"一带一路"倡议是沿线国家的共同愿望。但是,"一带一路"在某些国家、某些地区和某些具体的项目上的确存在着问题,以至于一些人在"一带一路"的认识上产生了分歧、误解。原因是多方面的,但有一个重要因素在于"一带一路"迄今尚未构筑起自己的价值基础。任何一种合作都需要合作机制本身的凝聚力和合作各方的向心力,而价值的导向作用和引领作用则是塑造合作机制凝聚力和产生向心力的根本性要素。"一带一路"倡议着眼于经济发展,但同时又着眼于长期的发展和持之以恒的推进,因此,"一带一路"需要构筑自身的价值来凝聚沿线国家。不过,构筑"一带一路"的价值基础,并非要无中生有,完全形成新的价值元素,而是从沿线国家多样化的文化中和沿线既有的国际合作机制的价值中提取最大价值公约数。无论民族、宗教、文化和社会制度等的差异有多大,人类总会存在一些共同的东西即共同价值。所谓"人同此心,心同此理"。小而言之,那些合情合理的事,不同的人想法却是相同的。推而广之,符合人类发展趋势的价值一定是人类所共同接受的价值。从这个意义上来说,民族、宗教、文化、社会制度的差异性不过是表面性的差异,而深层次的价值尽管也有差异,但毕竟作为同类的人类总会找到作为类的共同价值,甚至可以说,共同价值正是人类作为类存在的内在本质。因此,我们把这种支撑人类作为类而存在的价值称为共同价值。"一带一路"倡议,从小的方面来看是中国促进本国内部平衡发展和带动沿线国家共同发展的倡议;从大的和更长远的方面来看则是关于人类共同命运的总体性发展战略。因此,"一带一路"倡议不仅要合乎中国的文化价值,也要尊重国际道义,并在价值公约数基础上不断拓展国际道义。这些国际道义包括:以共赢发展来拓展和平的国际价值;用经济发展的共同利益来推进共同担当国际和平的责任;努力减少富国和穷国的差距,倡导各国以平等的身份参与国际经济事务,追求国家间经济平等的权利;坚持开放原则,倡导不针对任何第三方的经济合作;不仅关注自身利益,也关注全球整体利益,实现世界各国的共同发展和共同安全,以及关怀和促进个人福祉,使作为个体的人享有基本的权利,实现人的全面的平等的发展。特别要强调的是,"一带一路"是中国提出的倡议,其价值也是中国文化的凝练,不仅倡议得到沿线国家的接受和实施,而且"一带一路"的共同价值也成为沿线国家在"一带一路"实践中共同遵守的价值。因此,这种价值得到国际社会的普遍尊重,也意味着中国的软实力通过"一带一路"的实践获得提升。

第六,国际公共产品的供给方式体现了国际力量的结构状态。战后相当长时期内,美国主导了国际公共产品的供给,国际公共产品也在相当大程度上被美国"私有化"为美国实现国家利益的工具。然而,国际力量结构框架中的消长也不断调整着国际公共产品的供给模式。当然,供给的主体也相应地在发生变化,而变化最大的是中国的国际角色:中国从国际公共产品的"消费者",甚至一定程度上的"搭便车者",逐渐成为国际公共产品的修正者、建设者,甚至供给者、创新者。这种变化的意义,不只是反映了中国国际地位的变化,更重要的是开启了一种新型全球化进程,这个进程是中国与相关国家共同用"一带一路"的实践开启的。全球化是一个客观的进程,在战后新科技革命的推动下全球化进程不断深化,并且从20世纪80年代开始迅猛发展,它对世界各国和国际体系产生了巨大而深刻的影响。中国成功地抓住了战后新科技革命浪潮的衣襟,在新科技革命的浪潮中成功地融入全球化的进程之中,并以中国的方式赋予全球化以全新的内涵。这些全新的内容在于:中国因素,包括中国的经济要素以史无前例的方式活跃于世界市场;中国市场在"一带一路"的互联互通下以前所未有的方式与世界市场联通在一起;中国文化要素与其他各国文化要素在"一带一路"的具体实践中流动、交流、融合,使长久沉睡在历史长河之中的文化要素在"一带一路"的实践中不断被激活,并焕发出新的生机。中国总是以一种负责任的态度来促进世界经济发展和世界的和平稳定。"一带一路"使中国与世界产生了良性互动,这种良性互动开创了当代国际关系的新时代。权力政治学所演绎的是一部殖民掠夺史和强权政治史,而"一带一路"所开创的是一部全新的世界现代化史,一部以合作共赢和平发展为核心内容的新型国际关系史。由此可见,在国际权力转移的时代,中国才是世界大变局中世界和平与发展的压舱石。

第七,语言进入国家战略或者说成为国家战略的一部分,是改革开放以后尤其是进入21世纪以后才得到重视的。这主要是因为,语言战略涉及文化、安全、话语权,以及大数据技术问题等诸多领域,最根本的就是要解决语言在这些领域的融合发展问题来促进国家战略的实施。但是,语言战略的内容究竟是什么,学术界并没有形成一个标准性的答案。本书从语言资源、国家语言能力、语言规划、语言战略意图来理解国家语言战略。中国国际地位的提升将有利于增强汉语在国际上的影响力;反之,汉语的国际化程度也会彰显中国的文化软实力和国家的综合国力。"一带一路"倡议及其实践,既是经济市场要素的国际性流动,也是一个语言实践过程。"一带一路"互联互通的基础是民心相通,而民心相通最关键的就是语言相通基础上的文化交流。不过,"一带一路"高质量发展,需要深入研究对象国或地区的历史文化、民族宗教、政治社会等问题。也就是说,"一带一路"需要通过语言战略来推进对象国或地区的综合研究,需要培养关于对象国或地区的复合型人才。鉴于此,我们需要正确认识在"一带一路"实践中推进中国语言战略所面临的困惑,为消解和克服这些困惑,需要通过完善学科布局、加强复合型人才的培养和人才战略储备建设、运用新兴技术调查语言资源和编制语言资源谱系,在此基础上构建一个统筹国内和国际语言大局的国家语言战略,推进"一带一路"高质量发展,使中国内部改革不断深化、对外开放质量不断提升。这样,语言战略才能更好、更高质量地服务国家的整体战略。

第八,中国关于国家品牌的认识是从对外开放开始的,在中国还处在国际体系之外的时候,国内不会关注国家形象以及诸要素构成的国家品牌。只有融入国际体系之后,也因为随着中国的发展进程对世界产生的重大影响,以及国际社会不断建构关于中国的话语,中国才认识到国家形象以及国家品牌的重要性,也进而不断强调打造国家品牌的必要性。国家品牌的内容及其构成要素十分丰富,一种商品品牌、一个文化符号、一种价值观念、一种制度等,都有可能构成一种国家品牌。在改革开放后的一段时期内,中国主要是为了经济"走出去"而专注于各种商品的品牌,但由于"中国制造"的商品品牌与中国的国家形象具有高度的一致性,因此,为了改善中国形象和打造国家品牌,必须确保"中国制造"在国际社会的可信度和可接受程度。不过,随着中国国家品牌观念的不断提升,中国逐渐认识到观念、价值、制度等都可以成为国家品牌。"一带一路"因为是中国的原创倡议,尤其是通过九年来的成功实践,也必然成为中国的国家品牌。"一带一路"成为中国的国家品牌具有独特的意蕴:价值的独特性、形象代码的独特性和实践的独特性。这些独特性以及"一带一路"的成功实践,直接塑造了中国国家品牌。反过来,"一带一路"国家品牌的塑造,也更有利于推进"一带一路"高质量发展。但是,这两方面目的的实现都需要在新技术环境下利用新的技术手段来拓展中国国家品牌对外传播的路径。

第九,"一带一路"的成功实践,归根到底在于人才,中国以及沿线各国的人才素质决定了"一带一路"的未来发展进程。从这一点来看,人才培养机制也是一个国家的软实力,在全球化的进程中,哪个国家的人才培养机制完善,人才就会向该国聚集。"一带一路"倡议及其实践特别需要人才,不仅是语言类人才,而且更需要"语言+专业"的人才,也就是复合型人才。同时,"一带一路"倡议又是中国主动参与全球化进程的方案。全球化不仅是一个深度合作的进程,也是一个充满了竞争与风险的进程。因此,"一带一路"人才培养,既要强调语言才能、技术才能,还要强调维护国家文化安全方面的才能,复合型人才的培养需要多资源、跨学科的整合。

# 参考文献

## 一、著作

1.《邓小平文选》第 1、3 卷，人民出版社 1993 年版；《邓小平文选》第 2 卷，人民出版社 1994 年版。

2.《胡锦涛文选》第 1—3 卷，人民出版社 2016 年版。

3.《江泽民文选》第 1—3 卷，人民出版社 2006 年版。

4.《马克思恩格斯文集》第 1—10 卷，人民出版社 2009 年版。

5.《习近平谈治国理政》，外文出版社 2014 年版。

6.《习近平谈治国理政》第 2 卷，外文出版社 2017 年版。

7.［德］费迪南德·冯·李希霍芬著，E.蒂森选编:《李希霍芬中国旅行日记》，李岩、王彦会译，商务印书馆 2018 年版。

8.［德］黑格尔:《历史哲学》，王造时译，上海书店出版社 1999 年版。

9.［德］卡尔·雅斯贝斯:《历史的起源与目标》，魏楚雄、俞新天译，华夏出版社 1989 年版。

10.［德］乌·贝克、哈贝马斯等:《全球化与政治》，王学东等译，中央编译出版社 2000 年版。

11.［德］乌尔里希·贝克:《风险社会》，何博闻译，译林出版社 2004 年版。

12.［德］乌尔里希·贝克:《世界风险社会》，吴英姿、孙淑敏译，南京大学出版社 2004 年版。

13.［德］尤尔根·哈贝马斯:《后民族结构》，曹卫东译，上海人民出版社 2002 年版。

14. [俄]洛斯基:《俄国哲学史》,贾泽林等译,浙江人民出版社1999年版。

15. [法]佩雷菲特:《停滞的帝国:两个世界的撞击》,王国卿等译,生活·读书·新知三联书店2007年版。

16. [法]让-雅克·卢梭:《论人类不平等的起源》,邓冰艳译,浙江文艺出版社2015年版。

17. [古希腊]柏拉图:《苏格拉底的申辩》(修订版),吴飞译/疏,华夏出版社2017年版。

18. [古希腊]色诺芬:《回忆苏格拉底》,吴永泉译,商务印书馆1984年版。

19. [古希腊]修昔底德:《伯罗奔尼撒战争史》,徐松岩译,上海人民出版社2017年版。

20. [古希腊]亚里士多德:《政治学》,吴寿鹏译,商务印书馆1981年版。

21. (汉)孔安国传、(唐)孔颖达疏:《尚书正义》,北京大学出版社1999年版。

22. (汉)司马迁:《史记》,中华书局2014年点校本修订版。

23. (汉)许慎:《说文解字新订》,臧克和、王平校订,中华书局2002年版。

24. [加拿大]马修·弗莱泽:《软实力:美国电影、流行乐、电视和快餐的全球统治》,刘满贵等译,新华出版社2006年版。

25. [美]塞缪尔·亨廷顿:《文明的冲突与世界秩序的重建》,新华出版社2018年版。

26. [美]阿米塔·阿查亚:《美国世界秩序的衰落》,袁正清等译,上海人民出版社2017年版。

27. [美]包弼德:《斯文:唐宋思想的转型》,刘宁译,江苏人民出版社2017年版。

28. [美]保罗·A.萨缪尔森、威廉·D.诺德豪斯:《经济学》,高鸿业等译,中国发展出版社1992年版。

29. [美]保罗·肯尼迪:《大国的兴衰:1500—2000年的经济变迁与军事冲突》,陈景彪等译,国际文化出版社2006年版。

30. [美]本尼迪克特·安德森:《想象的共同体:民族主义的起源与散布》,吴叡人译,上海人民出版社2005年版。

31. [美]戴维·卡莱欧:《欧洲的未来》,冯绍雷等译,上海人民出版社2003年版。

32. ［美］杜赞奇:《从民族国家拯救历史:民族主义话语与中国现代史研究》,王宪明等译,江苏人民出版社 2009 年版。

33. ［美］格雷厄姆·艾利森:《注定一战:中美能避免修昔底德陷阱吗?》,陈定定、傅强译,上海人民出版社 2019 年版。

34. ［美］胡曼·佩马尼:《虎视中亚》,王振西译,新华出版社 2002 年版。

35. ［美］贾雷德·戴蒙德:《枪炮、病毒与钢铁:人类社会的命运》,谢延光译,上海译文出版社 2016 年版。

36. ［美］柯文:《在中国发现历史——中国中心观在美国的兴起》,林同奇译,社会科学文献出版社 2017 年版。

37. ［美］肯·沃尔夫:《大历史视野》,包慧怡、李韵译,上海社会科学院出版社 2022 年版。

38. ［美］理查德·塔纳斯:《西方思想史》,吴象婴、晏可佳、张光勇译,上海社会科学院出版社 2011 年版。

39. ［美］刘子健:《中国转向内在》,赵冬梅译,江苏人民出版社 2012 年版。

40. ［美］罗伯特·吉尔平:《世界政治中的战争与变革》,宋新宁等译,上海人民出版社 2007 年版。

41. ［美］马歇尔·戈德曼:《失去的机会——俄罗斯的经济改革为什么会失败?》,李轶海等译,上海译文出版社 1997 年版。

42. ［美］玛格丽特·E.凯克、凯瑟琳·辛金克:《跨越国家的活动家:国际政治中的倡议网络》,韩召颖、孙英丽译,北京大学出版社 2005 年版。

43. ［美］曼纽尔·卡斯特:《网络社会的崛起》,夏铸九等译,社会科学文献出版社 2001 年版。

44. ［美］诺曼·里奇:《大国外交:从拿破仑战争到第一次世界大战》,吴征宇、范菊华译,中国人民大学出版社 2015 年版。

45. ［美］乔纳森·特纳:《社会学理论的结构》(上),邱泽奇译,华夏出版社 2001 年版。

46. ［美］塞缪尔·亨廷顿:《第三波——20 世纪后期民主化浪潮》,刘军宁译,上海三联书店 1998 年版。

47. ［美］塞缪尔·亨廷顿:《文明的冲突与世界秩序的重建》,周琪等译,新华出版社 2002 年版。

48. [美]斯塔夫里阿诺斯:《全球通史:1500年以后的世界》,吴象婴、梁赤民译,上海社会科学院出版社1992年版。

49. [美]杨联陞:《中国制度史研究》,彭刚、程刚译,江苏人民出版社2007年版。

50. [美]伊曼纽尔·沃勒斯坦:《美国实力的衰落》,谭荣根译,社会科学文献出版社2007年版。

51. [美]约瑟夫·奈:《软力量:世界政治成功之道》,吴晓辉、钱程译,东方出版社2005年版。

52. [美]约瑟夫·奈:《硬权力与软权力》,门洪华译,北京大学出版社2005年版。

53. [美]詹姆斯·罗西瑙:《没有政府的治理——世界政治的秩序与变革》,张胜军、刘小林等译,江西人民出版社2001年版。

54. [美]朱迪斯·M.本内特、C.沃伦·霍利斯特:《欧洲中世纪史》,杨宁、李韵译,上海社会科学院出版社2007年版。

55. [日]沟口雄三:《作为方法的中国》,孙君悦译,生活·读书·新知三联书店2011年版。

56. [宋]司马光:《资治通鉴》(1—4),岳麓书社2015年版。

57. [苏]阿·阿夫托尔哈诺夫:《勃列日涅夫的力量和弱点》,杨春华、张道庆译,新华出版社1981年版。

58. [英]埃里克·霍布斯鲍姆:《工业与帝国:英国的现代化历程》,梅俊杰译,中央编译出版社2016年版。

59. [英]埃里克·霍布斯鲍姆:《民族与民族主义》,李金梅译,上海人民出版社2006年版。

60. [英]安格斯·麦迪森:《世界经济千年史》,伍晓鹰等译,北京大学出版社2003年版。

61. [英]安格斯·美迪森:《中国经济的长周期表现:公元960—2030年》,伍晓鹰等译,上海人民出版社2008年版。

62. [英]奥兰多·费吉斯:《克里米亚战争:被遗忘的帝国博弈》,吕品等译,南京大学出版社2018年版。

63. [英]戴维·赫尔德、安东尼·麦克格鲁:《全球化与反全球化》,陈志刚译,社会科学文献出版社 2004 年版 。

64. [英]戴维·赫尔德等:《全球大变革:全球化时代的政治、经济与文化》,杨雪冬等译,社会科学文献出版社 2001 年版。

65. [英]戴维·赫尔德:《民主与全球秩序》,胡伟译,上海人民出版社 2003年版。

66. [英]迈克尔·曼:《社会权力的资源:全球化(1945—2011)》,郭忠华等译,上海人民出版社 2015 年版。

67. 陈旭麓:《近代中国社会的新陈代谢》,上海人民出版社 1992 年版。

68. 陈志强:《拜占庭帝国通史》,上海社会科学院出版社 2013 年版。

69. 樊勇明、钱亚平、饶云燕:《区域国际公共产品与东亚合作》,上海人民出版社 2014 年版。

70. 高力克:《五四的思想世界》,东方出版社 2019 年版。

71. 葛兆光:《中国思想史》(第 1—3 卷),复旦大学出版社 2019 年版。

72. 郭彧译注:《周易》,中华书局 2006 年版。

73. 韩召颖:《输出美国:美国新闻署与美国公共外交》,天津人民出版社 2000年版。

74. 胡键:《"一带一路"战略构想及其实践研究》,时事出版社 2016 年版。

75. 胡键:《角色·责任·成长路径:中国在 21 世纪的基础性战略问题》,上海人民出版社 2010 年版。

76. 胡键:《中国文化软实力评估及增进方略研究》,天津人民出版社 2020年版。

77. 胡键:《资本的全球治理:马克思恩格斯国际政治经济学思想研究》,上海人民出版社 2016 年版。

78. 胡壮麟等:《系统功能语言学概论》,北京大学出版社 2005 年版。

79. 黄仁伟:《中国崛起的时间与空间》,上海社会科学院出版社 2002 年版。

80. 季羡林:《中印文化交流史》,中国社会科学出版社 2008 年版。

81. 金观涛、刘青峰:《兴盛与危机——论中国社会超稳定结构》,法律出版社 2011 年版。

82. 郎咸平:《产业链阴谋 I —— 一场没有硝烟的战争》,东方出版社 2008年版。

83. 梁二平:《海上丝绸之路 2000 年》,上海交通大学出版社 2016 年版。

84. 梁启超:《梁启超全集》,中国人民大学出版社 2018 年版。

85. 梁启超:《梁启超传记菁华》,东方出版社 2015 年版。

86. 梁漱溟:《中国文化要义》,上海人民出版社 2005 年版。

87. 林拓、蔡永记:《打造"一带一路"前行航标——新时代中国海外园区再出发》,中国社会科学出版社 2018 年版。

88. 林太:《印度通史》,上海社会科学院出版社 2012 年版。

89. 刘梦溪:《中国文化的张力》,中信出版社 2019 年版。

90. 楼宇烈:《中国的品格》,南海出版公司 2009 年版。

91. 罗荣渠:《现代化新论——世界与中国的现代化进程》(增订本),商务印书馆 2009 年版。

92. 吕一民:《法国通史》,上海社会科学院出版社 2012 年版。

93. 潘光、胡键:《21 世纪的第一个新型区域合作组织——对上海合作组织的综合研究》,中共中央党校出版社 2006 年版。

94. 裴默农:《周恩来与新中国外交》,中共中央党校出版社 2002 年版。

95. 钱超尘:《战国策译注》,北京燕山出版社 1993 年版。

96. 钱乘旦、许洁明:《英国通史》,上海社会科学院出版社 2012 年版,第77 页。

97. 沈志华、唐启华:《金门:内战与冷战:美、苏、中档案解密与研究》,九州出版社 2010 年版。

98. 唐代兴:《文化软实力战略研究》,人民出版社 2008 年版。

99. 童世骏:《西学在中国:五四运动 90 周年的思考》,生活·读书·新知三联书店 2010 年版。

100. 童世骏:《文化软实力》,重庆出版社 2008 年版。

101. 王旭东、孟庆龙:《世界瘟疫史:流行性疾病、应对措施及其对人类社会的影响》,中国社会科学出版社 2005 年版。

102. 王寅:《语言哲学研究》,北京大学出版社 2014 年版。

103. 文军:《西方社会学理论:经典传统与当代转向》,上海人民出版社 2006 年版。

104. 吴其昌:《梁启超传》,天津人民出版社 2015 年版。

105. 吴玉贵:《中国风俗通史·隋唐五代卷》,上海文艺出版社 2001 年版。

106. 向达:《唐代长安与西域文明》,三联书店 1987 年版。

107. 许倬云:《中西文化的对照》,浙江人民出版社 2013 年版。

108. 于阳:《江湖中国:一个非正式制度在中国的起因》,当代中国出版社 2007 年版。

109. 俞可平:《全球化:全球治理》,社科文献出版社 2003 年版。

110. 赵常庆:《十年巨变·中亚和外高加索卷》,东方出版社 2003 年版。

111. 周宁:《天朝遥远:西方的中国形象研究》(上下),北京大学出版社 2006 年版。

112. 朱峰、[美]罗伯特·罗斯:《中国崛起:理论与政策的视角》,上海人民出版社 2008 年版。

113. 朱贻庭:《与孔子对话:儒家的公正与民生思想》,上海辞书出版社 2012 年版。

## 二、期刊论文

1. 才源源、周漫、何佳讯:《"一带一路"背景下中国品牌文化价值观运用分析》,《社会科学》2020 年第 1 期。

2. 蔡昉:《金德尔伯格陷阱还是伊斯特利悲剧?》,《探索与争鸣》2018 年第 1 期。

3. 蔡昉:《金德尔伯格陷阱还是伊斯特利悲剧——全球公共产品及其提供方式和中国方案》,《世界经济与政治》2017 年第 10 期。

4. 蔡拓、吴娟:《试析全球治理的合法性》,《教学与研究》2005 年第 4 期。

5. 曾楚宏、王钊:《中国主导构建"一带一路"区域价值链的战略模式研究》,《国际经贸探索》2020 年第 6 期。

6. 陈丽君、胡范铸:《语言资源:一种可以开发利用的旅游资源》,《旅游科学》2010 年第 6 期。

7. 陈鲁直:《联合国的语文杂谈》,《世界知识》2001 年第 14 期。

8. 陈伟光、蔡宏伟:《逆全球化现象的政治经济学分析——基于"双向运动"的视角》,《国际观察》2017 年第 3 期。

9. 陈伟光、王燕:《共建"一带一路":基于关系治理与规则治理的分析框架》,

《世界经济与政治》2016年第6期。

10. 陈新奇:《八世纪前后中亚地区的宗教演变》,《新疆地方志》1992年第2期。

11. 陈雨露:《"一带一路"与人民币国际化》,《中国金融》2015年第19期。

12. 陈玉聃:《论文化软权力的边界》,《现代国际关系》2006年第1期。

13. 陈章太:《论语言资源》,《语言文字应用》2008年第1期。

14. 陈正良:《增强中国文化软实力论要》,《浙江社会科学》2008年第1期。

15. 程之范:《西方17世纪的医学》,《中华医史杂志》1994年第4期。

16. 崔宏伟:《"规范性强权"欧盟与中欧关系的和谐发展》,《社会科学》2007年第11期。

17. 崔丕:《美国的遏制战略与巴黎统筹委员会、中国委员会论纲》,《东北师大学报》2000年第2期。

18. 寸守栋、杨红英:《知识创新理论下的企业国际化人才培养——基于"一带一路"战略视域》,《技术经济与管理研究》2017年第1期。

19. 寸守栋、姚凯:《基于文化主体性的"一带一路"国际化人才培养》,《技术经济与管理研究》2019年第4期。

20. 戴曼纯:《国家语言能力、语言规划与国家安全》,《语言文字应用》2011年第4期。

21. 戴曼纯:《国家语言能力的缘起:界定与本质属性》,《外语界》2019年第6期。

22. 党兰玲:《语言与经济的互动关系》,《华北水利水电大学学报》(社会科学版)2016年第3期。

23. 杜振吉:《文化自卑、文化自负与文化自信》,《道德与文明》2011年第4期。

24. 杜正艾:《精选"一带一路"战略支点国家的意义与建议》,《行政管理改革》2016年第6期。

25. 范俊军、肖自辉:《语言资源论纲》,《南京社会科学》2008年第4期。

26. 甘均先、毛艳:《丝绸之路的复活:中国高铁外交解析》,《太平洋学报》2010年第7期。

27. 高飞:《"逆全球化"现象与中国的外交效应》,《国际论坛》2017年第

6 期。

28. 耿曙生:《论中国城市的起源与形成》,《苏州大学学报》(哲学社会科学版)1990 年第 4 期。

29. 宫月晴:《中国品牌建构国家形象作用机制研究——基于"一带一路"沿线消费者深访的研究》,《现代传播》2019 年第 10 期。

30. 龚晓鹰、陈健:《中国"一带一路"背景下的包容性全球化理论与引领路径分析》,《教学与研究》2018 年第 1 期。

31. 郭朝先、徐枫:《新基建推进"一带一路"高质量发展研究》,《西安交通大学学报》(哲学社会科学版)2020 年第 4 期。

32. 郭洁敏:《论软权力的基础、条件及其运用准则——兼与陈玉聃先生商榷》,《现代国际关系》2006 年第 3 期。

33. 郭美辰:《论中国产品向中国品牌转变的国家品牌基础——国家品牌的内涵即塑造研究》,《山东师范大学学报》(人文社科版)2019 年第 1 期。

34. 郭树勇:《试论邓小平外交思想中的国际主义》,《外交评论》2007 年第 3 期。

35. 郭学堂:《"高铁外交"的地缘政治学解读》,《社会科学》2015 年第 6 期。

36. 郭燕来:《中国共产党软实力的合法性效应分析》,《学习与探索》2011 年第 5 期。

37. 韩东屏:《如何达成价值共识》,《河北学刊》2010 年第 1 期。

38. 郝时远:《民族认同危机还是民族主义宣示——亨廷顿〈我们是谁〉一书中的族际政治理论困境》,《世界民族》2005 年第 3 期。

39. 何芳、邓联健:《早期来华传教士汉英翻译活动的动机与选本》,《外语与翻译》2016 年第 1 期。

40. 何佳讯、吴漪:《国家品牌资产:概念架构及相关研究述评》,《外国经济与管理》2020 年第 5 期。

41. 何佳讯、吴漪:《品牌价值观念:中国国家品牌与企业品牌的联系及战略含义》,《华东师范大学学报》(哲学社会科学版)2015 年第 5 期。

42. 何奇松:《"天基丝路"助推"一带一路"战略实施:军事安全保障的视角》,《国际安全研究》2016 年第 3 期。

43. 洪邮生:《规范性力量欧洲与欧盟对华外交》,《世界经济与政治》2010 年第 1 期。

44. 胡鞍钢、马英钧、高宇宁:《"一带一路":打造对外开放升级版,创造全球开放性开放红利》,《河海大学学报》(哲学社会科学版)2016 年第 4 期。

45. 胡德坤、邢伟旌:《"一带一路"战略构想对世界历史发展的积极意义》,《武汉大学学报》(人文社科版)2017 年第 1 期。

46. 胡键:《"天下"秩序,一种文化意象》,《学海》2017 年第 4 期。

47. 胡键:《"一带一路"的"三缘"政治分析》,《学习与探索》2016 年第 4 期。

48. 胡键:《"一带一路"的公共产品功能与中国软实力的提升》,《国外社会科学》2020 年第 3 期。

49. 胡键:《"一带一路"健康话语的构建》,《新疆师范大学学报》(哲学社会科学版)2018 年第 1 期。

50. 胡键:《"一带一路"框架中的合作基础——基于沿线核心国家创新力现状的分析》,《湖南师范大学社会科学学报》2017 年第 2 期。

51. 胡键:《"一带一路"实践与外语复合型人才培养路径》,《当代外语研究》2020 年第 3 期。

52. 胡键:《"一带一路"与中国软实力的提升》,《社会科学》2020 年第 1 期。

53. 胡键:《"一带一路"战略构想与欧亚大陆秩序的重构》,《当代世界与社会主义》2015 年第 4 期。

54. 胡键:《从解构联盟到区域合作:中亚民族主义价值取向的嬗变》,《世界民族》2008 年第 5 期。

55. 胡键:《论上海合作组织的发展动力》,《社会科学》2005 年第 6 期。

56. 胡键:《马克思世界历史理论视野下的全球治理》,《世界经济与政治》2012 年第 11 期。

57. 胡键:《民主的普适性与民族性——从独联体国家的"颜色革命"看民族认同的政治表达》,《世界民族》2006 年第 3 期。

58. 胡键:《欧洲的"后现代性"及其对中国国际角色的认知》,《毛泽东邓小平理论研究》2009 年第 6 期。

59. 胡键:《全球治理的价值问题研究》,《社会科学》2016 年第 10 期。

60. 胡键:《软实力研究在中国:一个概念演进史的考察》,《国际观察》2018 年第 6 期。

61. 胡键:《天缘政治与北斗外交》,《社会科学》2015 年第 7 期。

62. 胡键:《文化软实力新论:构成、功能和发展规律——兼论中美文化软实力比较》,《社会科学》2009 年第 2 期。

63. 胡键:《文化软实力研究:中国的视角》,《社会科学》2011 年第 5 期。

64. 胡键:《文化要素跨境流动与中国文化传播力的提升》,《现代传播》2020 年第 4 期。

65. 胡键:《新型国际关系,对传统国际关系的历史性超越》,《欧洲研究》2018 年第 2 期。

66. 胡键:《哲学社会科学创新、技术革命与国家命运》,《当代世界与社会主义》2020 年第 2 期。

67. 胡键:《治理体系、治理能力与国家治理能力现代化》,《云梦学刊》2020 年第 5 期。

68. 胡键:《中国共产党软实力研究》,《社会科学》2015 年第 3 期。

69. 胡键:《中国国际角色的转换与国际社会的认识》,《现代国际关系》2006 年第 8 期。

70. 胡键:《中国和平发展学研究——兼与王帆教授的商榷》,《国际观察》2020 年第 3 期。

71. 胡键:《中国崛起的价值基础:从民族主义到新世界主义》,《社会科学研究》2020 年第 1 期。

72. 胡键:《中国文化软实力建设:必要性、瓶颈和路径》,《社会科学》2012 年第 2 期。

73. 胡键:《中国文化软实力评估与增进策略:一项国际比较的研究》,《中国浦东干部学院学报》2014 年第 2 期。

74. 胡键:《中国智库对外传播的对外传播研究》,《现代传播》2018 年第 5 期。

75. 胡键:《走向多层次的全球治理——兼评阿查亚的〈美国世界秩序的终结〉》,《湘潭大学学报》(哲学社会科学版)2018 年第 4 期。

76. 胡正荣:《共建人类命运共同体:从"一带一路"海外舆情看国际关系的中国方案》,《国际传播》2017 年第 2 期。

77. 胡宗山、鲍林娟:《"一带一路"倡议与中国外交新动向》,《青海社会科学》2016 年第 4 期。

78. 胡宗山、聂锐:《"一带一路"倡议:成就、挑战与未来创新》,《社会主义研究》2019年第6期。

79. 黄河、戴丽娜:《"一带一路"公共产品与中国特色大国外交》,《太平洋学报》2018年第8期。

80. 黄河:《公共产品视域下的"一带一路"》,《世界经济与政治》2015年第6期。

81. 黄升民、张弛:《改革开放以来国家品牌观念的历史演进与宏观考察》,《现代传播》2018年第3期。

82. 贾磊磊:《主流文化体系的建构与国家文化软实力》,《电影艺术》2008年第1期。

83. 金玲:《"一带一路":中国的马歇尔计划?》,《国际问题研究》2015年第1期。

84. 金小川:《公共产品生产的国际比较》,《学术研究》1997年第1期。

85. 金应忠:《国际社会的共生论——和平发展时代的国际关系理论》,《社会科学》2011年第10期。

86. 金中夏:《中国的"马歇尔计划"——探讨中国对外基础设施投资战略》,《国际经济评论》2012年第6期。

87. 李安山:《论中非合作论坛的起源——兼谈对中国非洲战略的思考》,《外交评论》2012年第3期。

88. 李琮、刘国平、谭秀英:《中国国际问题研究50年》,《世界经济与政治》1999年第12期。

89. 李德鹏:《论语言资源的内涵与外延》,《云南师范大学学报》(对外汉语教学与研究版)2014年第2期。

90. 李刚:《论戴维·赫尔德的全球治理思想》,《东北大学学报》(社会科学版)2008年第3期。

91. 李广勤、曹建华、邵帅:《语言多样性与中国对外开放的地区差异》,《世界经济》2017年第3期。

92. 李文、蔡建红:《"一带一路"对中国外交新理念的实践意义》,《东南亚研究》2015年第3期。

93. 李向阳:《"一带一路"的高质量发展与机制化建设》,《世界经济与政治》

2020 年第 5 期。

94. 李艳红：《美国对苏联及俄罗斯的语言战略——以"东欧及原苏联研究和语言培训项目"为例》，《俄罗斯东欧中亚研究》2016 年第 2 期。

95. 李智：《对文化软权力的一种传播学解释》，《当代传播》2008 年第 3 期。

96. 梁昊光、张耀军：《"一带一路"语言战略规划与政策实践》，《人民论坛·学术前沿》2018 年第 5 期。

97. 林成策、郭百灵：《试论人口迁移流动对文化构成要素的影响》，《理论视野》2013 年第 1 期。

98. 林民旺：《印度对"一带一路"的认知及中国的政策选择》，《世界经济与政治》2015 年第 5 期。

99. 林毅夫：《潮涌现象与发展中国家宏观经济理论的重新构建》，《经济研究》2007 年第 1 期。

100. 刘爱兰、王智煊、黄梅波：《中国对非援助是"新殖民主义"吗？——来自中国和欧盟对非援助贸易效应对比的经验证据》，《国际贸易问题》2018 年第 3 期。

101. 刘昌明、姚仕帆：《"一带一路"倡议下中国的欧亚一体化战略与大西洋主义》，《太平洋学报》2016 年第 11 期。

102. 刘建飞：《构建新型大国关系的合作主义》，《中国社会科学》2015 年第 10 期。

103. 刘建江：《特朗普发动对话贸易战的三维成因》，《武汉大学学报》（哲学社会科学版）2018 年第 5 期。

104. 刘玮、邱晨曦：《霸权利益与国际公共产品供给形式的转换——美联储货币互换协定兴起的政治逻辑》，《国际政治研究》2015 年第 3 期。

105. 刘卫东、Michael Dunford、高菠阳：《"一带一路"倡议的理论建构——从新自由主义全球化到包容性全球化》，《地理科学进展》2017 年第 11 期。

106. 刘文革、周洋：《地缘政治风险与中国嵌入区域价值链——基于 WIOD41 个国家的实证研究》，《区域与发展研究》2019 年第 6 期。

107. 刘小林：《全球治理理论的价值观研究》，《世界经济与政治论坛》2007 年第 3 期。

108. 刘晓音：《俄罗斯软实力发展与国家形象的提升》，《社会科学》2015 年第

2 期。

109. 刘艳:《美国的〈经济合作法〉及其对中国海外经济合作立法的启示》,《亚太经济》2016 年第 1 期。

110. 刘志彪、吴福象:《"一带一路"倡议下全球价值链的双重嵌入》,《中国社会科学》2018 年第 8 期。

111. 卢锋等:《为什么是中国?——"一带一路"的经济逻辑》,《国际经济评论》2015 年第 3 期。

112. 卢山冰、刘晓蕾、余淑秀:《中国"一带一路"投资战略与"马歇尔计划"比较研究》,《人文杂志》2015 年第 10 期。

113. 鲁鹏:《创建中国国际关系理论的四种路径》,《世界经济与政治》2006 年第 6 期。

114. 任晓:《走自主发展之路——争论中的"中国学派"》,《国际政治研究》2009 年第 2 期。

115. 陆钢:《美国文化软实力的发展及其对中国的启示》,《社会科学》2015 年第 2 期。

116. 罗林、邵玉琢:《"一带一路"视域下国别和地区研究的大国学科体系构建》,《新疆师范大学学报》(哲学社会科学版)2018 年第 6 期。

117. 骆郁廷:《文化软实力:基于中国实践的话语创新》,《中国社会科学》2013 年第 1 期。

118. 梅然:《该不该有国际政治理论的中国学派?——兼评美国的国际政治理论》,《国际政治研究》2000 年第 1 期。

119. 门洪华:《构建新型国际关系:中国的责任与担当》,《世界经济与政治》2016 年第 3 期。

120. 门洪华:《国际机制与中国的战略选择》,《中国社会科学》2001 年第 2 期。

121. 孟雷、李小云、齐顾波:《中资企业在非洲:文化的经验重构与"经验陷阱"》,《广西民族大学学报》(哲学社会科学版)2018 年第 3 期。

122. 欧阳康:《全球治理变局中的"一带一路"》,《中国社会科学》2018 年第 8 期。

123. 欧阳雪梅:《中华文化国际传播力建设路径探析》,《湖南社会科学》2015

年第 1 期。

124. 欧阳友权、杜鹃:《我国文化品牌发展现状、问题及对策》,《黑龙江社会科学》2009 年第 5 期。

125. 庞中英:《全球治理赤字及其解决——中国在解决全球治理赤字中的作用》,《社会科学》2016 年第 12 期。

126. 秦亚青、魏玲:《新型全球治理观与"一带一路"合作实践》,《外交评论》2018 年第 2 期。

127. 秦亚青、朱立群:《新国际主义与中国外交》,《外交评论》2005 年第 5 期。

128. 秦亚青:《国际关系理论的核心问题与中国学派的生成》,《中国社会科学》2005 年第 3 期。

129. 秦亚青:《中国国际关系理论生成的可能性和必然性》,《世界经济与政治》2006 年第 3 期。

130. 秦尊文:《区域软实力研究——以武汉市为例》,《学习与实践》2007 年第 10 期。

131. 清华大学爱博斯坦对外传播研究中心:《"一带一路"倡议的国际舆情分析》,《对外传播》2017 年第 5 期。

132. 曲茹、于珊珊:《"一带一路"背景下中东欧国家涉华舆情研究与引导策略——以捷、波、拉、罗、匈五国主流媒体网站新闻报道为例》,《对外传播》2019 年第 12 期。

133. 任剑涛:《在一致与歧见之间——全球治理的价值共识问题》,《厦门大学学报》(哲学社会科学版)2004 年第 4 期。

134. 任晓:《本土知识的全球意义——论地区研究与 21 世纪中国社会科学的追求》,《北京大学学报》(哲学社会科学版)2008 年第 5 期。

135. 任晓:《理论与国际关系理论:一些思考》,《欧洲》2000 年第 4 期。

136. 任晓:《再论区域国别研究》,《世界经济与政治》2019 年第 1 期。

137. 阮宗泽:《构建新型国际关系:超越历史赢得未来》,《国际问题研究》2015 年第 2 期。

138. 佘湘:《中国共产党软水建设的历史经验与启示》,《学术交流》2011 年第 7 期。

139. 沈骑、魏海苓:《构建人类命运共同体视域下的外语战略规划》,《外语界》2018 年第 5 期。

140. 沈骑、夏天:《论语言战略与国家利益的维护与拓展》,《新疆师范大学学报》(哲学社会科学版)2014 年第 4 期。

141. 盛斌、黎锋:《"一带一路"倡议的国际政治经济学分析》,《南开学报》(哲学社会科学版)2016 年第 1 期。

142. 石超、张荐华:《"一带一路"背景下中国—东盟自由贸易区人才需求预测》,《广西社会科学》2018 年第 3 期。

143. 舒永平、沈正赋:《论国家品牌传播——信息社会语境下价值导向的国家传播》,《学术界》2016 年第 9 期。

144. 苏长和、彭召昌:《中国国际关系理论的贫困》,《世界经济与政治》1999 年第 2 期。

145. 苏长和:《发现中国新外交——多边国际制度与中国外交新思维》,《世界经济与政治》2005 年第 4 期。

146. 苏长和:《国内—国际相互转型的政治经济学——兼论中国国内变迁与国际体系的关系(1978—2007)》,《世界经济与政治》2007 年第 11 期。

147. 苏长和:《周边制度与周边主义——东亚区域治理中的中国途径》,《世界经济与政治》2006 年第 1 期。

148. 孙发友、陈旭光:《"一带一路"话语的媒介生产与国家形象建构》,《新闻与传播》2016 年第 11 期。

149. 孙吉胜:《国家外语能力建设与"一带一路"的民心相通》,《公共外交季刊》2016 年第 3 期。

150. 孙勇胜、孙敬鑫:《"新殖民主义论"与中国的外交应对》,《青海社会科学》2010 年第 5 期。

151. 孙壮志:《新时代上合组织的新作为》,《人民论坛》2018 年第 10 期。

152. 谭文君、崔凡、董桂才、孙巧莉:《"一带一路"背景下国别信用评价体系的研究》,《宏观经济研究》2018 年第 4 期。

153. 童世骏:《提高国家文化软实力:内涵、背景和任务》,《毛泽东邓小平理论研究》2008 年第 4 期。

154. 童世骏:《资本的"文明化趋势"及其内在限制》,《学术月刊》2006 年第 10 期。

155. 屠启宇:《国家、市场与制度:国际制度论评析》,《世界经济与政治》1997年第 8 期。

156. 王峰、吴鹏:《修辞批评的"社会—认知"路向:以中国"非洲新殖民主义"新闻辩论话语为例》,《新闻与传播研究》2014 年第 9 期。

157. 王辉、王亚蓝:《"一带一路"沿线国家语言状况》,《语言战略研究》2016年第 2 期。

158. 王建勤:《美国"关键性语言"战略与我国国家安全语言战略》,《云南师范大学学报》(哲学社会科学版)2010 年第 2 期。

159. 王凯、倪建军:《"一带一路"高质量发展的路径选择》,《现代国际关系》2019 年第 10 期。

160. 王立新:《国际关系理论家的预测为什么失败?——兼论历史学与国际关系学的差异》,《史学集刊》2020 年第 1 期。

161. 王秋彬、崔庭赫:《关于"一带一路"国际话语权构建的思考》,《公共外交季刊》2015 年第 4 期。

162. 王秋彬:《"一带一路"建设中的大国因素》,《理论视野》2016 年第11 期。

163. 王铁昆:《基于语言资源理念的语言规划——以"语言资源监测研究"和"中国语言资源有声数据库建设"为例》,《陕西师范大学学报》(哲学社会科学版)2010 年第 6 期。

164. 王学松:《加强中外合作汉语教学项目模式的研究》,《中国高教研究》2005 年第 6 期。

165. 王义桅:《"一带一路":再造中国与世界》,《中央社会主义学院学报》2017 年第 3 期。

166. 王逸舟:《创新不干涉原则,加大保护海外利益的力度》,《国际政治研究》2013 年第 2 期。

167. 王逸舟:《过渡中的国际关系学》,《世界经济与政治》2006 年第 4 期。

168. 王永友、史君:《以意识形态为核心提升文化软实力的实践逻辑》,《马克思主义研究》2015 年第 4 期。

169. 韦宗友:《美国对华人文交流的看法即政策变化探析》,《美国研究》2019年第 3 期。

170. 魏晖:《"一带一路"与语言互通》,《云南师范大学学报》(哲学社会科学版)2015年第4期。

171. 魏晖:《国家语言能力有关问题探讨》,《语言文字应用》2015年第4期。

172. 魏晖:《文化强国视角的国家语言战略探讨》,《文化软实力》2016年第3期。

173. 文君、蒋先玲:《用系统思维创新高校"一带一路"国际化人才培养路径》,《国际商务——对外经济贸易大学学报》2015年第5期。

174. 文秋芳:《国家话语能力的内涵——对国家语言能力的新认识》,《新疆师范大学学报》(哲学社会科学版)2017年第3期。

175. 文秋芳:《国家语言能力的内涵及其评价指标》,《云南师范大学学报》(哲学社会科学版)2016年第2期。

176. 文秋芳:《中文在联合国系统中影响力的分析及其思考》,《语言文字应用》2015年第3期。

177. 吴建民:《胜利在郁金香盛开的时候——记第53届人权会上与反华势力的斗争》,《世界知识》1997年第10期。

178. 吴兴唐:《"全球治理"的置疑性解读》,《当代世界》2007年第12期。

179. 谢来辉:《"一带一路"与全球治理的关系——一个类型学分析》2019年第1期。

180. 信强:《"三重博弈":中美关系视角下的"一带一路"战略》,《美国研究》2016年第5期。

181. 邢欣、邓新:《"一带一路"核心区语言战略构建》,《双语教育》2016年第1期。

182. 熊月之:《略论近代买办与中国文化自为》,《史林》2013年第2期。

183. 熊月之:《晚清西学东渐过程中的价值取向》,《社会科学》2010年第4期。

184. 徐飞:《"一带一路"背景下外语高等教育改革研究》,《教育理论与实践》2017年第12期。

185. 许静、韩晓梅:《品牌国家策略与提升中国文化国际影响力——基于印尼"中国文化印象调查"的分析》,《外交评论》2016年第3期。

186. 许琳:《汉语加快走向世界是件大好事》,《语言文字应用》2006年第

4 期。

187. 阎小骏：《必须建立有中国特色的国际政治学理论》,载《国际政治研究》2000 年第 1 期。

188. 杨逢珉：《和平与安全：欧盟对外政策的基本价值理念》,《欧洲研究》2008 年第 3 期。

189. 杨光斌：《以中国为方法的政治学》,《中国社会科学》2019 年第 10 期。

190. 杨璐、刘文静、魏闯：《打造"中国名片"：四大模式提升国家品牌形象》,《清华管理评论》2019 年第 3 期。

191. 杨默如：《"一带一路"战略下国际公共产品供给研究》,《价格理论与实践》2015 年第 11 期。

192. 叶淑兰：《文化软实力：生成与借鉴》,《社会科学》2015 年第 2 期。

193. 袁鹏：《新时代中国国际战略思想与战略布局》,《现代国际关系》2017 年第 11 期。

194. 张白影：《阿倍仲麻吕研究》,《广州师院学报》(社会科学版)1999 年第 1 期。

195. 张春：《中非合作论坛与中国特色公共产品供应探索》,《外交评论》2019 年第 3 期。

196. 张国祚：《关于中国文化软实力建设的几点思考》,《毛泽东邓小平理论研究》2012 年第 7 期。

197. 张辉：《梅兰芳在海外的演出及其启示》,《对外传播》2009 年第 6 期。

198. 张建新：《想象与现实：特朗普贸易战的政治经济学》,《国际政治研究》2018 年第 5 期。

199. 张洁：《海上通道安全与中国战略支点的构建——兼谈 21 世纪海上丝绸之路建设的安全考量》,《国际安全研究》2015 年第 2 期。

200. 张昆、王孟晴：《国家品牌的内涵、功能及其提升路径》,《学术界》2018 年第 4 期。

201. 张理娟、张晓青、姜涵、刘畅：《中国与"一带一路"产业转移战略研究》,《世界经济研究》2016 年第 6 期。

202. 张茗：《"规范性力量欧洲"：理论、现实或"欧托邦"?》,《欧洲研究》2008 年第 5 期。

203. 张日培:《服务于"一带一路"的语言规划构想》,《云南师范大学学报》(哲学社会科学版)2015 年第 4 期。

204. 张睿壮:《警惕西方以"人道主义干预"为名颠覆现有国际秩序》,《现代国际关系》2008 年第 9 期。

205. 张文木:《在推进国家语言战略中塑造战略语言》,《马克思主义研究》2011 年第 3 期。

206. 张亚光:《"一带一路":从历史到现实的逻辑》,《东南学术》2016 年第 3 期。

207. 张幼文:《"一带一路"建设:国际发展协同与全球治理创新》,《毛泽东邓小平理论研究》2017 年第 5 期。

208. 赵蓉晖:《国家安全视域的中国外语规划》,《云南师范大学学报》(哲学社会科学版)2010 年第 2 期。

209. 赵世举:《全球竞争中的国家语言能力》,《中国社会科学》2015 年第 3 期。

210. 郑通涛、郭旭:《"一带一路"倡议下国际汉语人才培养模式研究》,《厦门大学学报》(哲学社会科学版)2020 年第 1 期。

211. 郑永年、张弛:《国际政治中的软力量及其对中国软力量的观察》,《世界经济与政治》2007 年第 7 期。

212. 周方冶:《21 世纪海上丝绸之路战略支点建设的几点看法》,《新视野》2015 年第 2 期。

213. 周瑞华:《制度功能析》,《湖北师范学院学报》(哲学社会科学版)1999 年第 1 期。

214. 周晓宏、王小毅、谢荷锋:《区域软实力及其综合评价体系研究》,《技术研究》2007 年第 6 期。

215. 邹翔:《16—17 世纪英国的瘟疫及其应对》,《中华医史杂志》2008 年第 2 期。

## 三、外文文献

1. Aaron L. Frieberg, "The Future of American Power", *Political Quarterly*, No. 109, 1994, pp.20−21.

2. Charles Kupchan, "The End of the West," *The Atlantic Monthly*, Vol.290, No.4, 2002, pp.42-44.

3. Charles P. Kindleberger, "International Public Goods Without International Government," *The American Economic Review*, Vol.76, No.1, 1986, pp.1-13.

4. *Cultural Mobility: a Manifesto*, New York: Cambridge University Press, 2010, p.6.

5. Dario Caldara, Matteo Iacoviello, "Measuring Geopolitical Risk," *International Finance Discussion Papers*, Board of Governors of the Federal Reserve System, No.1222, February 2018.

6. Henry Kissinger, *A World Restored*, New York: Grosset and Dunlap, 1964, p.2.

7. Ivo Daalder, "The End of Atlanticism," *Survival*, Summer 2003, Vol.45, No.2, pp.147-166.

8. Jean A. Berlie, Ed.: "*China's Globalization and the Belt and Road Initiative*", Gewerbestrasse: Springer, 2020.

9. Jessica Mathews, "Estranged Partners," *Foreign Policy*, November/ December 2001, No.127, pp.48-53.

10. Joseph S. Nye Jr., "The Changing Nature of World Power", *Political Science Quarterly*, Vol.105, No.2, 1990, pp.177-192.

11. Kal J. Holsti, "National Role Conceptions in the Study of Foreign Policy", *International Studies Quarterly*, Vol.14, No.4, 1970, pp.260, 263.

12. Rajan Menon, "The End of Alliances," *World Policy Journal*, Summer 2003, Vol.20, No.2, pp.1-20.

# 后　记

　　首先要感谢国家社科规划办对本项目的立项！这是笔者主持的第三个国家社科基金项目，从"软实力建设与中国和平发展道路"（08BGJ002，结项出版为《中国和平崛起进程中的软实力建设方略》，新华出版社2013年版）、"中国文化软实力评估及增进方略研究"（14BKS064，结项同名出版，天津人民出版社2020年版）到"'一带一路'倡议与提升中国文化软实力研究"（19AKS019），三个项目都与软实力有关。这或许是因为笔者与"软实力"这个概念有比较深的渊源，更是因为笔者对文化领域的研究情有独钟。长期以来，笔者坚持"跨学科研究、跨民族对话、跨文化交流"的理念，因而也把这个理念嵌入自己的学术研究之中。

　　诚然，文化并非直接就是软实力，但文化却是软实力最重要的资源。文化是不同民族之间进行交流的初始元素，异族之间的交往最初就是文化的交往，即对相互陌生的文化进行感知、认知、冲突，最后实现交流和融合。因此，异族之间产生积极的交往内容是从消除文化的陌生感开始的，而"一带一路"的"五通"是以"民心相通"为基础的，民心相通最重要的基础就是文化交流。通过将这一点作为纽带，本课题把"一带一路"倡议与提升中国文化软实力结合起来进行研究。本课题最初的设计完全是一个案例和实证研究，尤其是通过国际合作的案例来揭示二者之间的内在逻辑关系。自立项以来，在两年多的时间里，围绕课题的核心内容课题组发表了一系列的中期成果，在 CSSCI 期刊上发表了 20 篇论文，其中多篇被《新华文摘》、人大复印资料等转载。此外，还在《光明日报》《中国社会科学报》《文汇报》发表了多篇评论性文章。笔者也参加了诸多的线上会议对这一问题进行研究讨论，并从中获得不少启发。为了推介中期研究成果，笔者为政府、高校、部队、企业也讲授了相关的专题课程，特别是一些政府机构从课程中直接获得了一些政策建议。

就课题创新而言，从内容上来看，本课题从理论上阐释了"一带一路"与中国文化软实力的内在逻辑关系，在"一带一路"的实践与提升国际文化软实力的过程中，两者相互助推，相得益彰。也就是说，"一带一路"的实践需要文化相通，而文化相通就意味着中国文化得到外界的认可和接受，从而使中国文化软实力得以提升；同样，中国文化软实力提升后，有利于推动"一带一路"的实践。反过来，"一带一路"的成功实践，无论在经济发展、中国文化"走出去"、中国对国际制度的塑造和对全球治理体制机制的创新，以及国际公共产品的创新等，都会有更大的贡献。这也意味着中国文化软实力得到相应的提升。本课题剖析了"一带一路"、中国文化软实力提升的理论问题，尤其是中国通过"一带一路"如何提升国际话语权、中国文化的世界认知度、中国的全球治理方案、中国的国际公共产品创新、中国的国家战略品牌、中国的语言战略，以及中国关于"一带一路"的人才培养机制等。尽管在既有的研究成果中几乎都涉及这些问题，但大多数是描述性的研究，缺乏理论的建构和理论的创新。因此，本课题最大的特点就是理论性比较强。在概念的使用上，软实力的概念虽然是约瑟夫·奈提出来的，但本课题正如课题负责人关于软实力的既有研究一样，只是使用了约瑟夫·奈软实力概念的外壳，其内容则完全是"有中国特色"的，是"中国化了"的概念，它在本课题中所指的是物质资源产生的软实力、精神文化产生的软实力、制度文化产生的软实力、行为文化产生的软实力，是一个内容丰富的综合性概念。这也是本课题与既有研究成果的不同之处。在方法上,本课题采用了多种研究方法,也借用相关各学科的理论工具进行理论上的深入研究。其中涉及国际关系学、外交学、世界经济学、语言学、新闻传播学、文化学、历史学等学科的理论和方法,因此本课题既是一个跨学科的研究,也是一个融学科的研究。这不仅体现了研究对象"一带一路"、中国文化软实力的复杂性,也体现了当前社会科学发展的一种新态势。

本课题调整为理论研究以后,数据就不是最重要的材料,因而在数据采集上不需要花费太多精力,使用不多的数据主要通过相关数据库获得。不过,理论研究更需要相关的文献资料。本课题主要从以下几个方面收集文献资料:一是历史文献资料,如《史记》《左传》《国语》《战国策》《资治通鉴》等,这些历史文献资料主要用来挖掘中国传统文化特质的基础,也是挖掘"一带一路"历史渊源的基础性资料。课题负责人在这方面做了大量的基础性工作和理论思考。二是国外关于中国文化和"一带一路"的研究文献,一方面翻译和整理了一些外文文献,另一方面更多的是购买了不少已经翻译的外国学者的图书。这是在新冠疫情冲击、无法进行国外调研的情况下调整后的资料收集工作。三是有关"一带一路"的官方文件,这方面的文件主要通过相关的政府网站获取。总的来说,由于着眼于理论研究,数据采集相对简单,但文献收集、整理和阅读与分析则耗费了大量的时间和精力。

本课题的学术价值在于:一是拓展了"一带一路"的理论研究。从"一带一路"倡议提出来以后,尽管有关"一带一路"的研究的确不少,各个学科都在研究,然而既有的研究成果不仅表现为从单一学科来阐释的比较多,而且也表现为现象研究、实证研究比较突出,理论研究和理论建构的不多。在"一带一路"问题上,讲好中国故事当前最缺乏的恰恰就是深层的理论故事和具有深厚历史底蕴的故事。本课题的理论研究和理论建构为"一带一路"的理论故事提供了支撑,也为中国文化软实力提升提供了理论支持。二是拓展了学科视野。不少研究把"一带一路"仅仅局限于经济发展或者外交领域；而中国文化软实力的提升则又局限于文化方面，但实际上无论是"一带一路"还是中国文化软实力的问题，都涉及众多学科。因此，对这两个方面的问题进行跨学科、融学科的研究十分必要，成果的应用价值更是显而易见的。当前中国不仅要推进"一带一路"的实践，也要不断提升中国文化软实力，这两方面的内在逻辑关系要有准确的定位，不能把二者隔裂开来。只有从理论上弄清这方面的内容，才能在"一带一路"的实践中提升中国话语权、提高中国的国际行为能力，以及整体性提高中国文化软实力。从社会影响和效益来看，本课题是理论研究，更多的是指向成果的学术影响。从中期成果来看，成果被引用、被转载的都不少，这表明成果已经产生了一定的学术影响。三是从社会影响来看，本课题在研究的过程中，由于相关研究成果受到一些政府部门的关注和重视，也产生了一些政策影响。例如，课题负责人参加了上海市主要领导的座谈会，专门讨论城市软实力建设及其对推进上海自贸区作为"一带一路"桥头堡功能发挥的情况。为此，上海市委主要领导特地委托课题负责人进行深入研究。

　　当然，成果存在的不足或欠缺也是显然存在的。一方面，中国文化历史悠久，底蕴深厚，文化资源非常丰富，但文化并不能直接成为软实力，这当中需要一个转化过程和相应的转化能力。如果不能把文化转化为软实力，那么文化就很有可能成为一种潜在的负担。鉴于此，需要对中国文化进行深入挖掘，尤其是要梳理中国文化的精华，使之顺畅地转化为文化软实力。另一方面，"一带一路"的实践也非常丰富且在不断推进，而理论研究无疑具有滞后性，任何时候，理论研究都必须要紧跟实践不断深化。面对"一带一路"复杂且丰富的实践，理论研究上不能有任何的懈怠。此外，本课题受新冠疫情的客观影响，缺乏对"一带一路"实践的调研，缺乏"一带一路"实践鲜活的案例，也就是说，如何把理论落地转化成为实践的助推力,这非常重要,但也恰恰是本课题在当前情况下无法克服的缺陷。

　　2023年正好是"一带一路"倡议提出十周年,在这个时机推出这本书,既是为了庆祝这十年来"一带一路"倡议的实践所取得的重要成就,也是作为关于"一带一路"研究的阶段性的成果来开启和深化新的研究,或许能为"一带一路"的高质量发展提供理论上的支持。另外,本课题在研究中获得了"一带一路"安全合作与中国海外利益保护协同创新中心的友情支持,在此表示感谢!

**胡　键**

2023 年 3 月 17 日于嘉猷庐

策划编辑:郑牧野

责任编辑:王熙元

封面设计:王欢欢

责任校对:张红霞

**图书在版编目(CIP)数据**

"一带一路"倡议与提升中国文化软实力研究/胡键 著. —北京:
人民出版社,2023.11
ISBN 978 - 7 - 01 - 026106 - 5

Ⅰ.①一…  Ⅱ.①胡…  Ⅲ.①"一带一路"-国际合作-研究
②文化事业-建设-研究-中国  Ⅳ.①F125 ②G12

中国国家版本馆 CIP 数据核字(2023)第 215777 号

"一带一路"倡议与提升中国文化软实力研究
YIDAIYILU CHANGYI YU TISHENG ZHONGGUO WENHUA RUANSHILI YANJIU

胡 键 著

**人民出版社** 出版发行
(100706 北京市东城区隆福寺街 99 号)

北京汇林印务有限公司印刷  新华书店经销

2023 年 11 月第 1 版  2023 年 11 月北京第 1 次印刷
开本:710 毫米×1000 毫米 1/16  印张:19.75
字数:240 千字

ISBN 978 - 7 - 01 - 026106 - 5  定价:59.00 元

邮购地址 100706  北京市东城区隆福寺街 99 号
人民东方图书销售中心  电话 (010)65250042  65289539